ALLAH, LIBERTÉ
ET AMOUR

DU MÊME AUTEUR

Musulmane mais libre, Grasset, 2004.

IRSHAD MANJI

ALLAH, LIBERTÉ ET AMOUR

Le courage de réconcilier la foi et la liberté

Traduit de l'anglais (Canada)
par THIBAULT MALFOY

BERNARD GRASSET
PARIS

*L'édition originale de cet ouvrage a été publiée par Free Press,
Simon & Schuster, Inc., en 2011, sous le titre :*

ALLAH, LIBERTY AND LOVE
The Courage to Reconcile Faith and Freedom

Photo de couverture :
© Marc Bartkiw

ISBN : 978-2-246-79003-7

À la mémoire de ma grand-mère,
« Leila Liberté »

Note de l'auteur

Allah est le nom arabe pour Dieu, le Dieu universellement partagé de la liberté et de l'amour. Je suis consciente que beaucoup de gens n'ont pas exactement cette perception d'Allah. Mais comme je m'efforcerai de le montrer, Dieu m'aime assez pour me mettre face à des choix et m'accorder la liberté de les faire. À mon tour, je me dois d'aimer suffisamment les autres enfants d'Allah pour me fier à leur propre libre arbitre. L'amour m'oblige ainsi à faire deux choses à la fois : défendre la liberté bien au-delà de mon cas personnel et défier les marchands de pouvoir qui nous dépossèdent de notre libre arbitre. En ces temps bouleversés, la relation entre liberté et amour doit être analysée avec clarté. Comme je le montrerai, mon exubérant engagement envers Dieu m'y aide.

Qui dit clarté dit raison, ce qui mène invariablement à la question suivante : « Comment savez-vous qu'Allah existe ? » Je n'en sais rien : je le crois. Je l'admets franchement, pour ne pas insulter l'intelligence de mes lecteurs agnostiques ou athées. Malgré tout, je montrerai que la meilleure façon de respecter l'intelligence de chacun est d'avoir confiance en notre potentiel de devenir ici-bas des agents du changement, au lieu de rester à ne rien faire dans une attente fataliste de l'au-delà. À travers ma foi en la capacité créative de l'être humain, j'espère m'adresser respectueusement aux non-croyants comme aux croyants.

En fait, des gens de toutes confessions ont façonné

ma pensée, aussi laissez-moi dire quelques mots sur mes sources. Durant les dernières décennies, j'ai eu des professeurs marquants, parmi lesquels des musulmans et des non-musulmans, qui se sont directement engagés auprès de moi, que cela soit lors de manifestations, sur Facebook ou par e-mail. Avec une profonde gratitude, je cite nombre d'entre eux dans ce livre. Dans la plupart des cas, je n'ai donné que leurs prénoms (parfois même pas) et, quand je savais que je risquais de les mettre en danger, j'ai changé l'identité de mes correspondants.

Ce livre est le fruit de tant de recherches qu'insérer des notes dans le texte aurait ajouté un nombre absurde de pages. Pour que ce livre reste lisible et abordable, et pour ne pas détruire davantage de forêts dans le monde, j'ai publié mes notes sur mon site Internet : irshadmanji.com. J'ai également utilisé ces notes pour développer certaines de mes assertions. N'hésitez pas à visiter cette section de mon site si vous êtes désireux d'en savoir plus.

Enfin, je recommande une liste de lectures, dont certaines me laissent encore sous le choc. Puissent-elles vous inspirer autant que vous informer.

Introduction

De la colère à l'espérance

Par un frais après-midi de février 2007, je suis pour la première fois arrivée au Texas. L'université Rice de Houston m'avait invitée pour parler de mon livre, *Musulmane mais libre*[1]. Sur le chemin du centre interconfessionnel, j'ai discuté avec mon hôte (que faire d'autre ?) de science. Nous nous sommes émerveillés de la théorie proposée par les physiciens pour explorer un monde au-delà de la matière. Nous nous sommes réjouis du fait que la « théorie des supercordes », telle une quête spirituelle mâtinée de mystère, compte aussi bien des sceptiques que des partisans. Peu après, dans l'auditorium Shell flambant neuf, je me tenais debout, devant des rangées de gens reflétant une *Bible Belt*[2] qui pulsait de diversité : musulmans, chrétiens, juifs, bouddhistes, polythéistes, athées et – Dieu nous aime tous – marginaux.

Mon hôte, que le spectacle de cette salle remplissait d'enthousiasme, en exagéra la diversité et me présenta comme la musulmane à qui Oprah Winfrey, une Afro-Américaine, avait attribué le prix du Chutzpah – *chutzpah* étant le mot yiddish pour le courage qui confine à la folie. Le public rit. Timidement. Dans l'auditorium, l'appréhension était

---

1. Irshad Manji, *Musulmane mais libre*, Grasset, 2004. Toutes les notes sont du traducteur.
2. Littéralement : la Ceinture de la Bible. Zone géographique du sud des États-Unis qui se caractérise par un pourcentage élevé de protestants rigoristes ou puritains.

palpable. Appeler au changement dans l'islam ne fait pas grimper votre cote de popularité, même au Texas. Je considère que j'ai mon franc-parler, mais beaucoup dans la foule craignaient que je ne mette le feu aux poudres.

« Je suis ici pour parler, les rassurai-je, parler d'une histoire très différente de l'islam. » Nous connaissions tous l'islam qui avait fait irruption dans les gros titres de notre presse : une trinité faite d'attentats, de décapitations et de sang. Nous savions aussi que, pour les musulmans modérés, islam signifie paix. N'importe qui aurait pu leur dire la même chose, mais ça n'était pas ma mission. L'histoire que je raconterai, ai-je promis, « est axée sur une idée tellement énorme qu'elle a, je crois, la capacité de changer le monde pour de bon ».

Cette idée porte un nom : l'*ijtihad* – la propre tradition islamique de dissidence, de raisonnement et d'interprétation. Pour les non-musulmans dans la salle, je l'ai soigneusement prononcé : ij-ti-had. Ce mot est tiré de la même racine que *djihad*, « combattre », mais l'*ijtihad* ne parle pas de lutte violente, bien au contraire d'une lutte pour comprendre notre monde en utilisant notre tête. Ce qui implique d'exercer notre liberté de poser des questions, certaines parfois inconfortables. J'ai dit pourquoi nous tous, musulmans ou pas, avions besoin de l'*ijtihad*. Un e-mail de Jim, l'un de mes lecteurs américains, attendait dans la poche arrière de mon pantalon, brûlant de tout son enthousiasme : « Le message de l'*ijtihad*, du questionnement, ne s'adresse pas qu'aux seuls musulmans. Jetez au loin le carcan du politiquement correct et discutez, débattez, contestez, apprenez. Une musulmane de couleur inspirant un chrétien blanc : la liberté n'est-elle pas magnifique ? »

On était sur le point de me rappeler combien la liberté est, en effet, magnifique. Au cours de cette soirée, j'ai eu ma part de questions : que pensez-vous des maux de l'Occident ? Les femmes donneront-elles le coup d'envoi de la réforme de l'islam ? Comment battre les terroristes avec l'*ijtihad* ? Vers la fin de la soirée, un étudiant musulman se fraya tranquillement un passage à travers la foule et me raconta qu'il avait dû attendre d'arriver à l'université aux États-Unis pour entendre parler de l'*ijtihad*. Il se demandait : « Pourquoi ne nous enseigne-t-on pas cette tradition islamique dans nos madrasas ? » Je l'ai renvoyé à la partie de mon livre où je traitais de la question. Il me remercia et s'éloigna. À mi-chemin, le jeune musulman s'arrêta pour me poser une autre question : « Que dois-je faire pour avoir votre *chutzpah* ? »

*

Au cours des huit dernières années, j'ai eu des centaines de conversations comme celle-ci, qui m'ont emportée dans un périple surréaliste dont le livre que voici est le point culminant. Mais laissez-moi revenir en arrière.

Le matin du 11 septembre 2001, je participais à ma première réunion en tant que nouvelle productrice exécutive d'une chaîne de télévision dédiée à la spiritualité. Je ne sus rien des attaques contre le World Trade Center avant la fin de la réunion lorsque je regagnai le bureau rempli de collègues assommés et penchés sur les téléviseurs. Peu après, j'écrivis un éditorial pour un journal, expliquant pourquoi nous autres musulmans ne pouvions plus pointer du doigt les non-musulmans pour expliquer nos dysfonctionnements. Depuis trop longtemps, nous ne croyions plus à la sourate 13, verset 11 du Coran : « En vérité, Dieu ne change pas l'état d'un peuple tant que les individus qui le composent ne changent pas ce qui est en eux-mêmes. » Voici la solution qu'apporte le Coran au 11 Septembre.

Mon éditorial, « Un appel musulman à l'introspection », déclencha une telle avalanche de réponses que les éditeurs voulurent en faire un livre à part entière. J'ai dû prendre une décision : allais-je renoncer à un travail de rêve pour mettre tout mon cœur dans quelque chose que les musulmans n'étaient peut-être pas prêts à entendre : des questions ? Comme je l'avais demandé à mon professeur à la madrasa de Vancouver vingt ans plus tôt : pourquoi ne puis-je pas avoir pour amis des chrétiens ou des juifs ? Pourquoi une femme ne peut-elle pas mener la prière ? Pourquoi devrais-je m'abstenir d'étudier le Coran et de le comprendre ? Ne serait-ce pas là une forme de dévoiement ? Avant le 11 Septembre, personne ne semblait s'en soucier.

J'ai suivi ma conscience et écrit *Musulmane mais libre* comme une lettre ouverte aux autres musulmans. Le problème, avançais-je, dépasse celui des militants ; même les musulmans ordinaires ont figé la foi islamique en une idéologie de la peur. Apparemment, les questions que je posais touchaient un nerf sensible. Quand le livre parut en septembre 2003 au Canada, il arriva en tête des meilleures ventes. Il devint également en quelques mois un best-seller aux États-Unis. Un à un, les pays européens en publièrent des traductions, suivis par le plus grand pays musulman au monde, l'Indonésie.

Loin de céder aux charmes de cette soudaine notoriété, j'avais en fait emprunté ce que le Coran appelle « le chemin ascendant ». Je me suis retrouvée à affronter un vice-président iranien à propos de la lapidation des femmes. Le président pakistanais Pervez Musharraf m'ordonna : « Asseyez-vous ! », parce qu'il n'appréciait pas mes questions sur son bilan en matière de droits de l'homme. Le leader d'un groupe terroriste, le Djihad islamique, me fit sortir de Gaza au pas de course quand il ne put trouver dans le Coran aucune justification à la violence dont ils usaient et qui, insistait-il, était « partout » dans les écritures de l'islam.

Mais, en vérité, mes échanges les plus mémorables se sont faits avec les gens ordinaires. La campagne de promotion du livre s'est transformée en une conversation mondiale, qui m'emmena dans tous les pays d'Amérique du Nord et d'Europe de l'Ouest, dans beaucoup de ceux d'Europe de l'Est et dans quelques-uns du Moyen-Orient, ainsi qu'en Inde, en Australie et en Indonésie. Dans ce dernier pays, de sévères puritains islamiques et un transsexuel musulman plein de cran sont venus à la soirée de lancement de mon livre. (Sur ce point, vous en apprendrez davantage plus loin.)

Rien qu'aux États-Unis, j'ai visité quarante-quatre États, entamant le dialogue avec mes fans et mes ennemis dans des bibliothèques, des restaurants, des théâtres, des salles de classe, des gymnases, des chapelles et des temples. Mais aucune mosquée. Toute invitation émanant de musulmans s'est heurtée à l'opposition des responsables des mosquées, qui voyaient en moi une agitatrice. Toutefois, des musulmans assistaient à chacune de mes apparitions en public. Beaucoup venaient pour huer, mais d'autres venaient chercher du soutien : en effet, quelqu'un disait ce qu'*ils* avaient toujours voulu dire sans jamais se sentir capables de le faire. Une lectrice du nom d'Ayesha le résuma ainsi dans son e-mail : « Des millions de musulmans pensent comme vous mais n'osent pas exprimer publiquement leurs opinions, par peur des représailles. » Je l'ai entendue. Certains jours, je recevais tellement de messages de haine que je devais danser comme Mohammed Ali pour parer les coups et garder le cap.

L'e-mail d'Ayesha est publié sur mon site Internet, irshadmanji.com. Toutes les deux semaines, j'y postais plusieurs nouveaux messages accompagnés de mes réponses. Mon site bouillonnait et se transformait en un lieu de débats animés. Il me permettait de voir ce que des gens d'autres confessions pensaient de la réforme de l'islam – et de la raison pour laquelle je ne devais pas me sentir trop personnellement visée. Jonathan m'écrivit ceci : « J'ai lu les messages publiés sur votre site. Même si vous étiez tout ce que vos critiques disent de vous – une blasphématrice qui se déteste et empoisonne les esprits, une femme vénale, une gouine sioniste (n'ai-je rien oublié ?), cela ne voudrait toujours pas dire que vos idées sont sans mérite. » Il cita le philosophe juif du XIIe siècle, Maïmonide, lui-même influencé par les musulmans libres penseurs : « La vérité ne devient pas plus vraie du fait que le monde entier est d'accord avec elle, ou moins vraie, si à l'inverse personne ne l'accepte. » Ma réponse à Jonathan ? « Oui, mais tu n'es qu'un juif amateur de gouines, un homme vénal qui se déteste et empoisonne les esprits. J'en ai assez dit. »

Je pris les menaces de mort au sérieux quand elles contenaient des détails précis prouvant que mes adversaires avaient planifié leurs fantasmes d'exécution. J'ai transmis ces e-mails à la police. Les experts du contre-terrorisme me déconseillèrent d'utiliser un téléphone portable car des personnes mal intentionnées pourraient ainsi me localiser sans peine. Pendant un temps, j'ai eu un garde du corps, qui en plus était mignon. Mais je m'en suis rapidement séparée. Les jeunes musulmans auraient en effet décortiqué la façon dont je gérais les conséquences de mes prises de position. Je ne voulais pas qu'ils pensent que disposer d'une protection 24 heures sur 24 était la seule façon de rester en vie.

La décision d'abandonner la protection jour et nuit me mit au contact des jeunes musulmans et des espoirs de changement. Ma boîte de réception débordait de messages du Moyen-Orient, me demandant quand je ferais traduire mon livre en arabe, pour qu'une nouvelle génération de réformateurs puisse le partager avec leurs amis. J'aimerais bien, ai-je répondu, mais citez-moi un seul éditeur arabe qui publierait un livre comme celui-ci. Beaucoup de gosses m'ont répondu : « Et alors ? » Ils m'ont encouragée à publier une traduction arabe sur mon site Internet, qu'ils pourraient télécharger gratuitement. (Ils étaient jeunes, mais pas nés de la dernière pluie.) Je pensai : « Quel culot. Et quelle subversion. Comment pourrais-je ne pas me lancer ? »

En 2005, j'ai publié sur mon site Internet la traduction arabe en libre accès pour mes lecteurs. L'année suivante, un certain nombre d'activistes démocrates m'ont encerclée dans les rues du Caire : « Êtes-vous bien Irshad ? » Dans la plupart des cas (la sécurité restant toujours un problème), j'admettais qu'il s'agissait bien de moi. Ils m'ont alors dit avoir lu mon livre en ligne. Une autre fois, je me suis assise pour discuter avec un journaliste qui avait vu des photocopies de la traduction circuler parmi la jeunesse arabe : cela m'a donné l'idée d'offrir le même accès à mes lecteurs en Iran, où le livre est interdit. À ce jour, les traductions en ligne ont été téléchargées plus de deux millions de fois.

*

Dans cette guerre idéologique, quelque chose se produisait *en moi*. Alors que j'étais le témoin d'une intense soif de réformes parmi les musulmans, je me sentis mûrir et passer de la colère à l'espérance. Je me souviens de ces moments : Hamza, un adolescent canadien de parents pakistanais, m'implorait dans un e-mail de « ne pas abandonner l'islam » car « nous avons vraiment besoin de gens comme vous ». Mais il me lançait une pique : « Parfois, vous critiquez trop l'islam. Peut-être pourriez-vous davantage parler de l'islam tolérant et progressiste… » J'ai décidé de relever ce défi.

PBS[1] m'a sollicitée pour tirer un documentaire de mon livre. J'ai fait une contre-proposition : ne nous concentrons pas sur les problèmes de l'islam, mais sur ce qu'on peut aimer dans l'islam – du point de vue du dissident. Entre autres endroits, mon équipe et moi-même avons tourné au Yémen. Là-bas, nous avons interviewé l'ancien garde du corps d'Oussama Ben Laden, qui annonça fièrement son espoir de voir son fils de cinq ans, Habib, devenir un jour un martyr. J'étais consternée. Au cours du tournage, des musulmans modérés éludèrent également une question pourtant bien simple : que faisons-nous pour restaurer la foi en ce beau passage du Coran : « En vérité, Dieu ne change pas l'état d'un peuple tant que les individus qui le composent ne changent pas ce qui est en eux-mêmes » ? En dépit de tout ce que j'aime dans l'islam, je ne pourrais pas me résigner à certaines pratiques musulmanes.

---

1. *Public Broadcasting Service* : réseau de télévision public américain.

Mon documentaire *Faith Without Fear* (« Une foi sans peur ») est sorti en avril 2007. Je l'ai pris avec moi pour voyager, rencontrant encore plus de gens qui m'ont dit lutter contre les cultures, les traditions et les structures de pouvoir qui étouffent leurs propres pratiques religieuses. Même si les musulmans sont sous les projecteurs depuis le 11 Septembre, ce n'est pas comme si d'autres communautés étaient dans une position avantageuse. J'ai entendu des chrétiens, des juifs, des hindous et des sikhs qui avaient décidé de quitter leur milieu sclérosant – jusqu'à être inspirés par le combat des musulmans réformateurs. Ces discussions me poussèrent à réfléchir davantage à la différence entre foi et dogme. La foi n'interdit pas l'exploration, contrairement au dogme qui, par définition, est menacé par les questions. La foi, elle, accueille les questions car elle croit que Dieu, étant tout-puissant, est capable de faire face. C'est un Dieu dont la grâce peut être ressentie n'importe où par toute personne curieuse.

Ensuite, un ami agnostique me fit découvrir le concept de « courage moral », une expression que je n'avais jamais entendue. Robert F. Kennedy décrivait le courage moral comme la volonté de dire la vérité aux autorités de notre communauté dans l'intérêt commun. Le courage moral nous permet à tous de sonder nos consciences pour remplacer le conformisme par l'individualité et, en apprenant à nous connaître, nous rapprocher du Dieu qui nous a créés. Je me suis rendu compte à quel point le courage moral était nécessaire à quiconque voudrait vivre pleinement – avec intégrité – que ce soit au sein d'une tradition religieuse ou en dehors de toute religion.

Les professeurs de l'université de New York ont réagi sur la question de l'intégrité. Après la projection de mon film à la Robert F. Wagner Graduate School of Public Service, la doyenne me demanda si j'envisagerais de lancer le Moral Courage Project avec elle. Nous enseignerions à chacun comment s'exprimer dans un monde qui veut souvent nous faire taire. En 2008, je suis devenue directrice-fondatrice du Moral Courage Project. Une fois installée à New York et mon premier cours donné, je suis passée à l'étape suivante de mon voyage : associer à ma mission de réforme chez les musulmans le message universel de courage moral pour nous tous.

*

Entourée de boîtes remplies d'e-mails imprimés, de lettres et de notes griffonnées pendant toutes ces années, j'ai trié et classé. Des schémas apparurent. Les musulmans avaient peur de déshonorer leurs familles et Dieu s'ils admettaient ouvertement leurs croyances. Les non-musulmans craignaient d'être déshonorés et de passer pour sectaires s'ils posaient des questions sur ce qui était fait au nom de l'islam. Tout cela produisait un mutisme collectif face à des crimes haineux. Les meurtres, par exemple, de femmes et de filles « immorales » au Moyen-Orient, en Europe, en Asie et de plus en plus en Amérique du Nord, sont les fruits de la culture, non de la religion. Mais dans un monde multiculturel, la culture est devenue l'équivalent d'un dieu, même chez les laïcs. Au nom d'un multiculturalisme sacralisé, nous sommes trop nombreux à perpétuer des silences meurtriers.

De telles injustices me rongeaient. Comment peut-on être indifférent à de flagrants abus de pouvoir tout en définissant cette indifférence comme une forme de sensibilité ? Où est la boussole qui nous guidera hors de ce mensonge ? Et quel est l'intérêt commun quand des gens issus d'un spectre si large de cultures tentent de vivre ensemble ? Les messages de mes lecteurs m'ont aidée à y voir clair.

Comme l'écrivit Hélène : « Vous encouragez les chrétiens comme moi à considérer la société islamique avec compassion et compréhension, et non pas avec peur et colère. Je pourrai désormais exprimer mes opinions sans me sentir coupable d'intolérance, car je saurai avoir pesé le pour et le contre avec attention et en toute conscience. Nous pouvons tous être les instruments du changement. »

Je me suis ensuite concentrée sur un e-mail de Zahur, qui prédisait que les musulmans réformateurs « enseigneraient à l'Occident à quel point la liberté d'expression est précieuse dans une société en bonne santé et en état de marche. Demandez à la jeunesse iranienne son sentiment à ce sujet ».

Réfléchissant à leur amour commun de la liberté, je me suis remémoré des scènes perturbantes de mon voyage. Sur les campus d'universités occidentales, des non-musulmans bien intentionnés chuchotaient vouloir soutenir ma mission mais estimaient n'avoir aucun droit à s'impliquer. Aux mêmes endroits, les fondamentalistes se sentaient bien plus libres que les musulmans libéraux pour défendre leur interprétation du Coran. Je me rappelle avoir marmonné pour moi-même : « C'est dingue. Ceux qui haïssent la liberté apprécient assez la leur pour en profiter en muselant celle des autres. Comment pouvons-nous les laisser s'en tirer à si bon compte ? »

Voilà un défi pour notre époque. Les musulmans et non-musulmans qui vivent en démocratie doivent s'organiser pour étendre, et non étouffer, les libertés individuelles, car sans liberté de penser et de s'exprimer, il ne peut y avoir d'intégrité, de soi ou de la société.

J'ai fait des recherches sur les stratégies adoptées par les précédents mouvements pour la liberté. Martin Luther King y consacra sa vie, de même que certains de ses maîtres : le philosophe Socrate, le théologien Reinhold Niebuhr, la romancière Lillian Smith, qui fit campagne pour réformer la culture de l'« honneur » dans les États du Sud – source d'une ségrégation raciale au long cours. J'ai également découvert le Gandhi de l'islam. (Oui, il y en a un ! Je vous raconterai son histoire, qui peut nous servir d'Étoile polaire.)

Eux et bien d'autres hérauts du courage moral m'ont incitée à penser aux grandes questions que des gens de toutes cultures et de toutes croyances m'ont posées : pourquoi devrais-je risquer ma réputation pour clamer ma vérité ?

Comment gérer le désaveu de ma communauté ? Qu'est-ce que Dieu a à voir avec tout ça ?

Même notre économie en déclin renforçait la nouvelle direction de ce périple. Les gens ordinaires, malgré leur sécurité financière menacée, au lieu de penser à leurs propres affaires, ont commencé à protester : le changement ne pouvait pas être laissé exclusivement entre les mains des initiés de Wall Street. Après tout, ces derniers cherchent à préserver leur statut social. Exactement ! Cette idée s'appliquait également à l'islam, une religion mondiale dont les dynamiques internes affectent d'innombrables vies en dehors de cette religion. Musulmans et non-musulmans ont besoin les uns des autres pour élargir le cercle de la liberté.

*

En 2010, un odieux débat a éclaté à propos du projet de construction d'un centre islamique et d'une mosquée près de Ground Zero. Les politiques nocives qui opposent l'islam à l'Occident agite l'Europe depuis des années. Avec l'arrivée de ce mal en Amérique, je reçois encore plus de messages de haine. Les musulmans réformateurs sont depuis longtemps dans le collimateur des fondamentalistes, mais maintenant leurs adversaires les plus bruyants – les cogneurs de musulmans – visent les réformateurs comme moi du simple fait que je reste musulmane. Voici ce que dit un e-mail emblématique de ce climat : « L'islam est une idéologie fasciste qui prône les tueries de masse, et vous êtes une mahométane ignorante, barbare et rétrograde. » Dans un environnement émotionnel où les individus s'agrègent en tribus, le courage moral ressemble parfois à une chimère.

C'est pourquoi ce livre arrive à temps. On a besoin de toute urgence de courage moral ; et celui-ci passe en premier par l'amour. Mais pour être vraiment courageux, l'amour doit être accompagné par la pensée. Aujourd'hui, les sociétés libres sont confrontées à un dilemme qui requiert une réflexion courageuse. Comment, par exemple, pouvons-nous produire une société pluraliste, où l'on tolère une multi-plicité de points de vue, sans qu'elle devienne une société relativiste, où l'on défend à la fois tout et rien ? Les démo-craties doivent soulever de telles questions, et non pas les passer sous silence de peur que leurs citoyens soient inca-pables de mûrir.

Si vous croyez comme moi que le Dieu que nous parta-geons nous donne la grâce de grandir, alors nous sommes capables d'affronter ces questions. Pour me rassurer, je m'en remets à deux faits à l'aune desquels je mesure la grâce d'Allah. Premièrement, presque toutes les sourates du Coran s'ouvrent en s'adressant à Dieu comme « au com-patissant et au miséricordieux », non comme au capricieux et au malveillant. Deuxièmement, le Coran compte trois fois plus de versets encourageant les musulmans à réflé-chir que de versets promouvant une pratique aveugle de la religion. Exercer mon esprit sur les Écritures tout en affir-mant un Dieu de suprême bienveillance : voici un chemin pour réconcilier Allah, la liberté et l'amour.

Je veux montrer que chacun peut vivre en accord avec soi-même – quelle que soit sa croyance. Depuis le 11 Sep-tembre, vous avez été nombreux à façonner mon périple. Ce livre présente sept leçons de courage moral. Elles sont le fruit de cette maturité acquise en partie grâce à vous. Je vous les offre dans l'espoir que beaucoup d'entre vous se joindront à moi pour mener à bien des réformes qui mar-queront notre époque. En chemin, vous apprendrez à trans-former les grandes défenses contre « l'Autre » et les faibles attentes pour nous-mêmes en leurs contraires : de hautes attentes pour nous-mêmes et de faibles défenses contre « l'Autre ». Vous vous donnerez le courage d'interroger vos propres communautés. Et vous découvrirez le Dieu qui aime ces questions. Dieu peut être votre conscience, ou votre Créateur, ou le joyeux mélange des deux, connu sous le nom d'intégrité.

CHAPITRE 1

Certaines choses
sont plus importantes que la peur

« Peux-tu seulement imaginer ma vie sans toi ? Peux-tu seulement l'imaginer ? »

Pouvez-vous imaginer entendre cela de la bouche de votre mère ? La regarder vous implorer d'adoucir votre appel incitant les musulmans modérés à s'exprimer contre les extrémistes destructeurs ? Nous sommes à la table de la salle à manger, entre nous des tasses de thé aux motifs floraux auxquelles nous avons à peine touché. Maman ne peut rien avaler en ce moment. « Je me lève chaque jour avec la gorge nouée », me rappelle-t-elle gentiment. On dirait qu'elle va vomir. Remerciez Dieu de ma part que sa gorge soit nouée.

Quand elle sombre dans le silence, sa bouche reste légèrement ouverte, prête à réfuter chaque maigre argument que je pourrais avancer. Et si ma défense semble fragile, c'est parce qu'il n'est pas question ici de remporter un débat avec ma mère, mais de se conformer à la loi universelle selon laquelle les enfants sont supposés enterrer leurs parents, et non l'inverse.

Des années auparavant, ma mère m'avait donné ce conseil : « Quoi que tu fasses, ne mets pas Allah en colère. » Imaginez-vous en train de vous demander si un Dieu juste et aimant serait furieux contre vous parce que des Islamistes vous pousseraient à enfreindre la règle tacite selon laquelle les parents meurent en premier... Vous parlez d'une double poisse ! Je ne mentirai pas à ma mère, c'est pourquoi je lui réponds

23

toujours quand elle me pose des questions sur les menaces de mort les plus récentes. Ma mère murmure : « Qu'en est-il des dernières ? » Je lui raconte que l'une d'elles se finit par : « C'est notre dernier avertissement. »

Pouvez-vous imaginer que votre mère reste calme quand vous insistez sur le fait que trembler de peur ne fait que donner aux ennemis de l'humanité plus de pouvoir qu'ils n'en ont déjà ? Qu'ils peuvent vous lancer leur dernier avertissement, mais que vous refusez de leur laisser le dernier mot ? Je ne m'attends pas à ce que ma mère soit d'accord avec moi. Ce que j'attends d'elle, c'est la foi – pas tant que je vive un jour de plus, puisque la longévité n'est garantie pour aucun de nous. Non, la certitude que si je ne suis plus là demain, je partirai avec ma conscience pleinement, furieusement vivante.

Leçon n° 1 : *Certaines choses sont plus importantes que la peur.*

*

Il est remarquable que Salman Rushdie ait survécu à l'ayatollah Khomeiny. Le 14 février 1989, Khomeiny met en branle la machine assassine de la République islamique d'Iran et promet la mort à Rushdie, l'auteur des *Versets sataniques*. Mais le romancier ne se heurtait pas seulement au religieux le plus célèbre de la planète. Au cours d'une conversation publique à New York à l'occasion du vingtième anniversaire de la « fatwa », Rushdie m'a raconté la réaction d'un membre de sa famille : « Un de mes oncles qui était général dans l'armée pakistanaise. Je le détestais, mais c'était mon oncle. De toute façon, il me détestait aussi.

— Une banale antipathie. Vous en avez dans toutes les familles, ai-je objecté.

— En fait, pas si banale que ça, m'a-t-il corrigée. Après la proclamation par Khomeiny de la fatwa, il a fait paraître un encart dans un journal pour dire, en substance, que de toute manière ils ne m'avaient jamais aimé. »

Son histoire me rappelle ce que m'a dit un esprit relativement éduqué quelques années plus tôt. « Vis-tu toujours à la même adresse ? m'avait-il demandé.

— Oui.

— Alors peut-être que les menaces qui pèsent sur ta sécurité ne sont pas aussi sérieuses que ça. En tout cas, les musulmans ne t'ont pas assez bien visée. » J'apprécie cet homme ; il s'est montré bon avec ma mère quand elle avait le plus besoin d'aide. Mais, et Rushdie serait d'accord avec moi, les oncles musulmans disent les pires choses.

Pour un musulman, l'une des plus grandes peurs est d'être désapprouvé par sa famille. C'est vrai pour tout le monde, mais ça l'est plus encore pour les musulmans. Notre culture de l'honneur, comme je l'ai expliqué plus tôt, nous fait croire que nous devons, avant toute revendication de dignité pour nous-mêmes, protéger nos familles de la honte. Dit autrement, la dignité individuelle n'existe pas sans l'acceptation de la communauté. Pas étonnant que je reçoive ce genre de messages de musulmans qui vivent en Orient et en Occident :

J'ai lu votre livre en ligne et vous avez raison : nous avons besoin d'être réveillés. Je suis née dans le nord de l'Irak. Ma famille a acquis la citoyenneté des Émirats arabes unis. Je suis une enfant de ce siècle et j'entends vivre comme on vit de nos jours, et non pas comme autrefois... Les musulmans sont enfermés dans leurs règles. Il faudra plus de gens comme vous et moi pour lever ce rideau de fer. Je comptais dire au monde entier ce que j'en pense, mais j'aime ma famille et je ne veux pas gâcher leur vie. – Alya

Je regarde d'autres musulmans et leur demande s'ils n'ont aucun doute sur l'islam. Ils me répondent tous « non », sans la moindre hésitation. Y a-t-il quelque chose qui cloche chez moi ? Pourquoi tout le monde à part moi semble accepter ce que l'on nous enseigne ? Je suis si frustrée que j'en pleure. Je n'ai qu'un seul désir : m'éloigner un temps de la religion, afin de pouvoir me trouver, sans subir d'influence extérieure.

Mais pour cela, il faudrait que j'abandonne ma famille. Ils ne m'adresseraient plus jamais la parole si je devais suivre la voie que j'ai choisie. Chaque fois que je leur pose des questions, ils me hurlent dessus, me disent de ne pas douter, ou me donnent une explication directement tirée du Coran. Je n'arrive jamais à leur dire que, pour croire à ces explications, je devrais faire preuve d'une foi inébranlable dans le Coran lui-même. Après tant d'années, j'en suis arrivée au point de rupture. Tout conseil de votre part serait le bienvenu. – Yasmin

Beaucoup de questions sur votre site Internet s'adressent aux couples mixtes formés par un(e) musulman(e) et un(e) non-musulman(e). J'ai vécu une telle relation. Mais c'est fini maintenant, car j'ai réalisé que c'était sans espoir. Le seul que j'avais, c'était de quitter ma famille, mais elle compte trop pour que je lui fasse ça. Je cache à mes proches beaucoup de mes sentiments personnels. Comment devenir la personne que je veux être ? Ou la personne que je suis, mais que j'ai trop peur de révéler au grand jour ? – Phirdhoz

Je suis musulmane et j'aspire à devenir écrivaine. Ma mère est chrétienne et mon père musulman. Par conséquent, j'ai grandi en m'habituant aux regards mauvais des autres musulmans. Toutefois, avec le temps, je me retrouve tiraillée par cette alternative : devenir partisane d'une réforme de l'islam ou abandonner complètement ma religion. Comme si les musulmans ne supportaient pas assez de conneries de la part des non-musulmans et que se distinguer d'un terroriste n'était pas un combat de tous les instants, il semble que nous devions également subir les jugements des autres musulmans.

Parfois, j'ai des moments de faiblesse, je me dis que ça n'en vaut pas la peine : on ne peut pas changer ces gens. Mais l'introspection par la prière, tout comme les sourates du Coran sur la vérité de l'âme, forment une part de moi que j'aime. Actuellement, j'affronte l'adversité au sein de ma propre famille. Tous ces oncles et tantes plus âgés ont toujours un reproche à la bouche. Ils parlent dans notre dos parce qu'ils sont tel-le-ment

26

bien-pensants. D'après votre expérience, n'y a-t-il pas moyen de leur faire voir les choses sous un autre angle ? Comment leur demander de faire preuve de compassion ? – Elizabeth

Ma ville natale est Solo, dans la province de Java centrale. C'est aussi le foyer du Conseil des Moudjahidines d'Indonésie, une organisation islamiste radicale. Depuis 2005, je fais partie d'un groupe de jeunes qui promeut la réforme de l'islam et le pluralisme. Nous distribuons des tracts dans de nombreuses universités. Il y a quelques années, nous avons essayé d'organiser un séminaire sur le pluralisme et nous avons reçu des coups de téléphone nous disant qu'on nous enverrait des centaines de soldats d'Allah pour nous arrêter.

Ma famille est aussi très conservatrice. Ils m'enverront des lettres de menace dès que je ferai publier mes travaux. Récemment, j'ai été très déçue par un membre de ma famille qui est imam dans le quartier. Il était impliqué dans un des groupes terroristes. Il est maintenant en prison, et sa femme et son fils se sont retrouvés seuls. Quelle sorte de djihad est-ce là ? Mais peu importe à quel point ils sont conservateurs : j'aime ma famille et je veux qu'ils m'aiment pour ce en quoi je crois. Devant mon père, je suis souvent contrainte d'abandonner. Alors je mens. Je ne dis pas ce que je pense. Je ne veux pas le blesser et je ne veux pas qu'il me blesse parce que je ne veux pas le haïr. Alors, comment faire usage de ma liberté d'expression ? – Sakdiyah

À tous, j'ai répondu ceci : avant de décider que vous ne pouvez pas faire de peine à votre famille, réfléchissez à l'un des versets les plus négligés du Coran : « Ô vous qui croyez ! Observez la stricte vérité quand vous témoignez devant Dieu, fût-ce contre vous-mêmes, vos parents ou vos proches » (4 : 135). C'est un appel à l'honnêteté, et peu importe qui cela offense. Comment les membres d'une famille traditionnelle pourraient-ils débattre du Coran ? Ils n'iraient pas jusque-là. Mais ils trouveront toujours des excuses pour déprécier l'argument d'un tel verset, et c'est la raison pour laquelle citer le Coran n'a pas assez de poids pour dire la vérité aux chefs des familles musulmanes – ou à la communauté. Les soupçons qui pèsent sur les musulmans réformateurs persisteront, chacun de nous se retrouve donc aux prises avec la question de Yasmin : *Y a-t-il quelque chose qui cloche chez moi ?*

D'une certaine manière, oui. Vous vous intéressez à l'islam. Vous souffrez précisément parce que vous attachez de l'importance à l'intégrité de votre foi. Votre conscience compte et c'est une invitation gratuite à la souffrance. Si Alya, Yasmin, Phirdhoz, Elizabeth et Sakdiyah ne s'y intéressaient pas, alors par définition elles auraient sombré dans l'apathie. C'est probablement le cas de beaucoup de membres de leurs familles et de leurs amis, comme c'est aussi le cas de bon nombre des miens. Voilà l'ironie : ceux qui sont religieux qualifient d'infidèles les musulmans réformateurs alors que nous sommes peut-être plus attachés par la foi – à cause de nos questions obsédantes – que les croyants qui ne remettent rien en cause.

Cela dit, il y a une chose dont nous ne devrions pas nous soucier autant : l'approbation des autres mortels. S'ils ne tolèrent pas notre curiosité, pourquoi des esprits fermés devraient-ils jouir du pouvoir de définir notre dignité ? Je me rappelle avoir demandé à ma propre mère (pour qui les liens du sang étaient autrefois sacrés) : « Si unetelle n'était pas de la famille, la respecterais-je assez pour la vouloir comme amie ? » Sultan Abdulhameed, enseignant au Muslim Reform Movement à New York, sait d'où je viens. Dans son salvateur recueil d'essais *The Quran and the Life of Excellence* (« Le Coran et une vie d'excellence »), il met en garde contre la déification de la famille : « Si nous laissons les superstitions et les préjugés de nos ancêtres nous dicter notre conduite, nous attribuons l'autorité à autre chose que Dieu, qui veut que nous vivions en toute conscience et que nous prenions nos vies en main. »

Mièvre ? Pas pour un réformateur sensible à Dieu du nom de Martin Luther King Jr. Avant même d'être confronté aux ségrégationnistes blancs, King a dû s'élever contre les préjugés de son père, pasteur chrétien charismatique et figure dominante d'Atlanta, en Géorgie. L'historien Taylor Branch écrit que King père a essayé d'« empêcher son fils d'entrer au conseil interracial des étudiants d'Atlanta, soutenant qu'il devait rester parmi les siens afin de ne pas s'exposer au risque d'être "trahi" par les étudiants blancs. King trouvait cela absurde ».

Des années plus tard, alors leader du mouvement pour les droits civiques, King a dû choisir entre son père et sa conscience. C'était aux alentours du week-end de Pâques 1963. Les activistes avaient reçu l'interdiction de défiler à Birmingham, en Alabama, ce bastion du racisme dans ces années-là. King braverait-il la loi ou obéirait-il à cette injonction ? Dilemme. À la même table, se faisant l'apôtre du devoir et du respect, était assis son père, qui ne faisait pas mystère de son souhait de voir son fils à l'église pour l'un des week-ends les plus sacrés du calendrier chrétien. King se retira dans une autre pièce pour la prière. Quand il eut fini, il n'a pas eu besoin de dire un mot. Selon Branch, « le fait qu'il sorte en jean était un message clair : "Je ne vais pas à la messe avec toutes ces fleurs, ces hymnes et ces chœurs magnifiques. Je pars en jean", ce qui voulait dire en prison. »

*

Aujourd'hui, dans beaucoup trop de foyers musulmans, les parents exigent un respect mécanique – au point que leurs enfants se censurent eux-mêmes par habitude. Or, comme nous venons de le voir à travers les lettres de jeunes musulmanes, l'autocensure n'apporte pas la sérénité. Si la « religion de la paix » est observée par d'innombrables consciences tourmentées, on ne peut pas vraiment parler de paix. Ni de foi. Il n'y a plus que le dogme. La question n'est pas alors de savoir si la loi exige l'obéissance, mais si elle mérite l'obéissance. Nous connaissons la position de King sur ce point : en jean.

Tout musulman réformateur devra prendre le risque de subir un retour de bâton s'il veut élargir le chemin de l'islam. Les musulmans considèrent l'islam comme le « droit chemin » – un code de vie simple et clair. Mais le « droit chemin » peut aussi être le « chemin élargi », celui qui nous relie à un Dieu plus grand que la famille biologique, plus imposant que la communauté locale, plus transcendant que la tribu islamique internationale.

Les musulmans sont monothéistes. En tant que monothéistes, il faut accepter qu'Allah détienne seul l'entière vérité. Nous ne pouvons pas non plus nous prendre pour Allah. Reconnaître la sagesse infinie de Dieu, c'est reconnaître les limites de notre propre sagesse et ainsi laisser éclore des milliers de fleurs. C'est donc un acte de foi que de créer des sociétés où nous pouvons être en désaccord sans craindre d'être blessés par quelqu'un. Rien ne sape moins le mandat du Tout-Puissant en tant qu'ultime juge. Me consacrer à un seul Dieu, c'est défendre la liberté.

Élargir le chemin de l'islam : les enjeux sont élevés – mais le gain aussi. Vu le degré d'interconnexion qu'a atteint le monde, une mentalité musulmane réformatrice pourrait améliorer la vie de la plupart des habitants de la verte planète de Dieu. Ahmadollah me le rappelle. Cet artiste m'a envoyé un e-mail d'Égypte, trois ans avant que son pays se soulève pour réclamer la liberté en janvier 2011 :

Même si je suis un musulman traditionnel et fais bien mes cinq prières quotidiennes, je ne vais pas décider de vous tuer tout de suite. Grâce à votre livre, je me pose certaines questions et mon esprit s'ouvre un peu à cette vilaine chose qu'est la libre pensée. Par exemple, pourquoi les médias égyptiens présentent-ils Israël comme le Diable ? Savez-vous que le fils d'Ariel Sharon est en prison alors que Gamal Moubarak conduit des voitures gouvernementales, placé sous haute sécurité ? Vraiment, pourquoi un jeune ingénieur égyptien s'envole-t-il et se fracasse-t-il contre les murs du World Trade Center ? Quel était le message qu'il essayait de transmettre ? Quel type d'éducation l'a poussé à faire une chose aussi stupide ?

Le problème à mon avis, c'est que nous vivons dans un état de non-pensée. Je veux dire par là que nous autres Égyptiens avons le droit de hurler devant un match de football, mais nous n'avons le droit de protester contre aucune affaire politique ou religieuse. Savez-vous qu'une fille s'est fait arrêter pour avoir créé un groupe sur Facebook qui appelait à la grève ? Et qu'un célèbre journaliste a été jeté en prison parce qu'il avait dit que Moubarak était, peut-être – peut-être –, malade, car il ne s'était pas montré à une cérémonie récente ?

Comme nous le savons maintenant, Ahmadollah n'exagérait pas. Quand j'ai voyagé en Égypte en mai 2006, des banderoles prêchaient l'ouverture à l'endroit même où l'autoritarisme empestait le plus. Cette semaine-là au Caire, les sbires engagés par le président Moubarak ont roué de coups les activistes dans les rues. Je pouvais me rendre compte de la désespérance d'Ahmadollah quand il terminait son message par : « Oh, Irshad, parfois j'ose demander (cachée dans le noir) : y a-t-il de l'espoir pour nous ? »

Je crois qu'il y a de l'espoir. Je le crois non pas uniquement parce que les Égyptiens se sont soulevés pour obtenir la liberté politique, mais aussi à cause de subtils signaux qui révèlent une soif de liberté religieuse. Un « étudiant en droit de la charia » de l'université Al-Azhar du Caire, comme il s'est lui-même décrit, m'a fait cette promesse : « Je serai un universitaire réformateur et je soutiendrai les gays et les lesbiennes. » Un instant, voulez-vous ? Réfléchissez à ce que cela demande de volonté intellectuelle et de muscle moral pour tracer son propre chemin à la faculté de la Charia au sein de l'université Al-Azhar, l'école la plus respectée chez les musulmans sunnites. Que Dieu lui vienne en aide. Cet étudiant, qui a signé de son nom et que je me sens obligée de protéger en ne le mentionnant pas, a compris à quel point les chances étaient de notre côté :

J'étudie dans l'une des plus grandes universités islamiques, mais personne encore n'utilise son esprit ou ne réfléchit de manière créative et critique. Je ne peux pas dire ce que je pense, ressens ou veux à propos du *hijab*, des juifs, etc. Si je dis ce que je pense, je serai accusé d'être un *kafer* [un infidèle], et ma famille en sera blessée ou s'en prendra à moi. Le mieux qui puisse m'arriver est qu'un bon ami m'écoute. J'ai décidé que je vous soutiendrai partout où j'irai et que je ne lirai plus le Coran et la Sunna [les paroles et les actes rapportés du Prophète Mahomet] comme j'avais l'habitude de les lire par le passé... J'ai vraiment besoin de votre soutien et je veux que vous sachiez qu'en tant que futur imam, *Inch' Allah*, je vous aiderai.

Nous qui aimons la liberté avons une dette envers lui, car son succès aidera à renforcer la liberté au-delà de son cas personnel. Ceux qui, parmi nous, ont la chance de vivre dans des sociétés libres se doivent de reconnaître ce que montre ce jeune homme : que certaines choses sont plus importantes que la peur. C'est une leçon qui m'inspire enthousiasme et gratitude.

*

Ma famille et moi sommes des réfugiés ougandais. Le général Idi Amin Dada nous a expulsés avec des centaines de milliers d'autres musulmans. Nous nous sommes installés près de Vancouver. C'est par Montréal que nous entrâmes sur le territoire canadien. L'agent du service d'immigration n'avait pas de raison particulière de s'intéresser à nous, mais elle engagea néanmoins la conversation avec ma mère : « Pourquoi voulez-vous vivre à Montréal ? » demanda-t-elle en français.

Ma mère a grandi au Congo belge et parlait français. « Pourquoi voulons-nous vivre à Montréal ? répondit-elle pour gagner du temps. Eh bien, Montréal commence par la lettre M, et notre nom de famille aussi, alors peut-être Dieu pensera-t-il que nous irons bien ensemble. »

Sentant la détresse de ma mère, l'agent lui assura que ça n'était pas un interrogatoire. « C'est juste que je regarde vos trois filles et que je me rends compte qu'elles sont toutes habillées pour des climats tropicaux. Madame Manji, avez-vous déjà vu la neige ? »

Croyant toujours qu'il s'agissait d'un prétexte pour nous refuser l'entrée du pays, ma mère s'est exclamée : « Non, mais j'ai hâte de la voir ! »

L'agent lui confirma : « Dans ce cas, vous avez alors choisi le bon pays. Mais, si vous le permettez, j'aimerais vous envoyer vous et vos filles là où le climat est le plus tempéré. » Après quelques coups de tampon sur la pape-rasse, nous nous envolions pour la côte opposée du Canada, vers Vancouver.

Certains verraient dans cet agent des services d'immi-gration un arbitre avisé, je pense pourtant qu'elle était plus complexe qu'un personnage de dessin animé. En cherchant à savoir de quoi nous pourrions avoir besoin – de paix sûre-ment, mais aussi de confort –, elle allait à rebours d'une bureaucratie glaciale, s'exposait aux regards critiques de ses collègues et risquait de compromettre son emploi. Pour moi, ce petit geste – prendre le temps de poser des ques-tions compatissantes – s'est transformé en un moment riche d'enseignements. Dans une société libre, l'individu compte. Ainsi en allait-il des choix de cette femme.

Plus de trente ans après, je me réveille encore en remer-ciant Dieu d'avoir échoué dans une partie du monde où je peux accomplir beaucoup si ce n'est la plus grande part de mon potentiel. La reconnaissance est l'essence de ma relation avec Allah. C'est pourquoi je ne peux m'empê-cher de glousser quand on me traite de *kafir* ou *kuffar* (orthographié de différentes façons, comme vous le ver-rez). Ce mot désigne à la fois un incroyant et un ingrat envers Dieu – aucun de ces deux sens ne s'applique à moi. Au-delà de mes simples remerciements, je demande à Allah de m'aider à mériter ma citoyenneté dans une société libre, parce que la liberté de faire de mon futur une chose plus grande que mon passé est un trésor que je n'ai pas eu à conquérir. Quand ma mère, mes sœurs et moi-même avons foulé le précieux sol du Canada, on nous a offert la liberté. Aucune de nous n'a supplié, pris les armes ou lutté pour l'obtenir. La liberté nous a été remise avec nos imperméables à Vancouver. Maintenant je me sens obligée d'employer ce don pour renforcer la dignité de ceux qui ne jouissent pas encore de la liberté de pensée, de conscience et d'expression. Comme l'étudiant d'Al-Azhar, qui redoute d'être qualifié de *kafir*, je choisis de poser des questions. Contrairement à lui, je peux les poser à voix haute. C'est ainsi que les questions deviennent utiles à la société à laquelle j'appartiens et non pas à mon seul dialogue intérieur.

Je suis peinée de voir des gens vivant dans des pays relativement libres et démocratiques avancer en cahotant, comme si leur liberté de choisir était une abstraction séparée de leur vie quotidienne. Un mois avant le 11 Septembre, je décidai de quitter mon poste de présentatrice TV à la chaîne qui était alors la plus courue de Toronto. Y ayant passé trois ans et réussi ce que j'avais projeté de faire, j'acceptai un poste de productrice exécutive d'une chaîne numérique consacrée à la spiritualité. La bulle Internet venait d'éclater et n'importe quelle entreprise se lançant dans le numérique en devenait hasardeuse. C'est pourquoi j'ai pensé que mes collègues me féliciteraient d'avoir saisi cette opportunité. Au lieu de cela, mes amis me prirent à part, comme s'ils sentaient sur leurs talons la brigade du prêt-à-penser-d'entreprise, pour me dire encore et encore : « Tu es si courageuse de partir. »

« Que veux-tu dire ? » ai-je demandé à chacun d'entre eux. Ils m'ont tous répondu sur le mode du « Ça me rend malade la façon dont on me traite ici ». Ma question suivante (posée à voix haute) : « Alors pourquoi restes-tu ? »

Leurs réponses m'ont stupéfiée. Ils étaient pourtant jeunes, célibataires, sans enfants et, pour la plupart, sans prêt à rembourser. « Le prestige », a dit quelqu'un, faisant écho à beaucoup d'autres. « Tout le monde rêve de travailler ici. J'ai, grâce à ce travail, une certaine estime de moi. » Je ne me livrerai pas à un sermon sur les véritables origines de ce sentiment, ce n'est pas mon propos. Pour mes amis dorlotés dans une chaîne de télévision prétendument cool (mais qui les fait se sentir moins cool chaque jour), le test du courage consistait en réalité à démissionner. Ils auraient pu partir sans en faire un drame. Tous ceux qui le faisaient passaient pour des héros, ce qui faisait se hérisser la réfugiée qui demeurait en moi. Même si j'ai souri à leurs excuses et leur ai souhaité de réussir, j'admets le mépris que j'éprouvais pour ce que nous, bénéficiaires de la société libre, étions devenus : gâtés, mous et peu sûrs de nous. Pourquoi quitter un boulot pourri passe-t-il pour un acte courageux quand il n'y a que soi à nourrir ?

Mais j'éprouve maintenant de l'empathie pour mes anciens collègues parce que j'ai à relever le défi d'enseigner le courage. À l'université de New York, j'ai expliqué à mes étudiants que par « courage », j'entendais « dire sa vérité ». Je les ai ensuite incités à faire preuve de courage dans le cadre protégé de la salle de classe : leurs notes dépendront en partie de la fréquence et de la qualité des défis qu'ils me lanceront. Encore et encore, je rappelle à mes étudiants qu'il n'est pas seulement permis de contrer sincèrement mes hypothèses et mes conclusions, que c'est recommandé, car me dire pourquoi je me suis peut-être trompée peut leur valoir un A. Le nombre de fois où j'ai dû faire miroiter cette carotte, avec comme seules réactions d'hésitantes promesses – « nous avons bien compris » – suivies de silences suggérant qu'ils n'avaient vraiment rien compris, m'a averti que le problème était plus profond.

J'ai invité mes étudiants à m'expliquer pourquoi il leur était manifestement si difficile d'exprimer leur vérité. Chacun leur tour, ils ont souligné la passivité qu'ils associaient à la classe, ayant grandi dans des environnements éducatifs envahis d'ordinateurs et d'écrans vidéo, mais dénués du sentiment qu'on les autorisait à utiliser leurs claviers pour quoi que ce soit d'audacieux. Écoutez cette conversation avec l'un des jeunes hommes les plus prometteurs que je connaisse à New York. Je lui ai demandé de bloguer pour une campagne qui dénonçait les abus des droits des femmes en Iran.

Lui : Vous voulez que *je* blogue ?
Moi : Bien sûr. Vous avez un esprit réfléchi et le sens de la justice. C'est l'occasion d'exprimer vos idées.
Lui : Je ne suis pas sûr de pouvoir.
Moi : Pourquoi ?
Lui : Je ne sais pas ce qui pourra être utilisé contre moi.

Voici un étudiant d'une vingtaine d'années qui tente de sortir d'un quartier rongé par le crime en postulant à un poste de conseiller d'éducation et qui envisage d'entrer dans une école de droit. Lui et moi avons comparé nos recherches sur le leadership – une raison parmi d'autres qui me fait dire qu'il est intelligent. Cependant, sa capacité à partager de telles réflexions est entravée par sa préoccupation de savoir lequel de ses mots déclenchera involontairement la réaction de quelqu'un. En bref : que vont-*ils* penser de moi ?

Moi : On peut utiliser n'importe quoi contre toi. Toujours. Mais crois-tu honnêtement que le silence te protégera ? Si on peut utiliser n'importe quoi contre toi, alors il en va de même de l'inaction. Réfléchis à ça, lis le blog et fais-moi savoir si tu vas monter à bord. C'est à toi de décider.

Finalement, il a rejoint la campagne pour les droits de la femme en qualité de blogueur. Quelques mois plus tard, il m'a fait lire ses recherches, soulignant que dans l'histoire des États-Unis, les leaders noirs les plus compétents ne se mettaient pas dans tous leurs états à propos du qu'en-dira-t-on. J'ai été tout de suite enthousiasmée, moins par ses recherches que par son évolution – et, à travers la sienne, la mienne.

Laissons un peu tranquille cette génération d'étudiants : la peur d'être jugé n'a pas commencé avec eux. Dans les années 1960, le psychologue Stanley Milgram a mené une série d'expériences pour comprendre pourquoi les gens se conforment au pouvoir – ou, plus précisément, à l'abus de pouvoir. Est-ce le tempérament qui pousse à obéir de manière irrationnelle, comme la sagesse conventionnelle le voudrait ? Ou peut-être cela a-t-il plus à voir avec la situation et son contexte ? Les premiers sujets que Milgram a testés étaient des étudiants de l'université de Yale. Chacune de ses recrues a administré ce qu'elle pensait être des électrochocs à des êtres humains, parce qu'un homme en blouse blanche leur avait ordonné de le faire. La totalité de l'échantillon de Milgram, des étudiants de l'Ivy League[1], a succombé à l'autoritarisme. Il lui a donc fallu chercher au-delà du cadre universitaire un échantillon plus représentatif de personnes.

Le problème n'est pas non plus spécifique à la jeunesse. Nombre d'investisseurs et d'économistes ont renoncé à toute pensée indépendante dans les quelques semaines qui précédèrent la crise économique de 2008. S'ils avaient des doutes sur les actions, l'immobilier ou le crédit, très peu les ont exprimés. Comme un ancien cadre dirigeant de Lehman Brothers l'a formulé : « Quiconque à notre niveau ne partagerait pas l'avis des managers se retrouverait rapidement ailleurs. Vous n'êtes pas payé pour couler le navire. » Mais quand ce dernier chavira, ses bénéfices coulèrent et entraînèrent par le fond les salaires de bien d'autres. Et depuis ils n'ont plus nulle part où aller – « rapidement » ou pas.

Il y a une ressemblance entre les jeunes musulmans qui se taisent au sein de leurs familles et les magnats de Wall Street qui font la sourde oreille dans leurs sociétés d'investissement. La mort n'est pas leur premier sujet de préoccupation, le ridicule si.

---

1. Ensemble des huit universités privées les plus prestigieuses et les plus anciennes des États-Unis, toutes situées dans le nord de la côte Est.

*

Je connais ce sentiment. *Musulmane mais libre* a ins-
piré (ou suscité) la création d'un site Internet, tenu par des
musulmans, se moquant de moi et de mon combat. Je me
contenterai de citer quelques échanges parmi les plus drôles :

Nous devrions te botter le cul jusqu'en enfer et contempler alors
les flammes te dévorer vivante. Tu es aussi bidon que l'enfer,
alors ne la ramène pas avec tes livres stupides sur l'islam. – Mo

Mettons les choses au clair, Mo. Je suis « aussi bidon que l'enfer », mais on devrait me botter le cul jusqu'en « enfer » – qui,
d'après toi, est une destination bidon. Tu veux réessayer ?

Bonjour mademoiselle la « Lesbienne Féministe Libérée » Irshad.
Je suis un musulman cultivé, modéré, et j'ai pourtant l'impression que vous avez quelques fantasmes de gloire et de cupidité.
Voici un bon titre pour l'un de vos prochains livres : « Comment je
peux duper l'Occident en lui faisant croire que l'homosexualité est
acceptable dans l'islam. » En voici un autre : « Comment se vendre
au diable. » Je n'achèterai pas votre livre ! À moins que vous ne
vouliez me l'envoyer gratis. Je pourrais l'utiliser pour ma cheminée.

P.-S. : Mes voisines sont lesbiennes et nous nous respectons
beaucoup, alors trouvez un autre angle d'attaque. – S.R.

*Salaams, Voisin Libéré. Merci pour votre charmant e-mail – et
pour les titres de livres. Je les prendrai sûrement en considération,
vu que je continue à compter mes richesses et à repousser les
éditeurs qui veulent plus, toujours plus de moi et de ma moralité
non islamique. Merci aussi de proposer de brûler mon livre si je
vous en envoie un exemplaire. J'ai beaucoup réfléchi pour savoir
si j'allais vous rendre ce service et ma décision est... (roulement
de tambour s'il vous plaît...) non. Voyez-vous, je suis tout simplement trop avide de profits pour vous donner un exemplaire*

gratuit. Pourquoi nier mon avidité ? Comme j'en appelle à l'hon-
nêteté dans ce livre, je ferais mieux de prêcher par l'exemple.
Cependant, appréciez vos voisines. Je suis sûre que ce sont des
femmes charmantes. J'espère seulement qu'elles savent à quel
point vous l'êtes également.

Ex-sœur Irshad : de quelle confession est votre compagne ?
Juive ? – Anonyme

J'ai rencontré ma compagne dans une église anglicane. J'as-
sistais à la messe dans le cadre de mes recherches pour une
nouvelle émission de télévision. Je lui ai demandé d'être hon-
nête avec moi sur sa religion – votre question m'y a incitée. J'ai
réclamé la vérité. Elle m'a dit : « Appelle-moi simplement Shlomo. »
Je ne fais que recopier sa réponse.

Vous offensez 98,9 % des vrais musulmans dans le monde.
L'islam n'est pas une religion difficile à comprendre, et je n'ai pas
besoin de lire votre livre pour savoir ce qui ne va pas. Tout va
bien dans l'islam. Je conviendrai que beaucoup, beaucoup d'individus ou de sociétés islamiques sont aujourd'hui désorientés
ou manipulent les enseignements de l'islam à des fins personnelles ou politiques. Vous me faites penser à l'extrême droite de
l'islam qui tolère l'assassinat de gens sans discernement, mais
vous êtes d'extrême gauche. Votre livre n'a aucune valeur académique, l'achèteront des femmes au foyer qui passent leurs
journées devant CNN et dont la curiosité a été piquée. S'il vous
plaît, ne traitez pas d'un sujet qui ne vous concerne pas. Écrivez un livre sur la mode ou quelque chose d'autre. – Anonyme

Premièrement, devrais-je me censurer parce que vous êtes
offensé ? Supposez que je vous dise que je suis offensée par
le fait que vous êtes offensé. Selon votre propre logique, vous
êtes dans l'obligation de vous tenir tranquille parce que je suis
offensée. Vous voulez bien ? Deuxièmement, comment avez-
vous déterminé que j'offense 98,9 % de vrais musulmans dans
le monde ? Pourquoi pas 98,7 % ou 99,1 % ? S'il vous plaît,

citez vos sources, comme je le fais avec chacune des affirma-
tions présentes dans mon livre totalement non académique. Enfin,
merci de me suggérer d'écrire sur la mode. J'ai déjà une idée
du titre : « Le Péché capital, comment le terne clergé catholique
pourrait s'habiller avec succès s'il prenait exemple sur les pieuses
femmes au foyer wahhabites, qui s'habillent en Prada, Gucci et
bling-bling sous leurs burqas. » Comme vous le savez, je ne suis
pas très douée pour composer des titres de livres inoffensifs,
aussi, si vous en avez un meilleur à proposer (comme d'autres
l'ont déjà fait), n'hésitez pas. En attendant, me voici, Cosmo !

Vous vous dites musulmane. Je vous suggère plutôt « musulmane dissidente non pratiquante ». Vérifiez ce que le Coran dit
de votre coupe de cheveux. – Shauaib

J'ai relu Fashion Fatwa n° 4866 et ça dit simplement : « C'est
haram[1] d'utiliser du gel contenant des traces d'alcool. Les lardons,
cependant, sont halal, puisqu'ils seront pris entre les mèches de
cheveux fixées et ne pénétreront pas le cuir chevelu, Inch' Allah. »

Laissez-moi vous dire à quel point votre livre est utile. J'ai
trouvé que ça revenait en fait à beaucoup moins cher de l'utiliser
comme papier toilette que d'acheter des paquets de PQ. Toutefois, j'aurais une réclamation : les pages sont légèrement trop
rêches par endroits et j'ai la peau sensible. C'est alors qu'une
merveilleuse idée m'a traversé l'esprit. Vous vendriez à coup
sûr plus de livres s'ils étaient vendus avec une crème hydra-
tante... S'il vous plaît, dites-moi que vous allez au moins y réfléchir. Je vous le garantis : cela augmentera vos ventes, même
si beaucoup préféreront des méthodes d'hygiène traditionnelles.
Quant à votre image, je n'ai pas beaucoup de conseils à vous
donner. Mais peut-être serait-il utile d'embaucher une attachée
de presse (ou de virer l'actuelle). Bonne chance et continuez
d'écrire. – Falaha

---

1. Par opposition à *halal*, est *haram* tout ce qui est interdit par le
Coran, comme l'alcool ou le porc.

Je vous salue, Fesses Rêches ! Pour ce qui est de mon problème d'image, je me permets de vous dire que ce n'est pas moi qui décris au monde entier ce que je fais dans mes toilettes. Mais je suis soulagée (façon de parler) de voir que votre défécation semble régulière. Cela veut aussi dire que vous revenez régulièrement à mon livre. Et, dernière « commission » : je n'aurai jamais besoin d'une attachée de presse tant que je vous aurai.

Le comique soulage et enrichit l'âme. Je ne suis pas sur la défensive. La dérision m'encourage à être claire sur les raisons qui me font croire à ce que je crois – et à me demander si je devrais y croire. De cette manière, même les critiques caustiques sont les alliés de mon évolution. Elles m'enseignent par la répétition que certaines choses sont plus importantes que la peur. Les lire me détend.

*

Les gens qui agissent selon leur courage moral rencontreront toujours la désapprobation. Avoir du courage moral, c'est défier le conformisme au sein de nos propres tribus – qu'elles soient religieuses, culturelles, idéologiques ou professionnelles – et le faire pour une cause plus universelle. Le fait même qu'existe cette expression, « courage moral », nous console. Peu importe à quel point je peux me sentir isolée. Peu importe que des musulmans me disent dérangée. Peu importe que des non-musulmans me répètent que l'islam est intrinsèquement fasciste. Peu importe que je m'en prenne à des moulins à vent. Je peux m'appuyer sur une tradition anticonformiste. Les textes sur le leadership reconnaissent le courage moral parce que d'autres ont adopté cette solution pour être en paix avec leurs consciences alors qu'ils soulevaient leurs communautés de l'intérieur. Je ne suis pas seule, et je ne l'ai jamais été.
Cependant, choisir d'affronter l'intimidation, les insultes et les blessures que nous infligent les « nôtres » peut

sembler une idée impossible. En 1966, Robert F. Kennedy exhortait les étudiants d'Afrique du Sud à vaincre l'apartheid, la ségrégation entre les Blancs et les Noirs inscrite dans la loi. Dénonçant les barrières racistes de son propre pays, Kennedy avoua que « peu d'hommes sont prêts à braver la désapprobation de leurs prochains, la censure de leurs collègues, la colère de leur société. Le courage moral est une disposition plus rare que la bravoure sur le champ de bataille ou qu'une grande intelligence. C'est pourtant la seule qualité indispensable et vitale pour ceux qui cherchent à changer le monde, un monde qui ne change que dans la douleur ».

Le courage moral s'élève au-dessus d'autres vertus parce qu'il n'y a pas de blessure plus profonde que d'être ostracisé par son peuple. Les hommes prennent systématiquement le parti de blâmer les autres. Et franchement, qu'est-ce que c'est bon ! Quand vous accusez les autres, vous pouvez porter votre rage comme un badge de crédibilité tribale : « Regardez-moi, regardez comme je me lève pour "nous" contre "eux". Je sais où est ma place. » Vous aurez droit à tous les honneurs. Mais si vous révélez les injustices perpétrées par votre propre peuple, le réconfort de l'appartenance instantanée disparaît. Maintenant, comment saurez-vous qui vous êtes ?

Bienvenue à l'une des opportunités les plus libératrices de notre temps : en finir avec les « politiques identitaires ». Celles qui nous réduisent au rôle de mascottes des communautés auxquelles nous nous identifions : musulman, chrétien, juif, féministe, homosexuel, banquier, fan de Bollywood, à vous de trouver un nom à votre communauté. Partout où il y a une orthodoxie, il y a une identité consacrée et un ensemble de préceptes pour la représenter « correctement ». Nous avons vu ces politiques à l'œuvre dans les échanges d'e-mails avec mes détracteurs les plus drôles. Même si j'espère qu'ils vous ont fait rire, cela ne doit pas nous distraire et nous empêcher de comprendre que même les gens sincères se laissent tenter :

Je ne suis pas d'accord avec le titre de votre livre. Ce devrait être : *Le Problème avec les musulmans*. Ce n'est pas parce que les musulmans font des choses haineuses et blessantes que c'est ce que l'islam enseigne. Si le message du Coran est mal inter-prété, ce n'est pas la faute de l'islam. – Shawn

Si j'avais intitulé mon livre Le Problème avec les musulmans, *les lobbyistes professionnels, qui se sont autoproclamés « repré-sentants » de la communauté musulmane, m'auraient accusée d'incitation à la haine d'un « groupe identifiable ». Imaginez les pro-cès. Mon derrière de dissidente se serait plusieurs fois retrouvé au tribunal. Super – si vous êtes là uniquement pour vendre vos livres. Ce n'est pas mon cas. Je suis là pour aider les musul-mans à user de leur droit et de leur devoir de penser.*

Comment diable pouvez-vous encore vous dire musulmane ? Qui représentez-vous ? Je suis une femme musulmane. Je ne couvre pas mes cheveux et je suis mariée à un Américain qui ne pratique pas l'islam, mais il pense que les musulmans sont le meilleur peuple au monde, et il souhaiterait que les chrétiens aient les mêmes mœurs que les Arabes. Tous les problèmes du Moyen-Orient sont le fait d'Israël. Je suis une réfugiée palesti-nienne depuis 1968. Ma famille et moi sommes éparpillés aux quatre coins du monde. Pourquoi ne faites-vous rien pour venir en aide aux Palestiniens ? Je sais que nous sommes la meilleure nation qu'Allah ait choisie. Qu'Allah nous aide contre des gens comme vous et Ben Laden. – Mona

Je ne suis pas surprise que vous m'accusiez de négliger les Palestiniens. Dans notre monde politiquement polarisé, si vous signalez (comme je le fais) qu'au même titre que les Israéliens, les Arabes sont coupables de la détresse des Palestiniens, alors vous êtes une anti-Palestinienne, sinon une anti-musulmane. Pourquoi ? Parce que vous n'avez pas déclaré qu'Israël était l'unique oppresseur. Je ne marche pas, Mona. Pas plus que de nombreux Palestiniens, qui sont autant en colère contre la corruption de leurs « leaders » que contre la présence militaire des forces armées israéliennes. Les deux occupations doivent prendre fin.

Faites comme le Dr Eyad Serraj, fondateur du Gaza Community Mental Health Program (Programme pour la santé mentale de la communauté de Gaza). Selon lui, « nous, Arabes et Palestiniens, avons besoin d'une bonne dose d'autocritique » au sujet d'« une structure tribale dans laquelle la contestation est considérée comme une trahison ». Cette structure tribale, me raconte-t-il, est la raison pour laquelle « nous n'avons pas encore développé un État de droit, parmi tous les pays arabes, dans lequel les gens sont libres devant la loi ». Ainsi, Mona, je vous quitte avec quelques questions : 1) « Tous les problèmes du Moyen-Orient » peuvent-ils vraiment être mis sur le dos d'Israël ? 2) Ne ressemblez-vous pas à un sioniste zélé quand vous insistez sur le fait qu'Allah ait « choisi » les Arabes pour être la meilleure nation ? 3) Comprenez-vous pourquoi le fait que vous voyiez en moi une mauvaise musulmane ne me touche pas plus que ça ?

Vous n'abordez pas la manière dont les musulmans pourraient interagir avec d'autres cultures et le monde qui les entoure sans perdre la seule identité qu'ils aient. Certains musulmans ont peur de se perdre eux-mêmes dans la culture occidentale. – Bongo

Le mot clé est « peur ». La civilisation islamique a dessiné la Renaissance européenne. N'est-ce pas la preuve que la dichotomie entre « l'islam » et « l'Occident » est artificielle ?

Je n'ai rien contre le fait que vous exprimiez votre opinion sur l'islam. Mais les gens qui ne savent pas ce que l'islam était avant le 11 Septembre peuvent prendre votre livre pour argent comptant sans chercher à connaître tous les autres aspects de notre grande religion. Vous devriez souligner davantage les côtés positifs de l'islam avant de continuer avec les aspects négatifs, afin d'éduquer ceux qui aspirent à mieux connaître les musulmans. Les gens continuent de nous dévisager, ou essaient de nous rouler dessus avec leurs voitures (ce qui m'est arrivé récemment) ; j'aimerais donc vous faire comprendre que votre livre peut aggraver les souffrances de vos frères et sœurs musulmans. Vous ne vous privez pas de dire ce que beaucoup de gens pensent des musulmans. Vous êtes pourtant l'une d'entre nous. – Anonyme.

Merci pour l'avertissement. Mais vous êtes-vous donné la peine de lire mon livre ? Si c'était le cas, alors vous sauriez que j'insiste sur ce qui était autrefois positif, pluraliste et progressiste dans l'islam : l'ijtihad, notre propre tradition de libre pensée. Nous autres musulmans pouvons le redécouvrir si nous nous y intéressons – et si nous osons. Ce qui m'amène à la contradiction fondamentale inhérente à votre raisonnement. D'un côté, vous dites que la société « aspire à mieux connaître les musulmans ». De l'autre, vous spéculez sur le fait que les gens cesseront de lire une fois mon livre refermé. Si les gens ont soif de connaissances, alors pourquoi donc considéreraient-ils mon livre comme le dernier à pouvoir leur enseigner l'islam ? Vous m'accordez trop d'importance et au public trop peu de crédit.

Trois conseils : le premier, ceux qui essaient de vous écraser sous leurs voitures sont des criminels, dénoncez-les à la police, pour le bien de tous. Le second, reconnaissez qu'en supposant les non-musulmans infantiles, vous les caricaturez autant que vous avez peur qu'ils vous caricaturent. Que vous vous arrogiez le droit de cataloguer les autres, alors même que vous vous sentez victimisé, n'est-ce pas révélateur ? Le troisième, ayez davantage confiance en vos semblables, autant que vous souhaiteriez qu'ils aient confiance en vous.

Je vous écris d'Irak. Vous pensez sans doute avoir accompli quelque chose de génial et courageux avec votre livre, mais il ne vaut peut-être pas mieux que ce qu'auraient fait les mollahs et les extrémistes, à savoir déformer encore plus l'islam. Une fois pour toutes, les musulmans ne doivent pas être confondus avec l'islam. Si vous êtes mauvais et que vous êtes marxiste, cela ne veut pas dire que Marx est mauvais. – Nizar

Les musulmans ne doivent pas être confondus avec l'islam?
C'est totalement illogique. Je suis d'accord que la théorie de l'is-
lam, comme la théorie marxiste, diffère de ce que la plupart des
adeptes en font. Mais la théorie n'a que peu de valeur si elle ne
se traduit pas en actes. En vérité, l'islam est ce que les musul-
mans en font. Si les musulmans n'ont rien à voir avec l'islam, alors
nous ne pouvons sauver l'islam de la corruption. Votre approche
ne présente aucun espoir. Heureusement, le Prophète Mahomet
avait d'autres idées. On rapporte qu'il a demandé : « Qu'est-ce
que la religion? » et qu'il a répondu : « La religion est la façon
dont nous nous comportons envers les autres. » L'islam est ainsi
défini par la manière dont nous autres musulmans agissons.

Pourquoi vous dites-vous musulmane ? On n'a vraiment pas
besoin d'être asticotés. S'il vous plaît, adhérez à une autre religion. Je suis sûr que les chrétiens accueilleraient une lesbienne
les bras ouverts. – Siddique

Vous avez raison à propos d'une chose. Beaucoup de chrétiens
m'ont adoptée. Ce sont les moins libéraux d'entre eux qui refu-
sent mes avances, pour les mêmes raisons que vous : je suis
une lesbienne défiant ceux qui prennent le Coran au pied de la
lettre. Ne voyez-vous pas ce que cela veut dire, Siddique? Vous
avez quelque chose en commun avec les chrétiens que vous
méprisez. Mon Dieu, j'adore bâtir des ponts.
Mais je pense que vous faites erreur quand vous dites que
les musulmans n'ont pas besoin d'être asticotés. En fait, toute
société, toute culture, toute religion a besoin de mouches du
coche – d'obstinés animaux socratiques qui asticotent une men-
talité grégaire en posant bien haut des questions dérangeantes.
Considérez Martin Luther King. Ses coreligionnaires (encore ces
satanés chrétiens) l'ont accusé de créer une tension qui n'était
pas nécessaire. La réponse de MLK? « Je dois avouer que je n'ai
pas peur du mot "tension". Je me suis honnêtement opposé à
la tension violente, mais il y a une forme de tension construc-
tive et non violente, qui est utile pour grandir. Socrate estimait
qu'il était nécessaire de générer une tension dans l'esprit des

gens, afin qu'ils puissent s'élever de l'esclavage des mythes et demi-vérités vers le royaume illimité de l'analyse créative et de l'évaluation objective. De même, nous devons saisir la nécessité d'avoir des mouches du coche non violentes pour créer dans la société le genre de tension qui aidera les hommes à s'élever des sombres profondeurs du préjugé et du racisme vers les hauteurs majestueuses de l'entendement et de la fraternité. » Nombre de chrétiens ne voulaient pas être asticotés – et pourtant, ils en avaient besoin. Le temps est venu, Siddique, où les musulmans vont sérieusement se gratter.

Remarquez l'hypothèse récurrente de ces lecteurs, selon laquelle je devrais me conformer à une attitude acceptable. Je dois représenter les autres avant de pouvoir parler pour moi-même, non pas pour mon honnêteté, mais pour leur identité. Dire ma vérité s'écarte de cette règle. Sous une telle pression, nous pouvons voir avec quel acharnement la peur rongerait les cordes vocales de n'importe qui.

Bien sûr, les musulmans ne sont pas les seuls à imposer l'illusion de pureté pour effrayer les individus de façon à ce qu'ils appliquent les normes communautaires (ou le « bon sens »). Si j'étais une indigène d'Australie, je ne me serais pas encore remise de la prétention démesurée de l'un de « mes » porte-parole. En 2008, l'édition australienne d'un best-seller anglais sortit des presses. *The Daring Book for Girls* (« L'audacieux livre pour jeunes filles ») apprend aux jeunes femmes tout ce qu'elles ne peuvent soi-disant pas faire. Ignorant que le livre reposait sur cette idée, le chef d'une association d'éducateurs aborigènes, Mark Rose, accusa l'éditeur de commettre un « grave faux pas » en osant inclure un chapitre apprenant à jouer du *didgeridoo*, un instrument considéré comme le privilège exclusif des hommes dans beaucoup de cultures indigènes.

Rose déclara : « Nous savons qu'il y a de nombreux risques si une femme touche un *didgeridoo*. L'infertilité est l'un des premiers. » Il ajouta : « Je ne laisserais pas ma fille en toucher un. » De même, semble-t-il, le *livre* ne devrait être touché par... personne. L'éducateur conseilla à l'éditeur de « le mettre au pilon ». HarperCollins Australie plia. Il s'excusa « sans réserve » et promit de remplacer le chapitre offensant lors des prochaines réimpressions. Donc voici ce que vous avez : un livre sur l'audace qui cède sur toute la ligne. Un jour, les filles indigènes y auront droit. À quel prix, je ne sais pas.

Au mieux, elles essuieront des insultes. Randall Kennedy, professeur de droit à l'université Harvard et afro-américain, raconte : « On m'a traité de déserteur à de nombreuses reprises. » Pour quelles raisons ? Il demande si les universitaires blancs n'ont pas « une compréhension bien à eux de la loi sur les relations interraciales, et si, d'un point de vue intellectuel, le statut de minorité raciale ne devrait pas être vu comme un brevet d'intelligence ». Ça alors, quelle bombe nucléaire ! Mais, en posant cette question, Kennedy a été traité de « perfide Tonto[1] maquillé de noir ». On attribua ses motivations au fait qu'il voulait « gagner l'estime des Blancs, particulièrement de ses collègues qui l'évalueraient en vue de le titulariser ».

Aucune de ces tactiques n'a empêché Kennedy d'enquêter sur des tabous similaires. En 2003, il a sorti un livre intitulé *Nigger : The Strange Career of a Troublesome Word* (« Nègre : l'étrange carrière d'un mot gênant »). À propos duquel Kennedy témoigne : « Le Council on Black Internal Affairs m'a qualifié de "profiteur racial" qu'ils "méprisaient". J'avais, affirmaient-ils, "usé opportunément de mon statut d'intellectuel bien connu du public noir pour en tirer profit et une forme perverse de célébrité"... » Après le témoignage de Kennedy dans un procès sur les usages inconsidérés du mot commençant par N, le profiteur est carrément devenu une « putain bon marché ». Bon marché parce que

---

1. Personnage de fiction, cet Amérindien est l'alter ego du *Lone Ranger*, ancien *Texas Ranger* combattant l'injustice dans le vieil Ouest américain, dont il est une icône aux États-Unis. *The Lone Ranger* est un feuilleton radiophonique créé en 1933 par George W. Trendle et Fran Striker, et dont le dernier épisode fut diffusé en 1954.

« je n'ai reçu aucun honoraire, ni n'ai vu mes frais remboursés pour mon témoignage. J'ai agi *pro bono*... On ne peut qu'imaginer ce qu'on aurait dit de moi si j'avais été payé ».

En ce qui concerne le bien nommé Council on Black Internal Affairs, Kennedy remarqua qu'à l'époque, l'apogée de sa réussite fut la publication de *The American Directory of Certified Uncle Toms : Being a Review of the History, Antics, and Attitudes of Handkerchief Heads, Aunt Jemimas, Head Negroes in Charge, and House Negroes Against the Freedom Aims of the Black Race*[1]. Apparemment, le Conseil ne voyait rien à redire à l'utilisation de termes péjoratifs dans ses propres titres. L'ironie ne s'arrête pas là. Dans le roman d'Harriet Beecher Stowe, le personnage d'Oncle Tom choisit de mourir plutôt que de laisser triompher un propriétaire d'esclave. En quelque sorte une trahison.

Mais les reproches des Afro-Américains renégats diffèrent de ceux que les musulmans réformateurs doivent surmonter. Kennedy a lui-même soulevé le problème : « Je ne me suis senti menacé par aucun ennemi idéologique. À aucun moment, je n'ai senti que je me mettais sérieusement en danger à cause de quelque chose que j'avais l'intention d'écrire. » On ne peut pas en dire autant des musulmans réformateurs aujourd'hui. C'est une différence de vie et de mort.

*

Musulmans, nous devons nous montrer plus exigeants envers nous-mêmes. Nous avons déjà fait de la pensée un art, profitant des nombreux choix qui s'offraient à nous quant au respect de la foi. Dans l'islam d'il y a un millier

---

1. En français : « L'annuaire américain des Oncles Tom certifiés ». La Tante Jemima du sous-titre est une marque commerciale qui vend entre autres de la farine, du sirop, etc., avec pour mascotte l'archétype de la mamie noire acquise aux intérêts des Blancs (en termes d'image, l'équivalent américain de Banania et de son tirailleur sénégalais). Tante Jemima est le pendant féminin de l'Oncle Tom.

d'années, l'esprit de l'*ijtihad* – de discussion, de débat et de contestation – florissait. Ce n'est pas une coïncidence si à cette même époque la civilisation islamique menait le monde avec esprit.

Sous le régime qui dirigeait *al-Andalus*, autrement dit l'Espagne musulmane, les étudiants pouvaient parler de tous les aspects du Coran. L'historien George Makdisi écrit que les madrasas du IXe siècle ont peut-être été à l'origine de l'actuelle liberté universitaire. On pourrait y voir une affirmation excessive, vu à quel point les madrasas sont devenues réactionnaires et anachroniques, mais à l'époque la liberté avait un prêcheur. Un sceptique andalou du XIe siècle, Ibn Bajjah, soutenait ouvertement l'« intelligence active ». Il postulait également que lorsque les esprits rationnels prennent contact avec le Divin, l'individu trouve le bonheur. Les hommes en place, intraitables, le jetèrent en prison. Mais l'imam d'une mosquée influente, la Mezquita, intervint et Ibn Bajjah retrouva la liberté. Du VIIIe au XIIe siècle, quelque 135 écoles d'interprétation de l'islam ont prospéré, tandis que les villes les plus cosmopolites d'*al-Andalus* abritaient 70 bibliothèques, rivalisant avec le nombre de bibliothèques dans la plupart des grandes villes américaines aujourd'hui.

Les ijtihadistes ont même légué une partie de la culture populaire occidentale. Dans mes allocutions publiques, je m'enivre d'exemples de la sorte : les musulmans ont donné au monde le moka. (De rien, Starbucks.) Et la guitare. (Je t'en prie, Springsteen.) Et même potentiellement l'expression « Olé ! » – de l'arabe « Allah ! » (Espagne, tout le plaisir est pour nous). Mon cœur s'emballe rien qu'en pensant à l'illustre curiosité de nos ancêtres ijtihadistes.

Puis le soleil s'est couché sur le XIIe siècle. Les musulmans fanatiques ont traversé le détroit de Gibraltar et colonisé l'Espagne. L'empire islamique, s'étendant de l'Espagne à l'ouest à l'Irak à l'est, sombra dans la division. Des confessions dissidentes créèrent leurs propres gouvernements. Le calife de Bagdad, à la fois homme d'État et guide spirituel, réprima avec une sévérité accrue et serra les rangs afin de sauvegarder l'unité politique de l'empire. À la place, les musulmans reçurent l'uniformité sous le masque de l'unité. Au bout de quelques générations, les portes de l'*ijtihad* se refermèrent, particulièrement dans la secte dominante de l'islam, le sunnisme. Des 135 écoles de la pensée sunnite, seules quatre ont survécu – chacune d'entre elles étant plus ou moins orthodoxe. La démission de la pensée critique légitima les lectures rigides du Coran. Des intellectuels infirmèrent des fatwas, ou avis juridiques, à leurs risques et périls. Penser par soi-même était répréhensible, on pouvait risquer jusqu'à l'exécution.

L'heure est venue de faire mieux. Je n'appelle pas les musulmans à remonter le temps et à exhumer le corps de l'Islam du XIᵉ siècle. La nostalgie n'est pas de mise. Vous allez voir à quel point l'*ijtihad* peut encore être utile. Je n'appelle pas non plus le métier de juriste à perdre ses subtilités. Les juristes ont leur place – mais bien au-dessous de Dieu, ne l'oublions pas. J'appelle seulement l'*esprit* de l'*ijtihad* à s'étendre au-delà des universitaires et des théologiens. Débarrassons-nous de l'élitisme qui scelle un schéma de soumission parmi les musulmans – soumission qui nous empêche de nous exprimer au-delà de dogmes obsolètes.

Ingrid Mattson, universitaire du Hartford Seminary et ancienne présidente de l'Islamic Society of North America, a choisi des musulmans ordinaires pour prendre leur dogme à partie. « À cause de notre vision très étroite, de notre vision légaliste et de nos modèles de prise de décision autoritaires, nous excluons ceux qui peuvent nous offrir une vision différente de notre future », a-t-elle déclaré en 2004 au cours d'une conversation avec d'autres universitaires. Mattson alla même jusqu'à encourager l'*ijtihad* chez les comiques, les poètes et les musiciens. Olé !

Renouveler l'esprit de l'*ijtihad* passe par l'intégrité, en commençant par celle de l'islam. Dans un essai plein de verve, « Innovation et créativité dans l'islam », l'un des penseurs musulmans les plus estimés au monde caractérise l'*ijtihad* comme un « devoir [spirituel] de première importance ». Aux débuts de l'islam, écrit Umar Faruq Abd-Allah, « toute personne pratiquant l'*ijtihad* avait au bout du compte raison, même si techniquement elle avait tort. Cela incita les théologiens et les juristes à se demander s'il pouvait y avoir plus d'une réponse correcte à n'importe quelle question. » Eh bien, serait-ce possible ? « La majorité des universitaires s'accorde simplement à dire que toute personne pratiquant l'*ijtihad* est récompensée quand elle se trompe, non pas du fait de cette erreur mais parce qu'elle obéit à Dieu en répondant à son commandement d'endurer le labeur de l'*ijtihad*. »

C'est ce que les familles d'Alya, Yasmin, Phirdhoz, Elizabeth et Sakdiyah ont besoin de savoir. Si ces jeunes musulmanes tremblent à l'idée de mettre leurs familles dans une rage folle avec leurs questions sur l'islam, je leur dis : posez ce livre. Allez sur mon site Internet. Tapez « Abd-Allah » dans le moteur de recherche. Téléchargez son essai. Lisez-le, puis faites-le lire à vos parents. Du fait qu'il a été écrit par une autorité traditionnelle, ils seront peut-être moins préoccupés par votre refus de toute soumission.

Je peux garantir que cette stratégie a fait ses preuves parce que quelques jeunes musulmans l'ont déployée pour gérer un problème brûlant du XXIᵉ siècle : le mariage mixte. Comme davantage de musulmans naissent en Occident ou y émigrent, ils rencontrent des gens d'autres religions et tombent amoureux. Les parents musulmans et les imams disent régulièrement à leurs enfants et aux jeunes que l'islam leur interdit – spécialement aux femmes – d'épouser des non-musulmans. « Est-ce vrai ? » m'a-t-on demandé à diverses reprises, d'une voix angoissée. « Dois-je vraiment renoncer à l'amour de ma vie pour garder la foi ? » C'est la question qui revient le plus souvent dans les messages postés sur mon site Internet depuis ces dernières années. L'amour interconfessionnel est un phénomène de plus en plus répandu et qui n'est pas sans implications pour les communautés immigrées. À la lumière de ces enjeux, je voulais être sûre que ma réponse apporterait aux couples mixtes l'argument d'autorité dont ils ont besoin pour faire face à leurs familles.

Je citai Khaleel Mohammed, imam et professeur d'islam qui a été formé à la fois dans des écoles sunnites et chiites du Moyen-Orient. Pratiquant l'*ijtihad*, l'imam Mohammed a réinterprété les passages pertinents du Coran et écrit une bénédiction islamique de deux pages sur le mariage mixte. En 2006, j'ai mis en ligne sur mon site Internet la version anglaise de cette bénédiction. Au bout de six mois, c'était un téléchargement si demandé que j'ai dû le mettre en ligne dans vingt traductions supplémentaires.

Un an plus tard, je donnais une série de conférences à Berlin. Après l'une de mes interventions, quelques Allemandes musulmanes s'attardèrent pour me remercier d'avoir mis en ligne la bénédiction du mariage mixte. Maintenant âgées d'une vingtaine d'années, elles avaient franchi « le seuil au-delà duquel elles étaient en âge de se marier ». Leurs parents avaient tenté de forcer chacune d'entre elles à épouser des musulmans qu'elles ne connaissaient pas, et qu'elles aimaient encore moins. Pour ces femmes, la bénédiction du mariage mixte passait avant leurs parents, leurs oncles et leurs frères. Parce qu'un imam l'avait écrite, les familles acceptèrent à contrecœur sa crédibilité. De plus, comme la bénédiction pouvait être téléchargée en allemand, arabe et turc, leurs parents n'avaient aucune excuse linguistique pour plaider l'ignorance. Ainsi que l'une de ces femmes me l'expliqua : « Mon père n'aimait pas la façon de penser de l'imam, mais maintenant il sait qu'il y a au moins une autorité islamique qui nous mariera, moi et mon Allemand. Je n'ai plus à m'inquiéter de savoir comment ma famille réagira à mon choix. »

Des choix individuels comme les leurs peuvent profondément améliorer la capacité de toute une société à surmonter sa peur de l'Autre. Plus je passe de temps à faire des recherches sur le courage moral, plus je suis déconcertée par cette apparente coïncidence : ceux qui risquent leur peau pour la coexistence sont souvent mariés à l'ennemi présumé. Paul Rusesabagina sauva près de 1 300 vies durant le génocide rwandais. Gérant de l'un des meilleurs hôtels de Kigali, il donna refuge à des Rwandais terrorisés, à ses risques et périls. Hutu marié à une Tutsie, Rusesabagina voyait en l'Autre avant tout un être humain. « Quand sa belle-famille tutsie et des proches se tournèrent vers lui pour lui demander de l'aide, il leur répondit non pas comme à des Tutsis mais comme à des individus », écrivent les auteurs de *Courageous Resistance* (« La résistance courageuse »), une étude sur des gens ordinaires qui s'attaquent à la corruption au sein de leur communauté.

Le mariage mixte est également au cœur d'une victoire improbable, quoique brève, sur les nazis. C'était en février 1943. Anticipant la dernière offensive allemande de la Seconde Guerre mondiale, les autorités enfermèrent plus de 1 500 juifs dans un centre communautaire de l'une des artères principales de Berlin, la Rosenstrasse. Ces juifs avaient des femmes non juives, et Hitler n'avait pas décidé de ce qu'il fallait en « faire ». Les femmes demandèrent ouvertement à rejoindre leurs maris. Quotidiennement, elles se montrèrent sur la Rosenstrasse, malgré les appels de la police à la « dispersion ». Finalement, et sans tirer un seul coup de feu, les nazis cédèrent. « Hitler et Goebbels voulaient éviter de s'aliéner la population féminine de Berlin alors que le ministre de la Propagande venait juste de les appeler à se mobiliser pour la "guerre totale" », conclut l'historien Richard J. Evans. Les nazis relâchèrent même trente-cinq juifs, mariés à des non-juives, qui avaient déjà été envoyés à Auschwitz. Tandis que l'amour rassemblait les cœurs des rebelles de la Rosenstrasse, le mariage mixte lui-même aida à renforcer leurs colonnes vertébrales. Durant des années, elles combattirent le harcèlement social du pouvoir en place qui leur enjoignait de divorcer. Le non-conformisme devint une habitude.

Le lien entre le mariage mixte et le courage moral n'est pas à toute épreuve, mais les valeurs que le mariage mixte met en action élargiront la voie de l'islam. Les auteurs de *Courageous Resistance* écrivent : « Une prédisposition importante, partagée par beaucoup de résistants courageux, consiste à avoir une vision du monde *extensive*. Ils voient de larges pans de la population comme faisant partie de leur propre groupe (soit "les gens comme moi") et par conséquent ayant droit à un traitement égal. » Dans ces cas, l'identité n'est pas fragile : elle est constamment irriguée par une volonté de réinterpréter la signification du mot « famille ».

Edip Pilku avait un père albanais et musulman et une mère allemande. En 1942, ses parents donnèrent refuge aux Gerechter, une famille juive de Hambourg. Quand les nazis passeraient chez eux, les Pilku présenteraient les Gerechter comme des parents – une réelle redéfinition de la famille, aussi bien qu'une ruse pour se débarrasser de la Gestapo, bien sûr. « Naturellement, reconnaît Pilku, ils étaient terrifiés. » Mais, comme les femmes des couples mixtes de la Rosenstrasse, sa mère, Liza, sauta sur l'occasion. Un jour, leur rue fut envahie par des chiens de la Gestapo censés traquer les juifs. « Ma mère sortit de la maison et apostropha la Gestapo en allemand, se souvient Pilku. Elle leur dit de ne jamais revenir, de se souvenir qu'elle aussi était allemande. » Les bottes militaires s'en allèrent.

Une autre Albanaise musulmane, Nadire Proseku, témoigne qu'elle et son mari, Islam, protégèrent des juifs parce que « nous [les] voyions comme des frères. En tant que musulmans pratiquants mais libéraux, nous faisions uniquement notre devoir. » Proseku va plus loin en réimaginant la famille et déclare spontanément : « Maintenant, mon petit-fils est un chrétien évangélique. Tout va bien entre mon fils et moi. Il n'y a qu'un seul Dieu. »

Dževad Karahasan, un artiste bosniaque marié à une Serbe, est une lueur d'espoir qui me porte à croire que la signification de la famille peut être redéfinie, même en nos temps les plus cyniques. Au cours de la campagne de purification ethnique des années 1990, sa belle-mère a été assassinée pour avoir caché deux familles musulmanes. Parmi les histoires poignantes que Karahasan raconte dans *Sarajevo, Exodus of a City* (« Sarajevo, l'exode d'une ville »), on trouve l'anecdote suivante sur la mosquée de son quartier :

Les événements de la nuit précédente, au cours de laquelle un missile avait frappé ma rue, y laissant un énorme cratère, m'ont convaincu que toute ouverture au-dessus du sol invitait la mort à nous rendre visite. Les briques que nous avions à la cave ne suffisaient pas, aussi ai-je décidé de prendre quelques *ashlars* [pierres carrées] de la mosquée Magribiya. Combien de missiles et d'obus l'ont touchée pour la raser avec tant de soin ? « Je peux prendre ça ? ai-je demandé à l'imam de la mosquée Magribiya, qui se tenait non loin.

— Bien sûr. Si ces pierres finissent par sauver des vies, ou même diminuer la peur des gens, elles seront réellement sacrées. Et c'est ce que les lieux de culte devraient faire : nous libérer de la peur. »

Auriez-vous jamais pensé entendre parler d'une mosquée qui libérerait les gens de la peur ? C'est possible dans une société de concessions mutuelles, une manière de penser que les philosophes nomment « dialectique ». Karahasan défend cette idée. Sentez-vous libre de lire lentement ce qui suit, comme je l'ai fait, pour mieux vous en imprégner :

Chaque membre d'un système culturel a besoin de l'Autre comme preuve de sa propre identité, parce que sa particularité se fonde et s'articule dans sa relation à l'Autre. Mais au sein d'un système dialectique, un autre n'est l'Autre qu'en apparence : c'est en fait un moi masqué, ou l'autre contenu en moi.

En d'autres termes, les « opposés », tels mari et femme,

Bosniaque et Serbe, musulman et non-musulman, « ne font en réalité qu'un ».

En tant que musulmane, je crois en l'Un. L'islam, après tout, dérive directement du judaïsme et du christianisme. Le Créateur universel... La vie éternelle après la mort... Le libre arbitre... Des prophètes sujets à l'erreur. Les musulmans doivent aux non-musulmans ces convictions fondamentales. Notre « pureté » peut se trouver dans notre pluralisme. Aussi, quand des musulmans agissent avec un complexe de supériorité, nous menons une guerre civile contre nos personnalités composites. Pour contenir nos peurs de devenir « impurs » – ou bâtards –, nous autres musulmans avons seulement besoin de réconcilier notre identité avec l'intégrité hybride de l'islam.

*

L'identité est l'échafaudage bancal que les gens construisent pour vous y enfermer. Mais l'intégrité est le tout indivisible et souverain que vous fabriquez pour vous-même. Deux de mes lecteurs remarquent avec un panache provocant :

Il se trouve que je suis fiancée à un homme merveilleux qui n'est pas musulman. Cela a été un choc pour mon père, qui m'a informée que ma famille égyptienne ne l'accepterait jamais. Si je l'épousais, je ne pourrais plus leur rendre visite au Moyen-Orient. J'ai du mal à comprendre pourquoi mon père peut sans problème épouser dans l'islam une Franco-Canadienne, alors que je n'ai pas le droit de choisir mon propre conjoint. Je crois qu'il faut accepter les gens pour ce qu'ils sont et je refuse l'hypocrisie qui consisterait à convertir mon fiancé simplement pour satisfaire les croyances religieuses d'un autre. – Mariam

En tant qu'Américaine mariée à un Pakistanais, j'entretiens des liens étroits à la fois avec l'islam et le Pakistan. Mon mari dit toujours que le Coran est le vrai mot de Dieu car il stipule qu'il ne sera jamais changé en aucune façon. Je demande : « Et si cette ligne était la première à changer ? » Il a essayé de comprendre mon point de vue, mais je ne crois pas que nous arriverons à concilier nos deux positions. Après trente-cinq ans de réflexion (j'ai été élevée dans la foi catholique), j'ai finalement compris que je n'appartenais à aucune religion, mais que je croyais fermement en Dieu. Pour la première fois, je me fiche de ce que quiconque pense ! Même si ça met fin à mon mariage, qu'il en soit ainsi. C'est une conclusion libératrice. – Katherine

Tant mieux pour elles. Le problème est que l'intégrité nécessite calme et introspection. Vous devez vous demander en quoi vous croyez et pourquoi. Mais derrière l'identité vrombit le moteur gonflé de l'émotion. Dans la rude compétition entre identité et intégrité, devinez qui gagne en général...

Je sors avec ma petite amie depuis trois ans. C'est une Afghane musulmane. Je l'aime de tout mon cœur, mais notre relation ne mène nulle part : mentir à ses parents, se cacher, partir en courant (en ce qui me concerne) quand elle croise une connaissance. Elle se sent toujours coupable. Je veux vivre avec elle, mais elle ne peut pas se libérer de sa peur d'enfreindre l'islam et d'être reniée par sa famille. – Giovanni

Il y a huit ans, j'ai rencontré l'homme de mes rêves. Nous sommes tombés amoureux et nous nous sommes mis ensemble. Nos familles et nos amis étaient au courant. Je suis sikh, il est musulman. Je lui ai dit que je ne me convertirais pas pour l'épouser, mais que je respectais tellement sa religion que je ne voyais aucun inconvénient à ce que nos enfants soient élevés dans l'islam. Et il était d'accord : il ne me demanderait jamais de me convertir, parce que tout ce qui lui importait était que je croie en Dieu. Avec les années, il a changé d'avis, et me dit à présent que nous ne pourrons pas nous marier tant que je ne serai pas une vraie musulmane pratiquante. Il a peur que cela perturbe nos enfants et craint d'aller contre la volonté de Dieu... Nous avons retourné la situation dans tous les sens. Il projette maintenant d'épouser une musulmane, simplement parce qu'elle est musulmane. – D.5

Je viens d'une famille musulmane, mais je suis agnostique et sors avec une musulmane. Selon elle, elle commet un péché en étant avec moi et ne peut pas m'épouser. Nous nous aimons à la folie et voulons passer le reste de notre vie ensemble. Mais elle va me quitter parce qu'elle a peur de mécontenter Allah. Nous avons tous deux le cœur brisé. – Ehsan

Je vais vous dire ce qui me brise le cœur : c'est qu'Allah soit rabaissé par une identité musulmane ligotée par la peur. En nous définissant de manière si claustrophobe, les musulmans limitent les possibilités de l'amour de Dieu. Un Créateur souverain n'est pas menacé par la connaissance que nous pouvons avoir de nous-mêmes ; seuls ses gardiens crispés le sont. Rejetons leur faux dieu de peur, ouvrons en grand les portes de l'*ijtihad* et voyons ce qui se passe quand nous mettons l'intégrité en premier.

CHAPITRE 2

L'identité peut vous piéger, mais l'intégrité vous libérera

Les musulmans réformateurs ne se sont pas encore auto-proclamés libres penseurs. Mais ils sont de plus en plus nombreux à donner timidement de la voix et ils ont besoin de tout notre soutien. Comme Kareem, un ado avec lequel j'ai discuté en ligne :

Je suis moitié irlandais et moitié arabe. Je vis en Libye et j'ai actuellement de sérieux problèmes avec ma foi. La haine que ce pays voue aux juifs et aux Européens est inimaginable. Dans nos livres d'histoire, chaque fois qu'il est fait mention des juifs, ils sont qualifiés de « racistes », quant aux Européens, c'est le mot « terroristes » qui les caractérise. Ils nous enseignent que l'islam est la religion de la paix, puis ils attaquent soudain violemment de nombreux groupes, y compris les gays (j'ai récemment découvert en être un). Je remercie Dieu de m'avoir donné une mère qui m'aide à comprendre que l'amour est plus important que la religion, mais mon père blâme mon accès au monde extérieur et tente de me retirer ordinateur et téléphone portable, ainsi que ma connexion Internet. Me taire, comme j'avais l'habitude de le faire, ne marche plus. Je sais que vous êtes très occupée, mais je vous serais extrêmement reconnaissant si vous pouviez m'aider un peu.

T'aider un peu ? Grands dieux, non, frère ! Je te donne de vrais alliés. Écoute cette autre jeune musulmane dont j'ai reçu un e-mail juste après le tien :

61

Je vis et travaille à Abu Dhabi. J'appartiens à mon âme et à ma conscience plus qu'à ma citoyenneté – je suis émiratie. Je vous écris car je parle le même langage que le vôtre et défends notre foi avec le même enthousiasme, bien qu'entourée de personnes qui voient en nous des *kouffar*... Je suis consciente que vous vous en remettez à DIEU, qu'Il est le seul à connaître la Vérité, que nous nous efforçons de trouver. J'essaie toujours de l'exprimer avec des mots ! Il se peut que je me trompe dans ce que je fais ou dans ce en quoi je crois. Mais pour ce qui est de l'intelligence, de la connaissance, de l'expérience, etc., j'en suis arrivée à la conclusion que je ne peux pas mentir. Je vivrai ma vie avec honnêteté et intégrité, quoi qu'il en soit. DIEU me connaît mieux que personne, il sait pourquoi je lutte pour réduire l'écart entre ce que je pense, ce que je dis et ce que je fais. Ainsi, je suis prête pour le jour du Jugement dernier ! – Fatema

Kareem, qu'avons-nous appris de Fatema ? Que son identité d'Arabe ou de musulmane passe après son intégrité d'individu – une créature complexe et sinueuse qu'aucune déité ne pourrait rejeter, puisque aucun Dieu digne d'être vénéré ne doit être qu'un simple fabriquant de gadgets et d'automates. En plaçant le Dieu transcendant au centre de sa foi, elle fait taire ce que les êtres humains clament avec violence au nom d'un Dieu mesquin. Kareem, si ta foi est otage de l'approbation des autres, tu n'as qu'à t'en débarrasser. Car ce n'est pas ça la foi. Ce que tu vis est un dérèglement culturel et de la « rouille » religieuse. Puise dans la force de Fatema, qui a trouvé sa conscience et son Créateur sous la crasse durcie de la théologie.

Leçon n° 2 : *L'identité peut vous piéger, mais l'intégrité vous libérera.*

*

L'identité ne s'en va pas. Kareem, issu d'un mariage mixte, s'identifie immédiatement à un homosexuel moitié irlandais moitié arabe. Le père de Kareem s'est risqué en dehors de son groupe biologique pour épouser quelqu'un de différent, il reproche cependant au monde « extérieur » les croyances hésitantes de son fils. Les réseaux informatiques seront naturellement le fléau d'un tel parent, déconcerté par leurs limites sans cesse dépassées.

Dans *La Géopolitique de l'émotion*, le politologue français Dominique Moïsi dit que l'identité a plus d'influence que jamais, même au plein cœur de l'Occident :

> Pendant la guerre froide, nous n'avions aucune raison de nous demander : « Qui sommes-nous ? » La réponse était visible sur n'importe quelle carte représentant les deux systèmes adverses qui divisaient le monde. Mais dans un monde sans frontières en constante mutation, la question est beaucoup plus pertinente. L'identité est liée à la confiance, et à son tour la confiance, ou le manque de confiance, s'exprime en émotions...

Nous sommes tous bons pour passer un mauvais quart d'heure. En avril 2008, un conducteur de bus musulman se gara le long d'une rue de Londres et fit descendre les passagers pour pouvoir faire sa prière de l'après-midi. Quand il eut fini, il invita les passagers à remonter à bord. « Mais les passagers, remarquant qu'il avait un sac à dos similaire à ceux des poseurs de bombes de 2005 à Londres, ont refusé, craignant qu'il ne soit un fanatique prêt à faire sauter le bus », raconte AlArabiya.net. Ce site d'informations repéra l'histoire dans le roi des tabloïds londoniens, *The Sun*. Elle a donc été lue à la fois par des non-musulmans et des musulmans. Quelle que soit l'interprétation des autres lecteurs, je ne peux m'empêcher d'entendre leurs hurlements indignés. J'en ai émis un moi-même.

Quelques mois auparavant, AlArabiya.net annonçait que Sainsbury's, une importante chaîne de supermarchés anglais, avait décidé de dispenser ses employés musulmans de manipuler l'alcool. Cette décision « fit craindre que d'autres groupes religieux puissent revendiquer un traitement similaire. Les catholiques considérant que vendre des préservatifs est une violation de leur doctrine, et les juifs demandant à être dispensés de vendre du porc ». Excusez-moi si je saute au plafond.

En mars 2010, une musulmane égyptienne immigrée au Québec, pharmacienne, choisit de voiler son visage par conviction religieuse et insiste pour garder son voile pendant son cours de français. L'enseignant cherche un compromis et l'autorise à présenter ses exposés en tournant le dos aux autres étudiants. Toutefois il lui est impossible de noter sa prononciation vu qu'elle a la bouche couverte. Exclue du cours, la femme a exprimé son indignation. Elle a aussi allégué le « racisme ».

Dans le même temps, un musulman résidant en Suède a obtenu plusieurs milliers de dollars de dommages et intérêts après avoir porté plainte pour discrimination. Inscrit à un programme de formation, il s'est présenté à un entretien d'embauche. La DRH lui tend la main pour le saluer. L'homme ne la lui serre pas. À la place, il presse sa main contre sa poitrine, expliquant que l'islam interdit les contacts physiques avec une femme qui n'est pas de la famille. Plus tard, l'entreprise rejette sa candidature, mentionnant son manque de qualifications. L'agence de placement écarte ensuite l'homme de son programme de formation. Celui-ci porte plainte – et obtient gain de cause. Quand cette affaire a éclaté, beaucoup d'internautes se sont demandé pourquoi l'homme n'avait pas été accusé de discrimination sexuelle.

Les politiques identitaires aggravent la situation et créent un chaos qui tend à se banaliser au point de ne même plus faire la une des journaux. De jeunes musulmanes voilées se voient évincées d'emplois à temps partiel consistant à cuire des hamburgers. Des garçons musulmans refusent de participer aux expériences scientifiques de leur lycée si leurs échantillons sentent l'alcool formaldéhyde. Des amis, en Europe, me tiennent informée en permanence de tels problèmes. Ils sont démoralisés par le fait que le multiculturalisme puisse servir à prouver que le « choc des civilisations » est bien réel.

Selon Dominique Moïsi, le soi-disant choc des civilisations est en réalité un « choc des émotions ». Alors que les peuples et les nations luttent pour obtenir le respect, nous sommes ballottés par des courants d'espoir, de peur et d'humiliation. Les émotions, tout comme les personnes qui les ressentent, s'entrechoquent plus souvent qu'elles ne se mélangent. Ceux d'entre nous qui s'efforcent d'être des citoyens du monde solides comme le roc veulent garder espoir. Quand ce n'est pas le cas, nous plongeons dans la honte et l'embarras, désorientés par des émotions contradictoires – un espoir forcé, une peur certaine et la honte qui en résulte. Nous ne savons pas quoi faire.

Je suis néerlandaise et je vis en France. J'ai été élevée dans la tradition catholique, mais cela fait longtemps que je me considère comme une humaniste plutôt qu'une croyante. Aux Pays-Bas, on a la liberté d'expression, la liberté de culte, chaque groupe peut fonder ses propres écoles et il y a la justice pour tous. Mais les gens font preuve de plus en plus d'animosité les uns envers les autres, et prennent peur. Que pouvons-nous faire, nous qui ne sommes pas musulmans ? Comment devrions-nous agir envers les musulmans qui, pour certains, en sont encore à garder leurs femmes à la maison, siffler les chrétiennes, les traiter de tous les noms, maltraiter les homosexuels ou ceux dont ils croisent le regard ? Tout ça dresse les différents groupes les uns contre les autres. Que faire ? – Boukje

Je suis un musulman sunnite, j'ai 18 ans et je vis à Londres. Ces douze derniers mois, je me suis intéressé à beaucoup de sujets ayant trait à l'islam et, pour être tout à fait franc, beaucoup des choses qui lui sont associées me déplaisent. Par exemple, la lapidation des homosexuels, des athées et des femmes adultères. Le fait qu'une femme puisse être giflée si elle désobéit. Pouvons-nous rejeter les aspects de l'islam qui font froid dans le dos sans provoquer la colère du Tout-Puissant ? Mais je lutte également

65

contre la xénophobie dont souffrent les musulmans. Toutes sortes de groupes semblent déterminés à nous salir. J'ai fini par devenir vraiment paranoïaque. Comment faire face à ces problèmes ? – Osman

J'ai juxtaposé les cas d'Osman et de Boukje pour deux raisons. Premièrement, ils montrent bien l'impasse dans laquelle se trouvent les sociétés libres. Les musulmans se sentent blessés par des non-musulmans xénophobes alors que l'humaniste se sent blessé par des dinosaures musulmans. Les deux expériences sont réelles et toutes deux se déploient en parallèle. La situation semble inextricable car Boukje et Osman représentent des identités qui s'opposent. Mais est-ce vraiment le cas ? Sommes-nous forgés par des étiquettes ou par nos valeurs ? Voici un troisième e-mail qui ravive mon espoir :

> Irshad, nous n'avons apparemment rien en commun. J'étudie à la faculté de Prague, je suis un mâle hétérosexuel et je ne crois pas en Dieu. Cependant, nous partageons quelque chose : notre amour de la liberté et du courage. Le fait que deux personnes aux profils si différents partagent ces valeurs suggère leur universalité... Je sais que vous vous concentrez sur le monde musulman, mais comme vous le savez sans doute, même dans les démocraties libérales occidentales (parmi lesquelles je peux désormais compter la République tchèque), le combat pour la liberté de penser est loin d'être gagné. – Michal

Voilà. Les communautés n'ont pas à être définies par une identité préfabriquée assignée aux individus qui les composent. Elles peuvent réunir différentes personnes incarnant des valeurs communes. D'où la seconde raison qui m'incite à rapprocher les cas de Boukje et d'Osman. Boukje ne s'évertue pas à dire que tous les musulmans emprisonnent leurs femmes et maltraitent les homosexuels. « Certains », souligne-t-elle à juste titre, et ce sont eux qui mettent la société sur la défensive sur le sujet des valeurs égalitaires. Les valeurs d'Osman reflètent les siennes. Il serait d'accord avec le fait que trop de musulmans déshumanisent les femmes et les homosexuels, un dénigrement qu'il refuse d'accepter. C'est pourquoi il pose une question taboue dont aucun humaniste n'a jamais besoin de se soucier : les musulmans peuvent-ils « rejeter les aspects de l'islam qui font froid dans le dos sans provoquer la colère du Tout-Puissant ? »

À mon sens, les Osman sont les alliés des Boukje. Les musulmans et les non-musulmans ont besoin les uns des autres si les sociétés libres veulent être entières, et réaliser leur intégrité. Osman a besoin de savoir que les humanistes comme Boukje feront plus que l'inviter à dîner. Il a besoin d'espérer qu'elle se lèvera contre quiconque prétendra, du fait qu'il est musulman, qu'il ne peut pas être un citoyen occidental comme un autre. Comme nous allons le voir, les xénophobes ne sont pas les seuls à partager cet avis : il en va de même de beaucoup de « progressistes ». Pareillement, Boukje a besoin de savoir qu'Osman et son islam libéral existent. Elle n'entend pas sa voix car Osman ne s'exprime pas encore sur les nécessités de changer la façon d'être des musulmans. Et il ne s'exprime pas parce qu'il oscille toujours entre des émotions contradictoires.

Osman a besoin de comprendre émotionnellement – et pas seulement intellectuellement – que Dieu aime ceux qui avancent vers la plénitude. « La perfection divine n'est pas l'absence de défaut », écrivent l'archevêque Desmond Tutu et sa fille, Mpho, dans *Made for Goodness*. « La perfection divine est la plénitude. » Pour l'illustrer, les Tutu nous parlent de Beyers Naudé, un pasteur chrétien descendant d'une famille d'hommes politiques en place pendant l'apartheid. Le père de Naudé participa à la fondation de l'Afrikaner Broederbond, une puissante fraternité de chrétiens racistes. Après beaucoup de « prières, d'études et de réflexion », Naudé fils arriva à la conclusion que ni la Bible ni le Christ n'étaient en faveur de l'apartheid. La berceuse du déni ne pouvait pas endormir la vérité : la ségrégation morcelle nos âmes. Naudé fut confronté à une crise de conscience.

L'archevêque Tutu reprend l'histoire, appelant son ami par son prénom :

> Beyers a choisi de suivre sa conscience. Un jour de septembre 1963, il annonça sa décision à ses fidèles. « Nous devons montrer plus de fidélité à Dieu qu'à l'homme », dit-il. Il suspendit sa robe à sa chaire et sortit de l'église. Les autres Afrikaners le mirent au ban, lui et sa famille. Sa vie semblait fichue... [Mais] les opinions de Beyers furent vengées quand Nelson Mandela devint le premier président démocratiquement élu d'Afrique du Sud. Pendant les cinq dernières années de sa vie, Beyers fréquenta la paroisse d'Aasvoëlkop, à Johannesburg, la première à avoir entendu sa déclaration de conscience. Il avait osé dénoncer, en témoin solitaire, l'injustice perpétrée par son peuple. Il avait troqué une fausse perfection contre une pieuse plénitude.

Comme je vais le montrer, un garçon de 18 ans comme Osman peut aussi œuvrer en vue de la plénitude. Son intégrité, comme celle de l'islam, dépend de cet effort.

*

Si nous avons vibré d'émotion devant cette harmonie fraternelle, je vous présente d'avance mes excuses, car je vais tout gâcher. Après avoir écouté l'une de mes interviews à la BBC, un autre garçon de 18 ans m'a envoyé cet e-mail :

> Comment pouvez-vous vous dire musulmane ? Si Dieu veut que nous soyons ses robots, alors c'est ce que nous devrions être. Je suis musulman et vis en Occident, je fais des erreurs, ne vous méprenez pas. Je fume des joints et j'emmerde les juifs et les Blancs quand j'en ai envie, avec mes potes musulmans. Les Blancs et les juifs sont des infidèles, ils ne croient pas en Allah, alors que nous, les musulmans, sommes les vrais croyants. Je me fiche que vous me répondiez ou non ; j'ai dit ce que j'avais à dire et je le ferais certainement en des termes

bien plus violents pour n'importe quel incroyant qui oserait aller à l'encontre d'Allah ! – Kessar

Même si je suis musulmane et que je mène une vie saine, devrais-je espérer qu'il était défoncé quand il a composé ce chef-d'œuvre ? Le fait qu'il regarde une chaîne de télévision infidèle et occidentale (probablement produite par des Blancs mais contrôlée par des juifs) a-t-il son importance ? Où est la fatwa qui m'aidera à tout comprendre ? Heureusement, je n'en ai pas besoin pour me rendre compte que Kessar est un ségrégationniste. Il divise notre galaxie en incroyants et croyants. Ce gars ne s'intéresse pas du tout à l'intégrité, il préfère une identité prête à l'emploi – et il est loin d'être le seul.

Ibrahim, un musulman modéré, commence par m'assurer qu'il est « heureux » que je « profite de la démocratie et de la liberté d'expression ». Cependant, « l'islam dit que si votre frère fait quelque chose de mal, alors il est de votre devoir de le corriger – mais de le corriger au sein de l'islam, en privé ou loin de la vue des incroyants. Si les *kafirs* voient des musulmans se disputer, ils se moqueront de nous et feront en sorte que d'autres *kafirs* fassent de même – existe-t-il pire chose pour l'islam ? ». D'accord, Ibrahim est peut-être un vulgaire drogué, non scolarisé, pas en grande forme, avec une ribambelle d'autres excuses inimaginables qui minimiseraient son immodérée modération. Que faire alors des expériences de Fatema ? C'est la jeune femme d'Abu Dhabi que j'ai citée en début de chapitre. Fatema déclare que les musulmans la condamnent systématiquement comme *kafir*. Elle a le mérite de ne pas gober leurs invectives. Les musulmans réformateurs devraient apprendre de Fatema, parce que nous sommes confrontés à une *gestalt*[1] qui dépasse le cas de quelques drogués et voyous.

---

1. En psychologie de la forme, se dit d'une structure qui domine nos perceptions.

Une forme répandue de ségrégationnisme imprègne la pratique de l'islam aujourd'hui. Toutes les religions ont leurs ségrégationnistes, mais dans quelle religion autre que l'islam les *modérés* écument-ils de rage de cette façon ? « Nous voyons ça depuis l'époque de ta naissance », reconnaît Taj Hargey, directeur du Muslim Education Centre à Oxford, en Angleterre. « On nous incite à croire que ces gens-là sont des *kouffar*, des incroyants. Qu'ils ne sont pas nos égaux. » Hargey et sa femme Jackie ont combattu l'apartheid dans leur Afrique du Sud natale. Il fait maintenant partie des rares imams à célébrer des mariages mixtes pour des femmes musulmanes. Pour lui comme pour moi, c'est tout un schéma de conditionnement qui est mis au jour quand un musulman pense avoir le droit d'« emmerder les juifs et les Blancs » sous prétexte qu'ils sont des « incroyants ». Bien sûr, la plupart des musulmans ordinaires ne font pas tourner le joint avant de converger vers des restaurants cashers (à moins qu'ils ne cherchent à satisfaire leurs fringales post-fumettes). Mais il existe, parmi eux, le dogme vénéré du « nous contre eux » qui asservit l'individu à la pensée de groupe.

L'une des premières sociologues marocaines, Fatima Mernissi, aborde cette question dans *Islam et démocratie*. Elle décrit une peur qui prévaut chez les musulmans : celle « que l'expression d'une opinion individuelle affaiblisse le groupe et fasse le jeu des adversaires... ». L'identité de groupe est la « veine émotionnelle » sur laquelle jouent ceux qui brandissent des mots comme *kafir*, langage « qui suffit à faire de l'accusé la cible légitime d'une punition ». Et comme la solidarité de groupe se forme aux dépens de la créativité individuelle, « le monde musulman est tombé dans le précipice de la médiocrité, et cette médiocrité où il végète nous colle à la peau comme essence de notre authenticité ». En d'autres termes, la politique identitaire m'impose de me conformer, si je veux être une authentique musulmane, à la pensée ségrégationniste, ou plutôt à sa non-pensée. Être fidèle à la nature pluraliste de l'islam a fait de moi une infidèle.

Pas étonnant que Mernissi soupçonne quelque chose. Se focaliser sur le groupe simplifie à outrance l'*identité* de chaque musulman, même si ça complique à outrance l'*intégrité* de chaque musulman. Comment ? En remplaçant l'amour de Dieu par la politique des hommes. Le Coran nous assure qu'Allah est plus proche de chacun de nous que notre propre « veine jugulaire » (50 : 16), de sorte que nous venons à notre Créateur par l'introspection. L'intégrité commence par l'acceptation de ce qui fait de nous des individus. Dans *The Quran and the Life of Excellence*, Sultan Abdulhameed va plus loin :

> À mettre ainsi l'accent sur la conformité, beaucoup de jeunes grandissent avec un tel besoin d'approbation qu'ils font preuve de peu d'initiative une fois adultes. Ils sont tellement dépendants de figures d'autorité qu'ils ne savent plus quelle est leur volonté. Ils finissent dans une carrière que d'autres ont choisie pour eux, épousent quelqu'un choisi par leurs proches, vivent dans une maison choisie par d'autres et récitent des prières qu'ils n'ont pas choisies non plus. La perte ultime est de vivre pour sauvegarder les apparences. Ils n'ont qu'une vie et ils y renoncent pour contenter les autres. Ils n'en ont pas profité pour découvrir ce qui fait d'eux des êtres à part et différents. Ils ne se sont pas rendu compte que Dieu a fait don au monde de leur unicité.

Selon l'auteur, nous redoutons ces chances qui s'offrent à nous parce que nous confondons foi spirituelle et politique identitaire. L'identité de groupe nous enferme dans des catégories, mais la foi « est un ensemble de croyances qui nous libère de nos propres limites et améliore nos possibilités de vie ». L'islam, le « droit chemin », devient alors le « chemin élargi » vers la réconciliation des nombreuses facettes de notre personnalité. Tout le monde, y compris

Osman le réformateur, peut marcher vers Dieu, sans craindre de provoquer sa colère. Pour Osman, Kareem et Fatema, le droit et large chemin vers l'intégrité peut se résumer à trois équations :

- Aimer votre unicité, c'est aimer celui qui l'a faite, votre Créateur.
- Aimer le Créateur, c'est aimer Sa création variée, dont l'entièreté reste encore à réaliser.
- Aimer la création, c'est aimer les persécutés en les défendant, tout en vous abstenant d'en persécuter d'autres à votre tour.

Un Dieu. Trois équations. Une infinité de choix de vie.

*

Mais depuis la disparition de l'*ijtihad*, les musulmans les plus bruyants ont fait en sorte que l'identité de groupe se confonde avec l'intégrité individuelle. Pire, ils ont fondé l'intégrité sur trois équations dénuées d'amour :

- *L'unité est égale à l'uniformité.* Afin de rester forts face à l'agresseur – qu'il soit mongol, berbère, croisé, ottoman ou américain –, les membres de l'*ummah* (tribu islamique internationale) doivent penser de la même manière. Penser différemment précipite la chute de l'empire. Aussi l'uniformité est-elle la condition préalable de l'unité.
- *Le débat est égal à la division.* La diversité d'interprétations, qui était autrefois un hommage à la magnificence du Créateur, est aujourd'hui un coup porté à l'unité que les musulmans brandissent à la face de ceux qui complotent pour les affaiblir. Débattre révèle des fissures. Les fissures divisent. Aussi le débat équivaut-il à la division (*fitna*).
- *La division est égale à l'hérésie.* Peu après que les portes de l'*ijtihad* se furent refermées, l'idée même d'innovation fut criminalisée (*bid'ah*). L'innovation divise les

musulmans en nous incitant à nous écarter de la tradition. Les non-traditionnels doivent, par définition, être hérétiques. Aussi la division indique-t-elle l'hérésie.

Au vu de telles suppositions, existe-t-il encore un soupçon de mystère sur les raisons pour lesquelles l'islam n'a pas encore amorcé sa réforme libérale ? Dans les années 1930, écrit Mernissi, les féministes égyptiennes fondèrent un mouvement qui faisait du « respect de l'individu » « le premier article de foi ». En agissant ainsi, elles tentèrent vaillamment de faire renaître l'*ijtihad*. Mais elles échouèrent, car leurs opposants déformèrent leur propos pour en faire une lutte entre division et unité. Les antimodernistes insistèrent sur le fait que la résurrection de l'*ijtihad* consistait à embrasser la cause de l'Occident et à caresser les colons européens dans le sens du poil. Leur appel à la solidarité musulmane – l'uniformité sous la bannière de l'unité – l'emporta.

Comme c'est encore le cas aujourd'hui, et bien au-delà de l'Égypte. En 2006, Judea Pearl, père du reporter assassiné Danny Pearl du *Wall Street Journal*, me contacta. Il s'était adressé à un universitaire musulman en Amérique pour lui suggérer de faire lire mon livre à ses étudiants. Pearl se lamentait : « L'universitaire m'a dit que c'est un livre dissident. C'est ainsi. C'est tout. Voilà pourquoi il ne l'enseignera pas. Comment est-ce possible ? » déplorait Pearl.

À cette époque, je me débattais déjà avec ma double identité d'inadaptée et de Mlle Fitna. Ma mère fréquente une mosquée dans une banlieue de Vancouver. Un soir dans son sermon, l'imam m'a qualifiée de « plus grande criminelle » qu'Oussama Ben Laden. Son raisonnement : mon livre avait soi-disant causé plus de débats parmi les musulmans, et par conséquent plus de division, que le terrorisme d'Al-Qaida. Quand ma mère m'a téléphoné, elle m'a fait comprendre que j'avais cherché les ennuis pour rien. Elle avait été humiliée et son identité blessée.

Pour le bien de son intégrité et de la mienne, j'ai respectueusement demandé à ma mère de réfléchir plutôt que de s'émouvoir. Je lui ai demandé : « Ai-je ordonné que des avions s'abattent sur des tours occupées par des êtres humains ? Non ? Voilà pourtant où nous mène la comparaison avec Ben Laden. S'il te plaît, maman, réfléchis. Si les musulmans sont plus choqués par les propos d'une dissidente sans arme comme moi que par un meurtrier tel que Ben Laden, tu ne trouves pas que ça en dit déjà long ? Et si les musulmans ne devaient jamais débattre des problèmes importants, pourquoi Dieu aurait-il donné à chacun de nous un esprit et une conscience ? »

L'imam a exagéré les pouvoirs occultes de mon livre – et cependant il y a une once de vérité dans ce qu'il a dit. C'est vrai que les musulmans sont davantage ébranlés par les appels réformistes que par les idéologies terroristes, même dans un pays a priori modéré comme la Jordanie. Tareq m'a écrit : « Je n'ai pas lu votre livre parce que je vis en Jordanie, où il a été interdit. »

Penser est interdit. Mais j'ai lu un article vous critiquant dans un journal local et j'ai fait une recherche sur Internet. Je n'ai jamais imaginé que quelqu'un d'autre pouvait voir les choses de la même manière que moi. L'islam a besoin d'un mouvement réformateur...

Apprendre à offrir une vie meilleure à la génération suivante, pour qu'ils puissent réussir, être en bonne santé et heureux, est le meilleur moyen de rendre hommage à Dieu. La réussite sociale demande beaucoup de travail et de connaissances. Bon nombre de musulmans se réfugient dans la religion pour oublier leur propre échec. Ça m'est égal d'appartenir à un groupe, mais celui que l'islam représente actuellement est le plus éloigné de ce que je suis. Je préfère la « foi » à la « religion ».

Tareq préfère l'intégrité nourrie par la foi à l'identité dispensée par le dogme. L'identité d'une religion institutionnalisée récompense ceux qui font partie du groupe, alors que l'intégrité d'une foi personnelle donne la priorité à la relation individuelle avec Dieu. Comment les musulmans peuvent-ils combattre la pensée de groupe qui engloutit avec voracité l'intégrité individuelle ?

*

Slavenka Drakulić, journaliste croate, a vécu la guerre des Balkans. Une question similaire l'a travaillée : « Comment une personne, qui s'avère être le produit d'une société totalitaire, apprend-elle à être responsable, individualiste et à faire preuve d'initiative ? » Sa réponse : « En disant "non". Mais d'abord en disant "je", en pensant "je" et en agissant en tant que "je" – aussi bien en public qu'en privé. » Drakulić insiste sur le fait que la différence entre le « nous » et le « je » n'est pas d'ordre sémantique. « Le "nous" signifie peur, résignation, soumission, une foule agitée et quelqu'un décidant à votre place de votre destinée, écrit-elle. Le "je" signifie donner une chance à l'individualité et à la démocratie. » Elle note que l'individualité « a toujours existé sous le communisme, elle était juste bannie de la vie publique et politique et cantonnée à la vie privée ». Mais à ce jour, « il est très difficile de connecter le "je" privé et le "je" public ; de croire que l'opinion individuelle, l'initiative ou le vote peuvent réellement faire une différence. Il existe encore le risque que le citoyen y renonce pour un "nous" anonyme et sûr. »

Son point de vue me rappelle un différend que j'ai eu avec une musulmane qui fréquente ma page Facebook. Elle se plaignait auprès des Facebookeurs qu'« Irshad ne nous représente pas tous ». Ces derniers ont été nombreux à lui répondre que je n'avais jamais prétendu une telle chose – bien au contraire, vu mon profond désaccord avec l'opinion dominante chez les musulmans. Selon moi, cette femme projetait sa difficulté à penser « je », à dire « je » et à agir en tant que « je ». Elle imagine que quiconque parle comme un musulman parle pour la tribu « nous ». Le

75

« nous » de l'*ummah*. La totalité. Et ils sont nombreux à partager son opinion. Il y a quelques années, j'ai noté dans l'un de mes cahiers ces quelques lignes : « Aux musulmanes qui me critiquent :

> Le jour où vous vous réconcilierez avec votre individualité, vous vous sentirez moins menacées par ce que je dis, car vous serez alors capables de concevoir mon point de vue exactement pour ce qu'il est : *mon* point de vue. Vous serez capables de voir que je parle pour moi, et non pour tous les musulmans. Au lieu d'avoir besoin de vous assurer qu'« elle n'est pas musulmane », vous pourrez ricaner en affirmant : « Ce n'est pas mon genre de musulmane. » Et vous aurez raison. Ce qui veut dire que vous ne devez pas craindre d'être mal représentées, puisque *vous* n'êtes pas du tout représentées. Un jour, je prie pour cela, chacune de vous sera assez modeste pour ne représenter qu'elle-même.

Rétrospectivement, je vois dans ma catharsis une épiphanie. Quand les musulmans se mettront à penser « je », à dire « je » et à agir en tant que « je », en public pas moins qu'en privé, la réforme de l'islam sera amorcée. Les musulmans réformateurs seront accusés de narcissisme, un amour de soi maniaque qui fait un bras d'honneur à nos familles, à nos communautés et jusqu'à l'autorité suprême, Dieu. Mais réfléchissons à l'intégrité pour dompter les émotions à l'œuvre derrière l'identité. Si je suis exagérément préoccupée par « la manière dont les autres vont me voir », alors je suis obsédée par mon image. Qu'y a-t-il de pieux ou d'humble dans l'adoration d'une image ?

Je me prononce en faveur de l'individualité et non de l'individualisme. L'individualisme blesse la communauté car il sous-entend : « Je ne vis que pour moi et peu importe si la société dans laquelle je vis en bénéficie. » L'individualité, au contraire, déclare : « Je suis moi-même, et la société croît quand j'exprime mon unicité. » C'est une différence. Il y a aussi un paradoxe : nous développons la communauté en osant développer notre individualité. Le chemin élargi de l'islam permet à ce paradoxe de s'exprimer. Khaled Abou El Fadl, qui enseigne le droit islamique à l'UCLA (University of California, Los Angeles), a écrit un ouvrage intitulé *The Great Theft : Wrestling Islam from the Extremists* (« Le grand casse : arrachons l'islam aux extrémistes »). Il y souligne un message du Prophète Mahomet : quiconque se connaît soi-même connaît son Dieu. Par conséquent, je saisis l'unicité de Dieu en reconnaissant mes multiples dimensions, y compris les talents et les pensées que parents et politiques contrarieraient. Notre devoir de connaître Dieu éclipse toute honte imposée par les dieux artificiels de la famille ou de la nation.

En février 2005, au cours d'une visite impromptue à l'An-Najah National University, en plein cœur de la Cisjordanie, je me suis retrouvée entourée d'étudiants avides de parler. L'un d'eux a lâché : « Maintenant qu'Arafat est parti, il est temps d'accepter Israël. Je veux que l'occupation prenne fin, mais je suis aussi un être humain et en tant que tel je nourris des rêves et des espoirs pour l'avenir. Pour atteindre mes rêves en tant qu'individu, je dois vivre en paix avec les juifs et nous devons tous aller de l'avant. » Il a fait cette remarque étonnante devant d'autres étudiants, et alors que n'importe lequel aurait pu le dénoncer au nom de la sainteté de la lutte de libération nationale, ils n'ont même pas pinaillé sur sa décision de s'identifier à un « individu ». Cette phrase, délibérée ou non, m'a appris qu'il ne souhaitait pas être confondu avec un collectif informe : les dirigeants arabes. Pour la plupart, la conformité est la priorité numéro un, comme si la communauté ne pouvait pas tolérer l'individualité. L'étudiant d'An-Najah a confirmé que c'était un mauvais choix.

Même dans une prière collective, vous n'avez pas besoin de renoncer à votre individualité. Abdullahi Ahmed An-Na'im, professeur des droits de l'homme à l'université Emory, me fit cette réflexion au cours d'un débat public sur le courage moral en mars 2008 : « Quand je me mets à prier comme un musulman, je me tiens sur une longue ligne remplie de gens. [Mais] chacun de nous prie pour soi-même.

— Cette attitude ne viole-t-elle pas le concept islamique de l'*ummah* – la nation unifiée mondiale ? ai-je demandé.

— C'est un mythe, a-t-il rétorqué les yeux brillants. Comme l'histoire musulmane le montrerait, il n'y a jamais eu d'*ummah* unifiée. »

An-Na'im a ajouté que « parfois, les musulmans accordent trop d'importance à la solidarité pour cacher la désunion ». Mais « la différence n'est pas mauvaise. Je ne sais pas pourquoi les gens deviennent si nerveux à propos de la différence et du désaccord… Chacun de nous est un individu. Ce qui est mauvais, c'est la violence ».

Exilé du Soudan pour ses activités réformistes, An-Na'im ressemble en tout point à un heureux voyageur arpentant le chemin élargi de l'islam. Il a donné une conférence effrontément intitulée « Célébration de l'hérésie : une pensée critique pour la réforme islamique ». Certains congressistes tiquèrent au mot « hérésie », craignant d'être stigmatisés par certains musulmans. An-Na'im haussa les épaules en disant qu'un stigmate est un don – à l'assemblée même, qui retrouva alors sa sérénité. Les participants réalisèrent qu'il était possible de se prémunir des stigmates en les accueillant avec un sourire, mais aussi longtemps que nous nous enfermerons dans le silence, le mouvement naissant pour une réforme religieuse sera mort-né. L'autocensure est vouée à l'échec. Le « je » est le prélude nécessaire à la réussite d'un « nous » plus achevé.

*

Dans notre époque postcoloniale, le mot « nous » peut se révéler très apaisant. Le « nous » est devenu un baume pour l'humanité, une sorte de code qui dit : « Les Blancs appartiennent à une famille plus formidable que les empires de jadis. » Louable, certes, mais l'appartenance n'est pas une notion sans défaut. L'appartenance peut signifier « choisir de s'identifier à » ou « être détenu par ». Fatema, notre amie d'Abu Dhabi, nous informe qu'elle appartient davantage à sa pensée et à sa conscience qu'à sa citoyenneté. Elle a fait un choix délibéré, et il devrait en être ainsi pour tout le monde. Elle décide de son « nous ». Cependant, d'autres jeunes musulmans voient leurs « nous » orchestrés pour eux, même quand ils vivent en Occident. Ils sont souvent confrontés à l'hypothèse selon laquelle, en tant qu'enfants d'immigrés musulmans, ils appartiennent aux communautés ethniques de leurs parents. La culture de papa doit aussi être la culture des enfants. Avec un « appartenir » ainsi défini, l'individualité d'une nouvelle génération, une génération *européenne*, reste emprisonnée dans le « nous » d'un autre. Dans le prochain chapitre, je vous présenterai un anthropologue dont les recherches expliquent comment cette injustice est le fait des humanitaires. Pour le moment, c'est suffisant pour dire que les non-musulmans jouent un rôle dans l'éclipse de l'individualité des musulmans ou dans son éclosion.

C'est la raison pour laquelle les non-musulmans pourraient s'inscrire à un cours intensif sur l'histoire occidentale de l'identité de groupe. Selon Aristote, par exemple, l'individu n'a aucune influence. Vous êtes ce pour quoi vous êtes né. Dans un système vertueux, au moins, même l'esclave connaîtra sa place et aura une place, donnant un sens à son existence. Il *appartiendra*. Quelque deux mille ans plus tard, Thomas Hobbes postule le contraire. L'individu a des prétentions à gouverner et, pour le bien de la stabilité sociale, un dirigeant devra supprimer l'ambition de tout homme. De là l'utilité du « Léviathan », l'*über-agent* politiquement souverain du peuple. Bien qu'ayant un point de vue radicalement opposé, Aristote et Hobbes parviennent à une conclusion comparable : le progrès ordonné a besoin d'un système qui domine l'individu.

Les nazis ont porté de telles conclusions à leur apothéose dévastatrice, encouragés par l'idée de *Volkgeist* née au XIXe siècle. Enfant des romantiques allemands, le *Volkgeist* fait référence à l'essence galvanisante du peuple, ce personnage collectif qui scelle sa nationalité et par-dessus tout l'imprègne d'honneur. Dans son discours de 1923 qui mit le feu aux poudres dans les tavernes (entre autres), Hitler en appela à l'honneur bafoué des Allemands. Son public, qui se remettait de la Première Guerre mondiale et que la misère avait rendu malléable, a applaudi à tout rompre. Alain Finkielkraut fait remonter l'épidémie du « nous » tribal – la politique identitaire – au fléau du *Volkgeist*.

Et voilà le résultat. Oui, l'individualité va à contre-courant de siècles de pratique de l'islam, mais elle rencontre également une grande part de la tradition occidentale. Un puriste de l'identité européenne pourrait vouloir lever le doigt et dire : « Non, madame, non ! Ne comparez pas de la sorte le tribalisme islamique au comportement occidental. Qui donc a épousé une fillette de 9 ans ? » Ça pourrait être le Prophète Mahomet. Affaire classée ? Non. Un scientifique de renom du temps des Lumières, Antoine Lavoisier, épousa une fille de 13 ans. L'épouse enfant de Lavoisier devint son assistante de laboratoire – mais pas pour longtemps. Selon une tactique digne des despotes arabes les plus aguerris, les rottweilers de la Révolution française coupèrent la tête de Lavoisier. Le prochain sur la liste : son beau-père. Que cela soit fait au nom de Dieu ou de son absence, les dogmatiques peuvent commettre des atrocités complètement folles. En février 2006, quand je suis allée sur le site officiel anglophone de la Corée du Nord, j'ai lu une déclaration qui depuis a été retirée. La dictature se vendait elle-même comme « embrassant la science et le rationalisme… ». Les athées ne sauraient s'en réjouir.

Écoutez, je n'ai aucun intérêt à un combat en cage entre les athées, les humanistes et les orthodoxies religieuses. Une cage restreint fatalement l'espace et brasse de l'air vicié ; cela ne permet pas vraiment à la liberté de pensée de s'élever. En dehors de la cage, nous pouvons découvrir des valeurs qui permettent à chacun d'entre nous d'émigrer et de s'intégrer sans avoir à se figer. C'est la vertu de l'individualité. Du fait qu'elle ne respecte aucune frontière, l'individualité est universelle. Elle est aussi universellement crainte par les puristes de l'identité, ce qui fait d'elle la pierre angulaire du courage moral – à travers la volonté de faire exploser la pensée de groupe, dans l'islam et au-delà.

*

Le Prophète Mahomet enseignait ceci : ce que je désire pour moi-même, je dois le désirer pour un autre. Emmanuel Kant, prophète des Lumières européennes, répéta le message de Mahomet : je devrais seulement agir selon des principes qui peuvent universellement s'appliquer. Passé au filtre de la méchanceté, ce message devient mortel. Un califat islamique à l'échelle mondiale, par exemple, est la dernière chose que je désire. Contrairement à certains musulmans qui peuvent charcuter les paroles anti-tribales de Mahomet pour habiller leurs fantasmes totalitaires, exactement comme les socialistes à la Trotski l'ont fait avec Kant. Mais rappelez-vous, de tels « universalistes » sont d'abjects hypocrites. La polarisation – le croyant contre le *kafir*, le capitaliste contre le prolétaire – sature leur vision du monde.

Un autre aspect de leur hypocrisie, cependant, m'enthousiasme. Les prédicateurs de la pureté prouvent que nous empruntons tous aux étrangers. Les imams qui ont immigré en Occident et plaident pour un violent djihad contre l'infidèle, doivent certaines de leurs libertés à l'hérétique Voltaire. Beaucoup de ces imams posent leurs valises dans ces pays après s'être fait expulser de leurs terres natales. Voltaire « devait aussi sauter par-dessus les frontières pour échapper à la persécution et rester un contestataire », écrit Jacques Barzun dans son étude monumentale de l'Occident moderne, *From Dawn to Decadence* (« De l'aube à la décadence »). Il continue : « Même le terroriste qui, dans quelque nation haïe, conduit vers un immeuble une voiture remplie d'explosifs, fait partie de ce qu'il voudrait détruire : son arme est le travail d'Alfred Nobel et des inventeurs du moteur à combustion. »

Les chauvinistes des Lumières devraient prêter attention à cette même leçon : nous sommes tous les débiteurs de quelqu'un. Ibn Ruchd, l'esprit universel du XIIᵉ siècle musulman, plus connu en Occident sous son nom latinisé d'Averroès, fut une grande source de réflexion pour les universitaires juifs et latins dans les années 1600. La fascination que suscitait Ibn Ruchd dans les universités italiennes « eut un impact direct sur l'émergence de la science moderne, note le philosophe Paul Kurtz. De ce contexte émergea Galilée. » Et aussi son télescope rudimentaire, qui a ouvert, selon le poète anglais John Milton, l'infinie galaxie de Dieu. Dick Teresi, fondateur du magazine *Omni*, se réjouit en ces termes :

> Milton fait allusion à Galilée dans *Le Paradis perdu*. Il l'appelle l'« artiste toscan » et parle de la lune vue à travers la « lunette optique » de l'artiste… L'univers aristotélicien jusqu'alors accepté, avec toutes les étoiles contenues dans un espace sphérique fini, était maintenant révolu, remplacé par une vision plus large d'étoiles éparpillées à travers l'espace. De même que *Star Wars* et *Star Trek* se sont inspirés de la cosmologie moderne, la poésie du XVIIᵉ siècle a été transformée par Copernic et Galilée.

Et par conséquent par Ibn Rushd, qui souda rationalité et foi en s'engageant dans la voie du questionnement – à distinguer du doute.

De même, l'homme à qui l'on doit la Statue de la Liberté accoucha-t-il de son idée colossale au Moyen-Orient… Vers le milieu des années 1800, le sculpteur Frédéric-Auguste Bartholdi visitait Louxor, en Égypte. Ses genoux ont fléchi d'émerveillement face à cette architecture antique qui lui a fait percevoir un « futur sans limites ». Plus tard, à l'ouverture du canal de Suez, une vision s'empara de Bartholdi. Il « sculpterait le sosie d'une paysanne égyptienne tenant en l'air une torche de la liberté. Le monument, deux fois plus grand que le Sphinx, garderait l'entrée par la mer, écrit l'historien Michael Oren. Son nom serait *L'Égypte (ou le Progrès) apportant la Lumière à l'Asie»*. Mais avant que le travail ne soit accompli, le bienfaiteur arabe de Bartholdi fit faillite.

Bartholdi pansa ses blessures lors d'une croisière vers les États-Unis. Dès l'arrivée dans le port de New York, l'émerveillement le saisit une nouvelle fois et il réimagina la porteuse de flambeau. Après des années consacrées à lever les fonds nécessaires, à négocier et élaborer le projet, il est resté en contact avec le Moyen-Orient : l'ingénieur américain de la Statue de la Liberté, Charles Pomeroy Stone, avait servi comme général dans la révolte de l'Égypte contre l'Angleterre. Décoré de l'Étoile de l'Égypte, Stone partit seulement une fois qu'il eut perdu « tout espoir de construire un État indépendant». Depuis que j'ai appris cette histoire, je me suis parfois référée à Madame Liberté comme à Leila Liberté – pour feu ma grand-mère, Leila Nasser, qui aurait pu servir de modèle à la « paysanne égyptienne» de Bartholdi et qui trouva l'« Amirik» infiniment fascinante.

Incarnant la promesse de Madame Liberté, les icônes anti-esclavagistes de l'Amérique s'en sont également inspirées. W. E. B. Du Bois dépassa la discrimination raciale à travers une littérature qui faisait davantage appel à ses valeurs qu'aux clichés. « J'ai marché bras dessus, bras dessous avec Balzac et Dumas, dans des pièces luxueuses où glissaient des hommes souriants et des femmes accueillantes, s'épanchait-il. J'invoque Aristote et Marc Aurèle, et toute autre âme qui me vient à l'esprit, et ils viennent tous gracieusement sans mépris ni condescendance. Ainsi, marié à la Vérité, je demeure voilé.» Un autre titan de l'abolitionnisme américain fut Frederick Douglass, un esclave en fuite. Il témoigna : « [Les si magnétiques orateurs britanniques] exprimaient des pensées intéressantes que ma propre âme avait eues, et qui avaient fréquemment traversé en un éclair mon esprit, et expiré sur le chemin de la parole... Ce que Sheridan m'a donné, c'est une dénonciation intrépide de l'esclavage et un puissant plaidoyer pour les droits de l'homme. La lecture de ces documents m'a permis d'exprimer mes pensées. »

L'emprunt est à la base de la civilisation. Si les droits de l'homme sont un concept strictement occidental, comment expliquer Cyrus le Grand ? Père de l'Empire perse, Cyrus a fait de la liberté de culte un principe fondamental, alors même que personne d'autre ne la concevait ainsi. Sa prescience inspira la Commission des Nations unies qui rédigea, après la Seconde Guerre mondiale, la Déclaration universelle des droits de l'homme. Menée par Eleanor Roosevelt, cette commission avait pour vice-président l'Iranien Ghasseme Ghani. L'Inde, le Liban, la Chine, l'Union soviétique, les Philippines, le Chili, l'Égypte – des délégués de tous ces pays s'assirent côte à côte avec des Occidentaux pour produire un document qui guiderait leurs sociétés vers de plus hautes espérances. Parfois, il ressemble plus à un mélange de priorités culturelles contradictoires qu'à une articulation fluide des droits de l'homme, mais les contradictions de la charte renforcent mon idée : personne ne peut dépeindre ses rédacteurs comme les personnages opaques d'une conspiration anglo-saxonne. Ils ont tous emprunté largement les uns aux autres.

Dietrich Bonhoeffer emprunta lui aussi beaucoup. Bonhoeffer, pasteur luthérien allemand célèbre pour s'être opposé au régime nazi, fit preuve de perspicacité dans sa pratique pastorale auprès des Afro-Américains en 1930. Il étudia à l'Union Theological Seminary dans le haut de Manhattan, mais c'est à Harlem que sa foi devint viscérale. Alors que « l'Église allemande vend involontairement son âme, observe le pasteur méthodiste John Hay Jr., Bonhoeffer aspire à découvrir et explorer ce que son Église d'origine ne lui a jamais offert – un sens biblique de la communauté… Tandis que son Église établit froidement des alliances gouvernementales, le cœur de Bonhoeffer est réchauffé par l'Église baptiste d'Abyssinie… Tandis que son Église s'aligne sur Hitler, Bonhoeffer découvre la voie de la non-violence créative. »

Mahatma Gandhi s'inspira de sources extérieures, ne serait-ce qu'en les confirmant. Né en Inde, il milita contre la structure raciste du pays où il avait émigré comme jeune juriste : l'Afrique du Sud. Face à l'apathie des Indiens de là-bas, l'esprit de Gandhi faiblissait parfois. Dans de tels moments, les sources occidentales lui fournissaient au moins autant de réconfort que les textes orientaux. Par exemple, les suffragettes anglaises acceptèrent l'emprisonnement comme une étape de leur combat pour le droit de vote des femmes. Leur exemple poussa Gandhi à défier les autorités locales : « Si même les femmes affichent autant de courage, les Indiens du Transvaal échoueront-ils dans leur devoir et craindront-ils la prison ? » Derrière les barreaux, il commença à se passionner pour l'essai d'Henry David Thoreau, *La Désobéissance civile*, un classique de l'individualité américaine. Thoreau y défend la contestation consciente et fournit à Gandhi des « arguments en faveur de [son] combat ».

Vers quoi Thoreau s'est-il tourné pour y puiser la plus grande part de son inspiration ? Vers l'Orient. Il a écrit un autre classique de la littérature américaine, *Walden*, méditation sur ses expériences d'une vie simple. Thoreau y a inclus le conte d'un homme qui essaie de sculpter la canne parfaite et perd ses amis dans cette obsession farouche de l'accomplissement. Ce passage déclencha mes alarmes universalistes :

Alors, en regardant le tas de copeaux encore frais à ses pieds, il comprit que pour lui et son travail le passage du temps avait jusque-là été une illusion, et qu'il ne s'était pas écoulé plus de temps qu'il n'en faut à Brahma pour faire jaillir une seule étincelle de son cerveau, la faire tomber sur l'amadou d'un cerveau humain et l'enflammer. Le matériau était pur, son art était pur ; comment le résultat aurait-il pu être autre chose que merveilleux[1] ?

---

1. Henry D. Thoreau, *Walden*, trad. Brice Matthieussent, Le mot et le reste, 2010, p. 330.

Le cerveau de Brahma préfigura ce que les psychologues positifs appellent « courant », un état d'immersion dans l'accomplissement de ce que vous aimez. Le courant aide à trouver le bonheur. Ô combien américain tout ça, et pourtant très asiatique.

Martin Luther King emprunta autant à Gandhi son credo de la non-violence qu'au Christ ses paraboles sur l'amour, autant à la geste hindoue qu'à la Constitution américaine. La fluidité de tout cela m'enchante. La geste hindoue influence Thoreau. Thoreau influence Gandhi. Gandhi influence King. Et pour finir, ils ont tous influencé les Iraniens dans leur mobilisation pour leurs libertés. Ramin Jahanbegloo, spécialiste des droits de l'homme à l'université de Toronto et ancien prisonnier en Iran, a parlé du « moment gandhien » de ses compatriotes dans la République islamique.

Il y a des années, un ami iranien s'appelant Ali déclencha mon « moment King » en me pressant de lire Martin Luther King, afin que je puisse efficacement faire reculer les puristes de l'identité d'aujourd'hui. Le leader des droits civiques se retrouva pris en tenaille entre les Blancs racistes et leurs homologues suprématistes, les Noirs nationalistes. Par-dessus tout, il dut composer avec la « force de complaisance ». C'est le terme dont usait King pour décrire l'état d'esprit des « nègres qui, après tant d'années d'oppression, ont été tellement vidés de tout amour-propre et du sentiment d'"être quelqu'un" qu'ils ont composé avec la ségrégation… ». Mon ami les comparait aux musulmans qui ne demandent justice que pour l'au-delà. Leur « être quelqu'un » peut attendre l'autre vie, sinon ils ont été escroqués dans leur croyance. King aurait rectifié cette complaisance. Il a proposé, dans sa *Lettre de la prison de Birmingham :* « Il existe la voie, bien meilleure, de l'amour et de la protestation non violente. » Pour King, l'au-delà était l'affaire du Seigneur ; ici et maintenant, c'est la nôtre. Pour mon ami, comme pour beaucoup d'Iraniens, l'universalité de cette « voie bien meilleure » maintient la dignité, ici même et dès maintenant.

*

Voyageant d'est en ouest et inversement, nous avons constitué un ensemble de valeurs humaines : liberté individuelle, liberté de conscience et pluralisme d'idées non violentes. Les valeurs humaines transgressent les frontières que ségrégationnistes, impérialistes, isolationnistes et autres colporteurs de peur imaginent. Les valeurs humaines permettent aux individus de pratiquer le courage moral et si nous sommes assez nombreux à le pratiquer, nous vaincrons les spasmes de la suprématie.

Je tiens à remercier Mona Eltahawy. Cette éditorialiste écrit pour des quotidiens et vit à New York. Déterminée à ne pas laisser son identité de musulmane éclipser son intégrité de personne moralement courageuse, elle ne mâche pas ses mots. En mars 2008, Eltahawy exprime ainsi ce que peu oseront dire : « *Les principales cibles de la violence islamique sont les musulmans du monde islamique...* » (C'est elle qui souligne.)

> Les fréquentes manifestations qui ont lieu à travers le monde islamique n'appellent pas à une fin du massacre des musulmans par les musulmans, mais exigent avec virulence que le « monde » cesse d'offenser les musulmans. Pour cette musulmane, jamais aucune caricature danoise ou aucun film hollandais ne sera plus offensant que ces sept attentats-suicides qui ont fait au moins 100 morts au Pakistan au cours des trois dernières semaines.

Je remercie Akbar Ladak, qui vit en Inde et dit « je » publiquement. Bien avant les attaques terroristes de Bombay en novembre 2008, Ladak écrivit un manifeste à l'attention des musulmans vivant dans des sociétés libres. Après les attentats, je l'ai publié sur mon site Internet :

> Je ne me déroberai pas devant le combat contre le fanatisme islamique.

87

Je vis dans un pays démocratique et laïc, où j'ai la liberté de pratiquer ma foi, l'islam. J'apprécie le fait d'être musulman parce que cela me donne le cadre moral au sein duquel mener ma vie. Je trouve que c'est celui qui me convient le mieux, tout en sachant que mes concitoyens et le reste de l'humanité estiment que d'autres religions ou philosophies sont des cadres plus appropriés à leurs propres vies. J'ai une dette envers la démocratie de mon pays, aussi imparfaite puisse-t-elle être, qui me laisse choisir la foi que je pratique. J'apprécie aussi la possibilité qui m'est offerte dans ma société d'être en désaccord, de débattre et de me lier d'amitié avec des gens dont les opinions diffèrent des miennes. Si je n'étais pas né dans un tel pays, j'en serais appauvri.

On attendra beaucoup de ceux à qui l'on a beaucoup donné. Aujourd'hui, nos sociétés relativement libres, de plus en plus multiculturelles, sont sous la menace, d'abord et surtout, d'extrémistes musulmans qui ont déclaré leur intention de mettre en place un califat mondial. Il s'agit d'une philosophie haineuse et misogyne financée par des dictateurs enrichis par le pétrole. C'est un dévoiement de ma foi bien-aimée pour servir de justification à une idéologie simpliste. Ce qui lui confère une aura puissante, pour des musulmans qui n'ont pas été confrontés à beaucoup d'idées différentes au sein de l'islam.

Nous autres musulmans vivant dans des sociétés libres devons être à l'avant-garde de ce combat. Nous ne nous battons pas seulement pour la sécurité et l'intégrité des sociétés dans lesquelles nous vivons, mais aussi pour l'âme de notre foi. Nous sommes les seuls capables de présenter une interprétation alternative de l'islam, qui défendrait une vision de paix, de progrès et d'égalité.

Aussi faisons aujourd'hui à notre foi, à nos pays et à nous-mêmes une promesse. Nous ne resterons pas assis en silence quand quelqu'un utilisera notre religion pour légitimer le fanatisme, la misogynie ou la violence. Nous le contrerons bruyamment. Nous ne nous laisserons pas intimider par les gardiens de la foi autoproclamés, ceux-là mêmes qui disent que l'islam qu'ils connaissent est plus pur que celui que nous connaissons. Ce sont les musulmans qui définissent l'islam, et nous en sommes tous les gardiens. Nous devons défendre nos sociétés démocratiques malgré quelques citoyens qui suspectent et mettent en doute nos motivations à cause de notre foi. Notre foi et nos pays ont besoin de nous aujourd'hui. Nous ne pouvons pas rester à l'écart de ce combat, et nous ne le ferons pas.

Ladak commence par « je » et finit par « nous ». De la même façon que l'islam emprunte au judaïsme et au christianisme, Ladak enrichit son manifeste d'un sentiment biblique : « À qui l'on aura beaucoup donné, il sera beaucoup demandé » (Luc, 12 : 48). Et il remarque que certains le suspecteront instantanément du simple fait qu'il est musulman. Mais peu importe, Ladak va plus loin. Ses faibles défenses et ses hautes espérances font de lui un exemple pour Osman, le jeune de 18 ans qui, à Londres, hésite entre s'engager dans la réforme ou renoncer et se replier sur la défensive. Ladak n'a pas seulement fait un choix ; plus radicalement, il reconnaît avoir le choix.

Nous avons tous le choix. Les musulmans me le rappellent quand ils me conseillent de façonner mon message selon les conventions de leur identité, afin de ne plus recevoir autant de critiques. Mais l'identité des musulmans étouffe l'individu et éteint la flamme de la conscience, aussi s'adapter à ces conventions ferait échouer le but de la réforme. Ma question aux musulmans fut donc : « Quel est le plus important : votre popularité parmi les vôtres ou votre intégrité devant Allah ? » J'aimerais croire que certains se sont sentis vexés de devoir réfléchir à ce choix. Peut-être iraient-ils jusqu'à changer d'avis s'ils connaissaient l'histoire que je m'apprête à partager avec vous.

*

La première fois que le Prophète Mahomet reçoit les révélations de l'existence d'un Dieu unique, il sait que les Arabes ne vont pas être tendres avec lui. L'un des premiers historiens musulmans, al-Tabari, rapporte que le prophète veut se suicider en se jetant du haut d'une montagne plutôt que de propager un message qui le ferait passer pour fou. Khadija, la femme du prophète, calme son mari et le convainc d'accepter son nouveau statut de messager élu par Dieu, quoique profondément humain. Au même moment, son oncle Waraqa ne ménage pas ses avertissements au sujet du défi qui s'annonce. Il dit au prophète : « Ils t'appelleront "menteur", te provoqueront, te chasseront et te battront. » Les Arabes de La Mecque ne l'ont pas démenti. Ils ont rabaissé le prophète en lui disant qu'il était « possédé par un djinn ». Aussi mince que fût sa confiance, le prophète est resté sur ses positions. Plus il tenait bon, et plus les menaces contre lui s'intensifiaient.

Après tout, son message risquait de porter préjudice au tourisme religieux. Des gens venaient de toute l'Arabie en pèlerinage à La Mecque pour honorer trois divinités locales, al-Lat, al-Uzza et Manat. Non seulement les pèlerins dépensaient sans compter, mais ils rendaient les habitants de la ville fiers de leur culture. Par contraste, le prophète déshonorait sa société. Il dénonçait les faux dieux et s'en prit plus tard aux coutumes oppressives comme l'esclavage et à l'infanticide des filles. Renégat hors du commun, Mahomet ternissait la réputation de sa noble tribu, les Quraysh.

Sentant monter le ressentiment parmi les premiers convertis, le prophète a alors pris une décision stratégique : il a dilué son message pour se faire bien voir des habitants de La Mecque. Pour commencer, il a maquillé le nom de Dieu. Ce qu'il appelait auparavant « Seigneur » s'est transformé en « Allah » – le « familier Allah des Quraysh païens », écrit Subhash C. Inabdar dans *Muhammad and the Rise of Islam* (« Mahomet et l'essor de l'islam »). Mais malgré cela, la colère contre son prosélytisme ne faisait qu'augmenter.

Entrent en scène les « versets sataniques ». Ce sont les

passages du Coran que le prophète, dans son jugement humain faillible, approuve comme des révélations divines. Il les fait chroniquer par ses compagnons, n'apprenant que plus tard que ces versets déifient des idoles païennes. Mahomet retire alors ces versets, mettant son erreur sur le compte d'un tour que Satan lui aurait joué. Déjà la rengaine « C'est la faute du diable ». Mais si l'indéfectible amour de Dieu guide le prophète, pourquoi Satan triomphe-t-il si facilement ? Quand on pose cette question, l'histoire devient plus qu'intéressante : elle devient éclairante.

Apparemment, le diable a profité de l'empressement du prophète à garder la confiance de sa tribu. Nous avons tous besoin de légitimité pour faire passer un message, aussi quel mal y a-t-il à l'emballer pour le rendre le plus présentable possible en se conformant à l'identité de groupe ? Bien sûr, quand les Quraysh apprennent que leurs divinités sont portées aux nues, « ils sont enchantés », nous apprend al-Tabari. Pour la première fois, l'assemblée tout entière se prosterne, disant que « Mahomet a parlé de [leurs] dieux de manière fantastique ». La popularité du prophète grimpe en flèche. Les croyants sincères comme les hypocrites écoutent, et les premiers « ne suspectent pas un vain désir ou une erreur » de la part du messager d'Allah.

Le problème, c'est que la prostration a engendré la confusion. Le prophète n'a pas dit la vérité. Ce qu'il offre aux Arabes païens est un abâtardissement culturellement correct de l'islam ; une version qui édulcore, et même élimine, le défi d'une réforme personnelle. Au lieu d'insister sur le fait que la vénération des idoles est un stratagème commercial pour séduire les voyageurs venant à La Mecque, et que ces idoles devraient être remplacées par le Dieu unique qui traite toute Sa création avec compassion, le prophète se contente de la superficialité du rituel. Prêt à tout pour se faire entendre, il vide sa mission de sa substance.

Ibn Ishaq, historien musulman, raconte ce qui se passe ensuite, grâce à l'intervention d'un Dieu aimant :

[L'Ange] Gabriel vint à l'Apôtre et dit : « Qu'as-tu fait, Mahomet ? Tu as lu à ces gens quelque chose que par mon entremise Dieu ne t'a pas apporté et tu as dit ce qu'Il ne t'a pas dit. » L'Apôtre fut amèrement peiné et craignait grandement Dieu. Alors Dieu lui (révéla) qu'Il lui pardonnait. Il le rassura et fit le jour sur toute cette affaire. Il lui raconta que tous les prophètes et apôtres avant lui avaient désiré comme lui et voulu ce qu'il voulait et que Satan s'était immiscé dans ce désir... Dieu annula ce que Satan avait suggéré.

Dans cette histoire, la peur d'être stigmatisé par sa communauté a mené le prophète à transiger avec ses principes fondamentaux. N'y a-t-il pas ici une leçon pour beaucoup de musulmans ? On nous enseigne à prendre exemple sur Mahomet, mais sans jamais nous dire comment le faire en refusant d'être les otages de politiques identitaires. Un de mes lecteurs arabes a résumé cette leçon en ces termes : « Il vaut mieux dire la vérité – aussi douloureux que cela puisse être – que la taire. C'est cela, la tradition du Prophète Mahomet. Les musulmans doivent comprendre que chaque problème doit être débattu. Jusqu'au dernier. » Pour moi, c'est ce qu'enseigne la parabole des versets sataniques : l'identité tribale n'est pas une raison suffisante pour étouffer toute critique de sa famille, de sa communauté ou de son pays.

Mais jusqu'à présent, je n'ai pas utilisé cette parabole pour illustrer l'erreur des politiques identitaires. Pourquoi ? Cela m'embarrasse de le dire, de peur d'être accusée de me conduire comme un messager du dernier jour envoyé par Dieu. Lisez cet e-mail :

Quel est ton foutu problème, Irshad ? Qu'essaies-tu de faire en ce monde ? Une seule personne comme toi peut-elle le changer ? Tant de musulmans souffrent exactement du même sentiment que toi. Mais je n'en vois pas beaucoup faire campagne comme toi. Allah a créé cette religion. C'est Sa religion. Si quelque chose de mauvais arrivait à Sa religion, n'enverrait-il pas quelqu'un pour

la sauver ? Est-ce toi ? Es-tu l'Élue ? En tant qu'humain, merci,
mais ARRÊTE ! – Syed

Comment diable suis-je censée répondre à ça ? Si je
rappelle à Syed que le prophète était aussi « une seule
personne », j'apporte de l'eau à son moulin : je me vois
comme une prophétesse. Ça n'aide pas. Les djihadistes,
bien sûr, n'hésitent pas à nourrir des illusions de grandeur,
citant fréquemment Mahomet comme leur avatar. Pendant
ce temps, les musulmans réformateurs perdent courage. En
évoquant l'exemple de Mahomet, j'entre dans le « même
jeu que les djihadistes », me reproche un allié musulman.
Pourtant, soutenir la part non violente d'un prophète hautement humain est assez éloigné du manuel djihadiste.

Beaucoup d'entre nous ne se sentent pas aptes à remplir
cette tâche. Et cela parce que les interprétations libérales du
prophète, comme de tout ce qui est islamique, passent moins
facilement que les interprétations conservatrices. C'est pourquoi nous devons avancer et raconter des histoires comme
celles-là. Sinon, nous permettons aux conservateurs d'occuper la majeure partie du terrain, sapant encore davantage
toute chance d'élargir le chemin de l'islam.

Après une saine introspection pour savoir si je ne m'em-
bourbais pas dans une sorte de complexe de Mahomet, j'ai
répondu à Syed :

*Vous reconnaissez que beaucoup de musulmans savent qu'il
y a aujourd'hui un problème avec l'islam ordinaire. Mais, parce
que la plupart ne font rien à ce sujet, vous souhaiteriez que je
ne fasse rien non plus. Vous avez mené le conformisme à de
nouvelles hauteurs – ou plutôt devrais-je dire vers de nouvelles
bassesses. Lisez l'histoire du prophète qui a presque changé le
message de Dieu pour s'adapter à la culture païenne. Dieu a dû
restreindre le conformisme de Mahomet. J'interprète cela comme
un commandement divin : Ne t'adapte pas à l'ignorance culturelle
et à l'injustice. Suivre ce commandement ne fait pas de moi une
« élue », Syed. Cela me rend consciente de mes choix.*

L'épisode des versets sataniques montre que nos cultures – quels que soient les comportements qu'elles encouragent – ne font pas de choix – les individus si. Les cultures ne prennent pas de décisions – les individus si. Et si certaines coutumes mènent à l'oppression, comme le firent les rituels d'une Mecque économiquement stratifiée et corrompue, alors elles devraient être dénoncées – peu importe qui maudit notre père et la mère de notre père et nos futurs enfants.

Les musulmans font souvent semblant de respecter ce principe, en insistant sur le fait que cela ne pose pas de problème à l'islam ; mais c'est plutôt la culture qui dégrade la pratique de l'islam. Pourquoi alors ne sommes-nous pas plus nombreux à nous lever face aux crimes culturels qui défigurent notre foi ? Dans le chapitre suivant, je vais expliquer que les musulmans doivent arrêter de soutenir que la culture est sacro-sainte. Quand nous en aurons fini avec cette comédie, nous deviendrons des musulmans « contre-culturels ». Cette nouvelle identité sert l'intégrité en s'opposant à la culture qui prive l'islam de l'amour de Dieu. J'expliquerai aussi que les non-musulmans ont besoin de devenir contre-culturels dans leur propre intérêt, en résistant au multiculturalisme orthodoxe. Que ce soit pour des raisons religieuses ou humanistes, il n'y a rien de sacré dans la culture.

CHAPITRE 3

La culture n'est pas sacrée

Noël 2009. Umar Farouk Abdulmutallab, 23 ans, atterrit à Detroit avec l'entrejambe grillé et beaucoup d'explications à donner. Il a raté sa mission : faire sauter le vol en provenance d'Amsterdam. Les explosifs, fourrés dans son caleçon, n'ont pas explosé. Au moins a-t-il sauvé son honneur : dans l'une de ses vidéos, Al-Qaida a baptisé de héros son porteur de bombe en sous-vêtement. Ce ne serait pas la première fois que le code arabe de l'honneur trace son chemin du Moyen-Orient à Detroit. J'ai une expérience personnelle de l'impact de l'honneur sur les jeunes musulmans américains.

Peu avant que ne sorte *Faith Without Fear*, ma mère et moi sommes allées à Detroit pour une projection. Ma mère, Mumtaz, apparaît dans mon documentaire. La tension entre son traditionalisme et mon libéralisme crépitait tout du long, aussi PBS a-t-il trouvé que ce serait drôle de nous faire confronter nos divergences devant un public de musulmans moroses. Quelqu'un de la bibliothèque publique de Detroit s'est avisé du barouf que cela provoquerait : la bibliothèque, où la projection était prévue à l'origine, a annulé à la dernière minute sans fournir aucune explication. Cependant, le spectacle a continué ailleurs.

On estime qu'il y a plus d'Arabes vivant dans la banlieue de Detroit que dans n'importe quelle autre zone urbaine en dehors du Moyen-Orient. Tous ne sont pas musulmans – dans certains quartiers, les chrétiens arabes dépassent en nombre les musulmans –, mais c'étaient les musulmans qui étaient présents dans la foule ce soir-là. Après le générique de fin, ma mère s'est assise sur scène avec moi, flanquée d'une étudiante portant le *hijab*, d'un professeur musulman et d'un modérateur non musulman qui avait du mal à cacher sa nervosité de mettre en scène ses tics. Les invités, affables vis-à-vis de ma mère, se sont forcés à rester polis avec moi.

Mais la colère du public a littéralement sonné ma mère. (Plus tard, elle m'avoua comprendre pourquoi j'étais trop épuisée pour lui téléphoner plus souvent. Le rapprochement d'une mère et d'une fille : encore une raison de me montrer si reconnaissante envers mes détracteurs.) Après la projection, ma mère et moi avons assisté à une réception publique où nous avons une fois encore écouté les membres du public, donné des interviews aux médias et signé des exemplaires de mon livre – gracieusement fournis par PBS. Remarquant la longueur de la file d'attente, ma mère m'a demandé si je pensais vraiment que tous ces gens-là allaient me lire.

Il m'est venu à l'esprit que, quelque part à Detroit, un feu de joie attirait les gens, mais je ne l'ai pas dit. « Penses-tu que la plupart liront même le Coran ? » lui ai-je répondu. Elle a poussé un soupir. « Espérons au moins qu'ils laisseront traîner mon bouquin pour que leurs proches puissent le voir, ai-je plaisanté. C'est comme ça que les conversations commencent. » Ma mère a poussé un nouveau soupir, cette fois-ci à cause du mot « conversations ». Là où je vois une occasion pour que davantage de musulmans réfléchissent, ma mère voit une occasion pour que davantage de musulmans médisent de sa fille. Soupir.

À la fin de la soirée, ma mère aux yeux de lynx comprit autre chose. Elle remarqua que de jeunes musulmans, regroupés dans un coin du hall de réception, nous lançaient de temps à autre un regard. Le dernier journaliste parti, ils s'avancèrent vers ma mère et moi. « *Asalaamu Alaikum* », dirent timidement certains.

« *Wa Alaikum Salam* », avons-nous répondu. Je voyais bien que ma mère pensait que j'étais quitte pour une autre défaite cuisante.

Une des filles s'adressa à elle avec quelques hésitations : « Nous voulions juste vous remercier de soutenir Irshad. Nous la soutenons également. Les autres invités de ce soir auraient dû témoigner davantage de respect envers ses idées. »

Un garçon ajouta : « Et envers vous en tant que mère. »

Ma mère leur dit : « C'est gentil. Vraiment très gentil. Merci. » Un lourd silence s'ensuivit, puis ma mère alla droit au but : « Simple curiosité de ma part. Pourquoi n'avez-vous pas pris la parole au moment des questions ? Tout ce que nous avons entendu était assez dur. »

Les jeunes commencèrent à renâcler. J'ai gentiment suggéré : « Ou peut-être auriez-vous pu nous parler avant le départ de toutes les caméras ? Si les médias avaient pu enregistrer ce que vous venez de dire à ma mère, alors d'autres jeunes musulmans comme vous se seraient sentis moins seuls. »

L'une des filles fixa les yeux de ma mère : « Vous et Irshad allez partir d'ici dans les prochaines heures. Nous, non. Nos familles font partie de cette communauté. On nous accuserait de les avoir déshonorés. »

Le code arabe de l'honneur prévoit que les musulmans renoncent à leur individualité et acceptent de confier leur destinée à leurs familles. Nos vies ne nous appartiennent pas ; elles appartiennent à nos tribus. Si vous franchissez leurs frontières morales, vous « déshonorez » bien plus que vous-mêmes. Imaginez la pression qui pèse sur vous quand l'honneur de votre famille repose sur votre autocensure. Est-ce pour cela que le kamikaze en sous-vêtement a coupé tous liens avec sa famille biologique, au lieu d'avouer ce qui le travaillait de l'intérieur ? Son irrépressible envie de filles ? Sa peur de salir la réputation de ses parents en devenant un être humain assumant sa sexualité ? Autant de questions qu'il s'est posées en étudiant dans une université britannique ?

À travers les aînés qui amalgament culture et religion, l'honneur tribal s'exporte bien au-delà du Moyen-Orient pour piéger les jeunes musulmans d'Occident. Les étudiants de Detroit ne supporteraient pas de « déshonorer » la famille en usant de leur liberté pour exprimer leurs vérités à voix haute. « Pourquoi ces enfants devraient-ils se sentir prisonniers de coutumes qui ne sont même pas les leurs ? me suis-je récriée. Ils sont américains, pour l'amour de Dieu ! » Après avoir retrouvé mon sang-froid, des mots plus calmes sont sortis de mes mâchoires encore serrées. « Le code de l'honneur existait avant l'islam. Si nous restons accrochés à notre culture au nom de l'islam, alors nous vénérons ce que l'homme, et non pas Dieu, a créé. N'est-ce pas de l'idolâtrie ? »

Maman a soupiré. « C'est de la stupidité. »

Leçon n° 3 : *La culture n'est pas sacrée.*

*

Brian Whitaker, ancien correspondant au Moyen-Orient du *Guardian*, a mené une expérience pour les recherches de son livre, *What's Really Wrong with the Middle East* (« Les vrais problèmes du Moyen-Orient »). Il a présenté aux Arabes qu'il interviewait dix affirmations critiques sur le Moyen-Orient et leur a demandé de choisir celle dont ils voulaient débattre. Une affirmation s'est démarquée des autres comme un sujet d'urgence, à tel point que Whitaker révèle : « J'ai fini par dire aux gens : "S'il vous plaît, ne parlons plus de ça, j'en ai assez entendu parler." » Quelle est cette affirmation ? « La famille est un obstacle majeur à la réforme dans le monde arabe. »

Les interviews de Whitaker ont confirmé que dans la société arabe, la famille est « le principal mécanisme de contrôle social », le premier étau de l'individualité et le moule de bien d'autres contraintes. Les dirigeants politiques – il cite un sociologue syrien – « jouent le rôle du père, tandis que les citoyens jouent celui des enfants. Dieu, le père et par conséquent celui qui édicte les règles ont beaucoup de caractéristiques en commun. Ce sont les bergers et le peuple les brebis : les citoyens des pays arabes sont souvent appelés le *ra'iyyah* (le troupeau) ».

Mona, une Égyptienne de 37 ans, se fait l'écho de cette analyse presque mot pour mot. Elle m'écrit dans son e-mail :

> J'ai lu *Musulmane mais libre*. Et je ne peux vous dire à quel point cela m'a ouvert les yeux, à moi la musulmane élevée dans la peur du père, de l'enseignant et de Dieu. Pour la première fois, les choses dont on m'avait appris à ne pas douter étaient remises en question. J'ai commencé à réfléchir et à raisonner... C'est maintenant l'effervescence dans mon cerveau et j'en suis fière. Je ne peux cependant pas m'empêcher de faire le lien entre chaque vilaine petite chose qui m'est arrivée et la colère de Dieu contre moi, même si je suis totalement innocente. J'ai toujours vécu selon le Livre et agi correctement. J'imagine que mon âme est imprégnée par la peur. Espérons qu'un jour je m'en débarrasserai.

Les anthropologues disent de la culture que c'est une « somme de savoirs appris ou acquis et d'expériences au sein d'une collectivité ». Une somme, par définition, inclut des qualités positives. Aussi je comprends pourquoi le célèbre blogueur irakien Salam Pax défend la structure de la famille arabe. « Si quoi que ce soit ne va pas, je sais sur qui je peux compter », a-t-il dit à Whitaker.

> Je sais que je suis protégé, que quelque chose me retient si je tombe. C'est un avantage. Mais encore une fois, parce que je dépends tellement de ma famille, j'ai tout le temps besoin de m'assurer qu'ils approuvent chacune de mes décisions... La plupart des gouvernements du monde arabe fonctionnent ainsi. Le chef de famille, de tribu, d'État a le dernier mot sur chaque décision, et vous *ferez* ce qu'il dit, par peur d'être rejeté par la famille, ce qui serait honteux.

Être rejeté de la famille, voilà ce qu'on nous a appris à craindre depuis notre plus jeune âge...

Des individus perçus comme des exilés en sursis, des citoyens comme des brebis à guider, et l'autonomie comme une menace pour l'ordre social. De tels paradigmes culturels reflètent « le problème sous-jacent », qui est selon Whitaker « une peur de la pensée indépendante ». Le temps dira si la révolution égyptienne de 2011 a délogé cette peur une bonne fois pour toutes.

Mais grandir dans une insularité culturelle n'est pas purement un défi arabe, c'est un défi pour beaucoup de musulmans parce que la culture tribale a fusionné avec la pratique de l'islam. Le commentateur turc, et fidèle musulman, Mustafa Akyol appelle cette fusion l'« islamo-tribalisme ». Son expression correspond à une idée que m'a donnée Eyad Serraj, le psychologue palestinien de renommée internationale, dont la franchise a poussé Yasser Arafat à le faire arrêter plus d'une fois. Le Dr Serraj a dit : « On a introduit l'islam pour mener les Arabes au-delà du tribalisme. Mais l'islam n'a pas conquis la culture arabe : c'est la culture arabe qui a conquis l'islam. »

*

On peut pardonner aux observateurs d'ignorer la différence entre foi islamique et culture arabe. Plus de 80 % des musulmans dans le monde ne sont pas arabes ; pourtant, on suppose que l'islam arabe est l'islam authentique. Cela ne poserait pas un tel problème si les porte-parole de l'islam utilisaient la religion pour promouvoir les meilleurs aspects de la vie quotidienne arabe. L'hospitalité serait par exemple une coutume merveilleuse à encourager par de ferventes fatwas. Cependant, les flatteries des autorités musulmanes cautionnent les pires aspects du tribalisme.

Mon ami jordanien Imad peut témoigner. Il a passé du temps à Zarqa, la ville de Jordanie qui a vu grandir la superstar du terrorisme Abu Musab al-Zarqawi. Imad m'a alors envoyé cet e-mail :

> Je viens de rentrer de l'enterrement du frère de quelqu'un [qui] travaille pour mon père. Un cheik barbu en haillons se tenait debout parmi les quelque 80 personnes rassemblées autour de la tombe fraîchement creusée. Il s'est mis à prier. Tout le monde écoutait. En voici quelques bribes :
> « Faites tout ce qui est nécessaire sur cette terre pour éviter les enfers brûlants que Dieu a réservés à ceux qui lui désobéiraient. »
> « Méfiez-vous des *kouffar*. Les chrétiens, les juifs, les bouddhistes, les hindous sont tous des infidèles. »
> « Dieu vous a donné l'islam comme mode de vie, c'est un manuel à suivre pour chaque aspect de votre vie. Oubliez votre cerveau, oubliez la philosophie. Tout est dans l'islam, c'est la réponse toute prête. Ce n'est pas compliqué à suivre. »

Soulignant son dégoût, Imad m'a répété que le cheik avait « vraiment dit : "Oubliez votre cerveau". Je suis sérieux. C'est exactement ce qu'il a dit, dans un contexte par ailleurs très clair... C'est chose courante ici, où on ne se cache pas ».

Les musulmans sophistiqués peuvent ricaner d'un religieux miteux de la banlieue industrielle de Jordanie, comme s'il n'était rien qu'un plouc inoffensif. Mais Imad m'a écrit pour me faire réfléchir : pour des musulmans qui ne doutent pas, la voix de Dieu jaillit par la bouche du cheik. Ce qu'il fera sera toujours accepté comme une nécessité de la religion. Le perdant n'est pas le cheik, c'est l'islam, dont les Écritures contiennent trois fois plus de passages appelant à une conscience éclairée qu'à une simple soumission. Et qui avons-nous comme porte-parole modernes de l'islam ? Pas seulement des évangélistes idiots et à moitié illettrés, mais aussi des hommes de main formés à la censure à l'université Al-Azhar du Caire, le Harvard de l'islam sunnite.

Mais pourquoi en rester là ? Le véritable Harvard, citadelle des libertés individuelles, a récemment constaté les effets du tribalisme sur des jeunes musulmans éduqués. En avril 2009, le journal de l'université, *The Harvard Crimson*, rapportait que l'aumônier musulman du campus avait justifié la peine de mort pour les apostats. Niant plus tard partager ce point de vue, le cheik de l'Ivy League a cependant envoyé un e-mail à un étudiant pour dire que « même si ça met mal à l'aise », nous « ne devrions pas rejeter [la peine capitale] d'emblée ».

Pour moi, le journal de Harvard a raté le plus important de l'affaire : les réactions des étudiants musulmans. L'article donne le nom d'un couple d'étudiants qui a remis en cause l'attitude de l'aumônier, alors que la plupart de ceux qui se sont opposés à lui ont refusé d'être identifiés, tenus par la peur. Le *Crimson* cite un étudiant musulman disant que les commentaires de l'aumônier « sont le premier pas vers une incitation à l'intolérance et à la violence ». Mais le même étudiant « demande que son nom n'apparaisse pas, de peur que cela nuise aux relations qu'il entretient avec la communauté islamique ». Un étudiant du Massachusetts Institute of Technology (MIT) a reconnu que ces déclarations étaient très choquantes et plutôt inattendues de la part de l'aumônier d'une grande université américaine. Cette personne « a également demandé à rester anonyme pour préserver ses relations avec la communauté islamique ».

Un troisième étudiant musulman se montre plus radical : selon lui, le cheik « ne doit pas rester l'aumônier officiel. Si des aumôniers chrétiens disaient de ceux qui abandonnent leur foi qu'ils doivent être tués, ne pensez-vous pas que l'université ferait quelque chose ? ». Bonne nouvelle : l'édition imprimée de cet article révèle l'identité de l'étudiant derrière cette déclaration admirable. Mauvaise nouvelle : l'édition en ligne en a expurgé le nom. On lui « a accordé l'anonymat quand il a expliqué que ses paroles pouvaient l'amener à un conflit sérieux avec les autorités religieuses musulmanes ». Ne décelez-vous pas une constante ? La peur, oui, mais aussi de faibles espérances et de fortes résistances. De faibles espérances pour les autres musulmans et de fortes résistances contre de possibles représailles. Le plus exaspérant, c'est que ces représailles s'adresseraient à des musulmans se réclamant de la miséricorde divine, et donc du Coran et de sa grande souplesse. Voici ce que j'entends par souplesse : un an avant que l'aumônier musulman de Harvard ne fasse les gros titres, une décision ahurissante sur l'apostasie a ébranlé le monde sunnite. Le grand mufti d'Égypte, le cheik Ali Gomaa, a conclu qu'un musulman pouvait adopter une autre religion et qu'aucune puissance dans ce royaume terrestre n'avait le droit de punir un ancien musulman pour avoir douté de l'islam. Dieu pourrait lui en tenir rigueur, mais ni vous ni moi ne le pouvons. Le cheik Gomaa a cité de nombreux versets coraniques défendant la liberté de conscience : le premier, « À vous votre religion, et à moi la mienne » (109 : 6) ; le second, « Croira qui voudra et niera qui voudra » (18 : 29) ; le troisième, « Point de contrainte en religion » (2 : 256). Son verdict a scandalisé les musulmans d'Égypte et d'ailleurs. Le conditionnement culturel a la vie dure. Il en va de même de l'islamo-tribalisme.

L'ultime mascarade est la suivante : l'islamo-tribalisme est une forme d'islamophobie, ou peur de l'islam. Aujourd'hui, il y a deux sortes d'islamophobes. Il y a ceux qui craignent l'islam parce qu'ils sont convaincus que n'importe quelle interprétation dénote une forme de violence. Ces islamophobes assimilent tout l'islam au chemin étroit. Puis il y a ceux qui craignent le chemin élargi de l'islam – le chemin qui mène à la liberté de conscience, de pensée et d'expression. Ces islamophobes sont des musulmans qui s'inclinent devant la culture tribale et craignent l'islam quand il permet à l'homme de grandir. Nos étudiants s'alignent sur ces islamophobes en refusant toute contestation *officielle*, abdiquant leur propre liberté de conscience, de pensée et d'expression.

L'islamo-tribalisme sera réduit en poussière quand les musulmans ne seront plus travaillés par la peur de déshonorer leurs communautés – nos tribus – et commenceront à dire haut et fort la vérité aux autorités religieuses. Alors seulement les musulmans se transformeront en un peuple qui joint le geste à la parole. Autrement dit, nous autres musulmans devons nous défaire de ce funeste « islamo-tribalisme » et le remplacer par l'« islam » à proprement parler. Après tout, l'islam théorique a peu de pouvoir dans cette optique de paix : c'est l'islam pratique qui compte.

Les musulmans modérés peuvent assurer aux non-musulmans que l'islam avance main dans la main avec la liberté, mais s'ils n'agissent pas en conséquence, en assumant publiquement leur individualité, devons-nous en vouloir à ceux qui se moquent de nous ? Les musulmans n'ont-ils pas tous levé les yeux au ciel quand le président George W. Bush a annoncé que l'Amérique ne pratiquait pas la torture ? C'est vrai dans l'absolu, mais l'expérience nous dit autre chose. De même, les musulmans peuvent théoriser du haut de leur tour d'ivoire que l'islam en soi ne doit pas faire peur. Et je le crois sincèrement. Mais, dans les faits l'islam restera une source d'angoisse tant que les musulmans se réfugieront derrière l'anonymat au moindre défi religieux.

Si je pouvais, je poserais quelques questions à ces étudiants musulmans de Harvard et du MIT. Vous ne voulez pas voir vos noms cités dans la presse parce que vous souhaitez maintenir de bonnes relations avec les autorités religieuses, n'est-ce pas ? Voilà ce qui me fait tiquer. Pourquoi se sentir intimidé par l'ego des « autorités religieuses » si le problème est culturel et non religieux ? Pourquoi récompenser leur ignorance s'ils assimilent par erreur culture et religion ? Vous ne récompenseriez pas l'ignorance des non-musulmans, n'est-ce pas ? Pourquoi en attendre moins de la part des musulmans ? Les non-musulmans sont-ils le seul groupe hétéroclite ? Ou en formez-vous un, vous aussi ?

Comme le cheik Gomaa nous le montre, le Coran contient des versets qui prônent les libertés individuelles. Il est aisé de les citer. Alors, qu'est-ce qui empêche ces prétendus musulmans – même dans une démocratie libérale – de défier la culture tribale en notre sein ? Quoi d'autre perturbe le cœur et l'esprit des musulmans sur le point de créer un changement positif d'affirmation de la vie ?

*

Hawa, l'une de mes lectrices, en reste perplexe. « En tant que musulmane, je suis consciente de la nécessité d'une réforme de l'islam, mais même aux États-Unis, mes proches et mes amis musulmans hésitent à critiquer l'orthodoxie traditionnelle... Les plus critiques sont d'habitude les libéraux, mais ces derniers se montrent maintenant complaisants. C'est une époque de grande confusion. » Elle met dans le mille. Nous vivons une ère d'incertitude morale. Beaucoup de gens supposent que les cultures, comme les êtres humains, naissent égales. Mais les cultures ne naissent pas ; elles sont construites. Ce ne sont pas des dons de Dieu ; elles sont faites de la main de l'homme. Puisque les humains sont un groupe éminemment imparfait, nos cultures le sont tout autant.

Ces arguments basiques ont été balayés par notre capitulation devant les « droits culturels ». En seulement cinquante ans, le mythe des droits culturels est passé d'obscurs cercles anthropologiques aux institutions internationales de l'enseignement supérieur. Depuis 1947, les anthropologues débattent entre eux pour savoir si les cultures méritent les mêmes protections que les individus. Alors que les décombres de la Seconde Guerre mondiale étaient encore fumants, et les souvenirs de l'Holocauste brûlants, l'American Anthropological Association a envoyé sa déclaration des droits de l'homme aux Nations unies. Elle affirmait la nécessité de respecter « les cultures de groupes humains différents ». Les nazis avaient décimé des groupes comme les juifs ou les gays, et les anthropologues américains voulaient s'assurer que cela ne se reproduirait « plus jamais » pour aucune communauté identifiable.

Mais leur déclaration soulevait une question cruciale : comment gérer les abus de pouvoir au sein des collectivités ? Si les groupes et leurs cultures doivent être autant tolérés que les individus, que dire aux individus qui se trouvent opprimés par les traditions à l'intérieur de ces groupes et cultures ? Pour faire court, les droits de l'homme sont-ils réellement universels ou sont-ils réservés aux chanceux nés dans des familles et des sociétés qui défendent déjà les libertés individuelles ? Pour des questions comme celles-ci, la déclaration de 1947 n'avait pas de réponse toute prête.

Cette déclaration a fait frémir les anthropologues. « Bien sûr, le terme *embarras* est récurrent », remarque la spécialiste des droits de l'homme Karen Engle. Cependant, l'idée de base héritée de l'Holocauste – selon laquelle la tolérance des groupes est un impératif moral – n'a fait que croître. Résultat : le relativisme, c'est-à-dire la croyance aujourd'hui répandue qu'aucune norme culturelle ne vaut plus qu'une autre. Cherchant à disculper son pays de vouloir tuer des femmes par lapidation, le responsable de la commission iranienne des droits de l'homme a récemment déclaré sur CNN que « la cruauté [était] une notion culturellement très relative ».

Traduction : vous ne pouvez pas critiquer la culture des autres parce que la vôtre est imparfaite. À moins que vous ne soyez une personne de couleur, auquel cas vous pouvez critiquer les cultures blanches, parce que vous ne faites que dire la vérité aux puissants. À moins que vous ne disiez la vérité aux puissants *à l'intérieur* de votre culture, auquel cas vous vous dénigrez vous-même. Bien, peut-être êtes-vous un authentique défenseur des droits de l'homme, peut-être pas, mais les Blancs ne peuvent pas en dire autant, parce que cela reviendrait à juger une autre culture et personne ne peut commenter ce dont il n'est pas le « représentant ». À moins d'être une métisse ou un Noir, auquel cas vous pouvez juger les cultures blanches même si vous n'en êtes pas un « représentant », mais les Blancs ne peuvent pas vous le reprocher parce que ce serait encore une forme de colonisation. Mais si la colonisation vient de chez vous, alors en parler, c'est trahir. C'est vrai, vous trahissez le groupe qui ne vous tolère pas mais exige la tolérance pour n'importe qui d'autre. Vous appelez ça une contradiction ? Ça alors, qu'est-ce que vous pouvez être inauthentique, vous. J'appelle cela le terrier du lapin relativiste. C'est un souvenir de la folie décrite par Lewis Carroll dans *Alice au Pays des merveilles*. Alice tombe dans le terrier d'un lapin et dès l'atterrissage, ouvre la porte d'un univers alternatif. Mais le relativisme n'est pas un conte de fées. Demandez donc à Polly Toynbee, éditorialiste du journal le plus pro-musulman que je connaisse, *The Guardian*. Toynbee milite pour l'égalité des femmes partout dans le monde. On lui a décerné des prix pour ses écrits, parmi lesquels celui d'« Islamophobe de l'année », décerné par un groupe d'activistes se nommant eux-mêmes Commission islamique des droits de l'homme. Ils ont mis Toynbee dans le même sac que Nick Griffin, leader du British National Party et raciste primaire. Toynbee a admis : « J'étais vraiment choquée. Mais c'est ce qui vous arrive quand vous vous exprimez sans retenue… Et bien sûr, j'ai reçu une avalanche d'e-mails des quatre coins du monde. J'en recevais des milliers par jour, profondément injurieux et certains même très menaçants – du genre : "Fais attention à tes enfants, on sait où tu habites". »

Massoud Shadjareh, l'un des hommes à avoir couronné Toynbee du titre d'« Islamophobe de l'année », a reconnu que Toynbee et lui devaient se rencontrer et discuter. Mais il a ajouté sévèrement : « Sous certaines conditions. » Et bien sûr, à lui de définir unilatéralement ces conditions. Shadjareh en est venu à comparer la féministe Toynbee aux antisémites nazis. Bizarre, vu qu'ailleurs il prône un vigoureux débat sur les droits de l'homme : « Chaque fois que nous excluons quelqu'un de ce débat du fait de ses intérêts particuliers, nous créons une victime de plus d'atteinte aux droits de l'homme

– c'est un individu à qui l'on a refusé le droit d'exprimer ses revendications. »

À ce sujet, l'ONU fait fréquemment appel à la Commission islamique des droits de l'homme en tant que consultant, aussi Shadjareh saurait sûrement comment exclure la politiquement incorrecte Toynbee d'un débat équitable. Il pourrait simplement s'abriter derrière la déclaration de 1947 des anthropologues américains, ou derrière l'un des nombreux organes de l'ONU dont les politiques aiment à citer la Déclaration. En juin 2008, David Littman de l'Association for World Education s'est présenté devant le Conseil des droits de l'homme de l'ONU. Là, il a proposé que le Grand Cheik de l'université Al-Azhar lance une fatwa contre la lapidation des femmes. Sur quoi le délégué égyptien, Amr Roshdy Hassan, a lancé : « L'islam ne sera pas crucifié dans ce Conseil ! » Crucifié ? En ayant recours à une solution – islamique – religieuse ? Le terrier du lapin se creuse et s'obscurcit.

Je ne reprocherai à personne de se sentir abasourdi par la folie qui infecte le multiculturalisme. Tenez bon – dans un instant, je vous aiderai à trouver la sortie du terrier de notre lapin. Mais d'abord, nous devons revenir sur terre au sujet des politiques qui nourrissent les plaintes collectives aujourd'hui.

L'Organisation de la conférence islamique (OCI) est une union de 57 pays majoritairement musulmans. Ces dernières années, l'OCI a présenté devant l'ONU une résolution intitulée « Combattre la diffamation des religions ». Cette résolution reflète la logique perverse de l'honneur tribal. Celui-ci transforme les victimes en criminels en les accusant de souiller la réputation de leurs familles et, par extension, celle de leurs communautés. (Vous vous souvenez des enfants de Detroit ?) En s'appuyant sur ce « raisonnement » culturel, le Conseil des droits de l'homme de l'ONU a censuré des interventions sur la lapidation des femmes. Il a aussi mis son veto au débat sur les filles mariées de force à 9 ans. Tout ça parce que les diplomates musulmans se sont insurgés, sous prétexte que parler du mariage forcé ou du meurtre par lapidation diffamait l'islam.

Peu importe que les crimes eux-mêmes diffament Allah en travestissant une culture faite par l'homme en décret divin. Peu importe que les vrais islamophobes – les musulmans qui profanent l'amour du Créateur et la miséricorde du Coran – se présentent comme des victimes de l'islamophobie. Peu importe qu'un Conseil des droits de l'homme se prête à un jeu de pouvoir inhumain. Peu importe que ce jeu offense un tas de musulmans qui n'ont pas leur mot à dire à l'intérieur des couloirs feutrés de l'ONU. L'offense ne compte que lorsqu'elle est ressentie par ceux qui ont l'autorité nécessaire pour définir le respect de la culture, et ainsi définir la culture elle-même.

Pour sa défense, l'OCI a objecté que les nouvelles tendances menaçaient la structure multiculturelle de beaucoup de nos sociétés. Des tendances relevées par des éditeurs danois, des réalisateurs hollandais et des enseignants anglais armés d'ours en peluche appelés Mahomet. Mais les « nouvelles tendances » n'expliquent pas pourquoi le Pakistan a présenté la première mesure anti-diffamation à l'ONU en 1999, donc avant le 11 Septembre, avant la crise des caricatures et avant George W. Bush. Ce qui l'explique, c'est le refrain que l'OCI entonne : « les droits fondamentaux et les libertés » ne devraient pas profiter qu'aux seuls individus, mais aussi aux « groupes d'individus et aux communautés ».

Le chœur des droits culturels se fait de plus en plus entendre en dehors de l'islam. En juillet 2009, l'Irlande a « mis à jour » ses lois sur le blasphème. Selon le ministre de la Justice, l'immigration rend nécessaire une révision de la constitution du pays, qui protège les croyances des seuls chrétiens. Mais pourquoi ne pas abandonner tout simplement la loi sur le blasphème ? De cette manière, aucune communauté religieuse ne pourrait invoquer la constitution pour se protéger du regard des autres. Chaque communauté pourrait fièrement exposer ce en quoi elle croit parce que la démocratie libérale elle-même protège les choix réalisés librement, y compris celui de ne pas croire. Le Tout-Puissant n'a pas besoin de prosélytisme politique, ses ambassadeurs autoproclamés oui. Les législateurs irlandais, comme l'OCI, calomnient le Créateur qui supporte sans peine le scepticisme humain.

Le plus suspect est la manière dont l'Église catholique enrobe de sensibilité culturelle la politique du pouvoir. Jusqu'en juillet 2008, le Vatican a exercé le « droit » de ne pas être offensé. La police de Sydney, en Australie, a mobilisé des moyens sans précédent pour arrêter quiconque ennuierait les participants des Journées mondiales de la jeunesse sponsorisées par le Vatican. Comment quiconque aurait pu s'y prendre pour gâcher la fête ? En arborant un T-shirt qui proclamerait notre soutien à l'avortement, aux préservatifs ou aux victimes d'abus sexuels. Auquel cas, pas besoin de surenchère contestataire. Pour un tel crime contre le Corps du Christ, la peine aurait pu être une fouille corporelle abusive, suggérant par là que la nudité joue un rôle non reproducteur. Allez comprendre. À la fin de ce même mois, la cour fédérale d'Australie a supprimé la loi qui immunisait le Vatican contre l'offense, ce qui constitue un bien faible recul.

La phalange du pape a aussi laissé son empreinte dans une affaire impliquant les « droits sikhs ». De nouveau, les droits d'un groupe, tels que définis par ceux qui détiennent les clés du pouvoir, priment sur les droits de l'individu au sein de ce groupe. Il y a quelques années, Gurpreet Kaur Bhatti, un sikh de la contre-culture, prévoyait de jouer une pièce à Birmingham, en Angleterre. Intitulée *Behzti* (« Le déshonneur »), la pièce perçait à jour les secrets d'une communauté en décrivant des abus sexuels pratiqués à l'intérieur d'un temple. Les porte-parole de la communauté sikh, invités à assister à une représentation, ont profité de la tribune dont ils disposaient pour protester contre ce « portrait négatif ». Les négociations n'ont mené à rien, mais le répertoire de Birmingham allait de l'avant. Jusqu'à ce que quelques religieux sikhs prennent d'assaut la juridiction.

Quand la police jeta l'éponge, *Behzti* quitta l'affiche et Bhatti dut vivre dans une quasi-clandestinité.

Pendant ce temps, l'homme du pape à Birmingham a de manière frappante demandé au dramaturge de baiser son anneau. L'archevêque Vincent Nichols a dit : « Une telle violation, aussi fictive soit-elle, du lieu sacré de la religion sikh rabaisse les lieux sacrés de toutes les religions. » Il doit savoir comment les violences sexuelles abaissent les lieux sacrés, vu toutes les poursuites pour maltraitance qui s'abattent sur l'Église. L'archevêque de Birmingham eût-il encouragé le courage moral de Bhatti, il aurait dû faire face aux appels à nettoyer son clergé de son propre *behzti*. C'est plus sûr de brandir le mythe des droits culturels : la culture acquiert ainsi la radioactivité émotionnelle de la race et il devient risqué de la remettre en cause.

Cette stratégie a atteint son pic – ou son creux, comme je préfère le penser – au cours du week-end de Pâques 2010. Comme l'accumulation de scandales d'abus sexuels étouffait le Vatican, le prédicateur personnel du pape a sorti la carte de la culture assimilée à la race. Le révérend Raniero Cantalamessa a annoncé qu'un ami juif lui avait envoyé une lettre où il comparait les accusations contre l'Église à de l'antisémitisme. Son ami déclarait les juifs « prompts à reconnaître les symptômes récurrents », parmi lesquels « l'utilisation de stéréotypes ». Le calcul de Cantalamessa ? En pensant la culture comme la nouvelle race, on peut exclure ceux qui dévoilent les dessous peu reluisants d'une tradition en les faisant passer pour des fanatiques.

Si la tradition remise en cause est « non occidentale », la politique répressive s'intensifie. Le label « non occidental » ne devrait pas signifier grand-chose puisque la civilisation est universelle, un bazar d'influences importées de toute part. Mais nos cœurs assoiffés d'identité sont ébranlés par cette vérité, de sorte que nous laissons le champ libre aux puristes de l'identité. C'est ainsi que des gens par ailleurs intelligents peuvent tomber dans le terrier du lapin relativiste. À Francfort, une femme d'origine marocaine, battue par son mari, demanda un divorce rapide. Le juge le lui refusa parce que « dans la culture marocaine ce n'est pas inhabituel que le mari use d'une punition physique contre sa femme ». Le juge a été dessaisi du dossier, mais pas avant que les journalistes n'aient rendu publique l'affaire. Les autorités allemandes ont-elles dessaisi Madame Justice pour ne pas faire de vagues ? Ou ont-elles vraiment compris que la culture ne veut rien dire sans individus agissant de leur plein gré ? Je soupçonne que ce n'est pas la dernière explication qui est la bonne.

Aussi laissez-moi m'expliquer sur les raisons pour lesquelles les cultures, même quand elles se posent en religions sacrées, ne méritent aucun droit. Les cultures ne sont pas des êtres doués de sensations, d'un libre arbitre et d'une conscience − les individus si. Les cultures ne parlent pas pour elles-mêmes − les individus si. Accorder des droits à quelque chose qui ne vit qu'à travers les jugements, les perceptions et les actions des hommes est loin d'être anodin : c'est franchement dangereux, parce que cela dope la puissance de ceux qui ont déjà le pouvoir.

Unni Wikan est une anthropologue dotée d'un vrai courage moral. Ancienne chercheuse travaillant pour l'ONU, notamment en Égypte, elle est spécialisée dans le développement de l'enfant. Au cours de ces quinze dernières années, Wikan a analysé comment la Norvège, son pays natal, retire leurs droits aux enfants d'immigrés musulmans en mettant sur un piédestal la culture de leurs parents. Les décideurs, les travailleurs sociaux et les enseignants sont partis du principe que les enfants musulmans appartenaient à la culture de leurs parents, une hypothèse qui prive ces enfants de tout sentiment d'appartenance à leur foyer de fait, la Norvège.

Les immigrés musulmans ne sont pas les seuls coupables. Ce processus embrouillé s'est nourri de la flagornerie des Européens « de souche ». Malgré les Lumières, beaucoup d'entre eux se prosternent devant la culture comme s'il s'agissait d'un saint homme du XIVe siècle que l'on ne peut remettre en question. Wikan écrit :

> On décrit souvent la culture comme si elle détenait une autorité incontestable et incontestée, alors que la véritable autorité demeure entre les mains de ceux qui ont le pouvoir. Certains ont le droit – ou s'arrogent le droit – de définir ce qui doit compter, et le résultat de tout ça, cette « vérité qui fait autorité », est souvent appelé culture. Dans toute société, de tout temps, culture et pouvoir ont toujours cheminé main dans la main.

Dans l'optique de prouver la même chose, j'ai une fois provoqué un échange d'opinions avec un universitaire syrien. Nous nous sommes rencontrés au cours d'une conférence sur la sécurité internationale à Washington. Je lui ai parlé de la nécessité de faire revivre l'*ijtihad*. L'universitaire a saisi un micro pour déclarer qu'un « consensus islamique », existait déjà selon lui sur des problèmes importants. Je lui ai répondu que, tant qu'il y aurait des musulmans qui ont peur de parler, un « consensus » serait illusoire, parce que seuls quelques privilégiés qui se sentent en sécurité s'expriment. J'ai décrit cela comme le consensus de la confiance. L'universitaire a secoué la tête avec irritation – ce n'est pas surprenant, vu qu'il fait justement partie d'une élite voulant refermer son étau sur l'opinion. Voici un parfait exemple de la relation culture/pouvoir.

En prétendant que la culture est en soi légitime, nous permettons aux membres les plus influents de n'importe quel groupe de continuer à regarder de haut les plus faibles. La sensibilité à la différence, poussée à des extrêmes dénués de réflexion, finit par produire son contraire : la tolérance vis-à-vis des abus de pouvoir. Dans un contexte tribal, c'est mortel. Voici l'e-mail que m'envoie Ann, l'une de mes lectrices aux États-Unis :

Une voisine assez proche vient juste de prendre sa retraite en tant qu'infirmière en chef du service de traumatologie d'un grand hôpital new-yorkais. Elle a occupé ce poste pendant plus de vingt ans et m'a raconté n'avoir jamais vu autant de violences faites aux femmes que durant les cinq dernières années. La plupart sont musulmanes, généralement originaires du Pakistan. Elle est encore bouleversée par les coups sauvages que les femmes reçoivent des mains de leurs maris ou d'autres hommes de leur famille.

Il était de sa responsabilité d'informer ces femmes de leurs droits et de leur conseiller de porter plainte pour qu'elles se mettent à l'abri. Presque toujours elles refusaient son aide, souvent par un « Vous ne comprenez pas, cela fait partie de notre culture. Nos hommes ont le droit ». Beaucoup de jeunes femmes lui ont également raconté que leurs frères commençaient à aider leur père à les battre peu après leur quinzième ou seizième anniversaire.

On doit faire sortir ce problème de l'ombre. Le politiquement correct qui imprègne tout débat sur l'islam ne fait que conforter dans l'obscurantisme cette religion et ses adeptes.

Musulmans, ne soyez pas distraits par la référence d'Ann à l'« islam » en lieu et place de « culture » : nous ne lui avons pas encore prouvé que la pratique de l'islam peut être purgée du tribalisme. En attendant, il nous incombe de prendre la préoccupation d'Ann comme une reconnaissance de l'humanité, envers et contre tout, des femmes musulmanes. Par conséquent, elles ont droit à la même dignité humaine que quiconque. Mieux vaut nourrir les mêmes espoirs qu'Ann que soupçonner tous les musulmans de rester fidèles à des coutumes brutales. Heureusement, Ann prend la peine de parler. Quelque chose en elle dit : « Cela ne doit pas être comme ça. En écrivant sur le sujet, je fais peut-être ma part du travail. » C'est un signal, mes chers amis musulmans, pour que nous fassions aussi notre « part du travail ». Devenez des musulmans contre-culturels. Parlez haut et fort. Affirmez votre individualité épanouie. Et comprenez que les droits culturels ne devraient pas s'appliquer à l'islamo-tribalisme si nous voulons nous débarrasser du « tribalisme ».

Non-musulmans, vous pouvez faire encore mieux qu'Ann. Que vous soyez conseiller d'orientation, chef d'entreprise, professeur d'université ou législateur, vous devriez dire aux musulmans : « J'attends de vous que vous vous comportiez comme des individus, et non comme les produits d'une chaîne de montage culturelle. » Cela signifie croire en notre aptitude à l'individualité, ce qui peut vous demander un peu d'introspection à propos de ce que les gentils considèrent comme acquis en nos temps multiculturels. Un soir, sur un ferry, une autre anthropologue, Anne Knudsen, rencontra une femme turco-danoise qui fuyait son mari. Il l'avait frappée une fois de trop et la femme avait maintenant besoin de l'aide de sa famille à Istanbul. Knudsen lui demanda pourquoi les travailleurs sociaux danois ne pouvaient pas intervenir. « Ceux-là ! répondit la femme. Ils pensent juste que ça relève de ma culture ! » Mais ses proches en Turquie « sont des êtres humains modernes ».

Je comprends les non-musulmans qui lèvent les bras en l'air en s'écriant : « Hein ? Comment puis-je imaginer qu'une musulmane pourrait avoir besoin de mon aide ?! Irshad, tu viens juste de nous parler de ces Pakistanaises qui proclament que leur culture justifie les mauvais traitements infligés aux femmes. Maintenant tu nous parles de cette femme turco-danoise qui en a assez d'entendre que la culture justifie ces mauvais traitements. Quel est le problème, mes sœurs ? Résous-le et envoie-nous un mémo. » Bien noté. Les deux prochaines histoires éclairent un problème qui peut, dans certains cas, se résoudre.

*

La réponse est liée à la manière dont nous envisageons le potentiel des autres. Kenan Malik, critique britannique du dogme multiculturel et vieux militant de l'antiracisme, l'énonce ainsi : pensez aux mots « attachement » et « aptitude ».

Dans l'analyse de Malik, l'attachement implique la rigidité, alors que l'aptitude (ou capacité) implique la fluidité. Nous devons choisir à travers lequel de ces prismes voir les autres. Si nous utilisons celui de l'attachement, alors nous choisissons de les voir enchaînés et incapables de grandir. Mais si nous percevons les autres à travers le prisme de leurs aptitudes, alors nous leur donnons l'espace où s'épanouir pour qu'ils deviennent eux-mêmes.

Prenez ces Pakistanaises. Elles ont raconté à la voisine d'Ann, l'infirmière en chef d'un hôpital new-yorkais, qu'elles ne pouvaient accepter d'intervention extérieure parce que leur culture autorise les hommes à battre leurs femmes. Ann aurait pu interpréter leur position de la sorte : « Nous sommes attachées à cette version de notre culture, alors dégagez. » Supposez encore qu'elles aient dit : « Nous ne pouvons concevoir d'autre vie que la nôtre, et jusqu'à ce que nous le puissions, notre seule boussole est la culture telle que nous la connaissons. » Alors quoi ? Alors l'aptitude s'inscrirait dans ce cadre. Si ces femmes sont capables de rêver d'une vie sans marques de coups ni hématomes, alors elles prendront potentiellement, du fait de cette alternative, de nouvelles décisions. Potentiellement.

Je réalise que pour ceux d'entre nous qui se réjouissent de notre individualité, l'« attachement » est un acte d'affirmation. Mes excuses à tout bouddhiste persuadé que toute souffrance vient de l'attachement, mais vous pouvez aimer être attaché à votre conjoint. Ou à vos enfants. Ou à votre travail. Ou, comme moi, à votre projet de vie. Quand il naît du libre arbitre, l'attachement peut être positif. Mais Malik nous demande de nous mettre à la place de ceux qui n'ont pas encore la liberté de se connaître en tant qu'individus, de ceux pour qui l'identité tribale sert d'identité personnelle.

Les chrétiens évangéliques et les juifs ultra-orthodoxes me contactent régulièrement à propos de cette devinette. Pour beaucoup, leur place dans l'ordre social depend de l'observance des règles que l'on a édictées pour eux. Ils

116

voudraient pouvoir, mais ne savent pas comment faire. En effet, jusqu'à présent, c'est l'appartenance confessionnelle qui a déterminé leur valeur humaine : c'est la seule boussole dont disposent les fidèles. Naturellement, ils s'y sentent attachés. Après avoir lu ce livre, ils auront une tout autre boussole, qui montre d'autres choix. Je ne leur imposerai pas de nouveaux choix, mais je peux leur expliquer que le dogme n'est pas le roc qu'il paraît être. Le dogme est incertain et nous somme de nous y cramponner, alors que la foi est confiante et nous autorise à explorer. J'ai foi dans leur potentiel de croissance, aussi j'opte pour le prisme de l'aptitude, et non pour celui de l'attachement.

Ann voyait également les Pakistanaises à travers le prisme de l'aptitude plutôt que de l'attachement. Par son humanisme dynamique, elle leur a rendu leur dignité. Elle les a vues, non pas comme les reliques exsangues d'une culture fossilisée, mais comme des femmes, des individus qui façonnent leur propre avenir. Certains travailleurs sociaux au Danemark ont matière à apprendre d'Ann. Ceux qui devaient aider la femme retournant en Turquie l'ont vue comme une malheureuse victime de l'attachement. Notons cependant qu'elle ne s'est pas sentie mariée à la culture d'origine de son mari. En fait, elle a invoqué le mot « modernes » pour décrire ses parents turcs, dans un contraste aigu avec la foule communautariste des services sociaux danois.

Par « modernes », cette musulmane entendait « respectueux de mon individualité ». Loin d'être arbitraire, cette définition vient tout droit des Lumières, un projet qui cherchait à remplacer l'état d'esprit hiérarchique, féodal de l'Europe par une éthique de la réussite, ennoblissant l'individu en lui donnant le droit de dépasser le statut social dont il avait hérité. Mais une soumission irréfléchie à la culture tribale a empoisonné la source des Lumières, comme celle de l'islam. Celui-ci comme celles-là sont trahis par leurs insouciants bénéficiaires.

117

La « rupture » n'est alors pas nécessairement entre l'islam et les Lumières, mais entre les tenants de chacune des deux traditions qui étouffent notre individualité, à savoir notre aptitude. Les musulmans qui constatent la rupture en leur sein doivent appeler leurs coreligionnaires à la prière. Idem pour les non-musulmans. Imaginez encore que nous nous risquions tous à faire un pas supplémentaire. Et si nous haussions le ton quand l'autre abuse de sa tradition ? La femme turco-danoise a franchi ce cap en décrivant les tendances antimodernes des travailleurs sociaux avec lesquels elle s'est querellée. Cela ne résolvait pas ses problèmes immédiats, je sais, mais si davantage de musulmans montrent à quel point les Européens « illuminés » peuvent de nos jours être tribaux sans le vouloir, peut-être le message fera-t-il son chemin ? Après tout, cela vient des musulmans : c'est donc que ce doit être crédible ! (Mauvaise blague.) Tout au moins, nous planterions les graines de l'introspection chez des gens qui pensent être utiles quand ce n'est pas le cas.

Imaginez maintenant les non-musulmans dire quelque chose de similaire aux islamo-tribalistes. Dans le précédent chapitre, j'ai mentionné une Égyptienne qui, immigrée au Québec, s'était inscrite à un cours de français. À plusieurs reprises, l'enseignant avait réussi à s'adapter à elle, mais elle refusait de retirer son voile. Et ce malgré la nécessité dans laquelle se trouvait le professeur de regarder les mouvements de la bouche de chacun de ses étudiants pour juger de leur prononciation. À la toute fin, elle fut expulsée du cours. Trois semaines plus tard, le Québec annonçait son intention d'interdire le voile de tout établissement gouvernemental et, pour éviter de payer des taxes, l'éviction des femmes portant le voile des principaux services publics. Je dirais qu'il s'agit d'une réaction disproportionnée. Plutôt que de laisser les choses s'envenimer à ce point, l'enseignant aurait dû dire ceci à son élève : « Vous me demandez de faire des concessions au tribalisme, et non à l'islam. Désolé, mais le tribalisme n'est pas une religion reconnue, l'islam si. Et si vous ne le savez pas déjà, le Coran déclare clairement qu'il n'y a pas de contrainte dans la religion. En tant que musulmane, vous savez vous montrer flexible quand c'est nécessaire. Je suis votre professeur, et en tant que tel, je vous informe que c'est maintenant nécessaire. » La femme aurait très bien pu se rebeller en entendant ces mots. Quel dommage. Soyez assuré qu'elle aurait plus tard réfléchi aux paroles de l'enseignant. Il en va de même pour le musulman suédois qui, à cause de l'islam, ne veut pas serrer la main à une femme PDG. « Non, aurait-il pu entendre. Ce n'est pas à cause de l'islam. C'est à cause de la culture tribale. L'islam lui-même est capable de plus de souplesse que ce que vous en montrez. En tant que musulman, vous aussi en êtes capable. »

Daniel Bacquelaine, un parlementaire belge, a fait un brusque pas dans cette direction au cours du débat national sur le voile en avril 2010. Il a dit aux journalistes : « Rien dans l'islam, le Coran ou la Sunna n'impose cette forme de vêtement. Cela me semble être davantage un signe politique ou idéologique. » Bravo, Bacquelaine ! Il a épinglé les islamo-tribalistes avec des faits embarrassants. Le problème, c'est qu'il a fait ces remarques importantes en tant que défenseur d'un projet de loi visant à criminaliser le voile, par conséquent les islamo-tribalistes peuvent en profiter en prétextant que ce sont les démocrates laïcs qui imposent leur loi. Aussi la vérité que contient l'analyse de Bacquelaine est-elle perdue pour chaque musulman qui a besoin d'être déprogrammé du tribalisme.

Nous ne devrions pas attendre que ces problèmes deviennent un os à ronger pour les législateurs. C'est dans l'action quotidienne que musulmans et non-musulmans doivent encourager chacun à vivre les aspects les plus positifs de nos traditions. Pour commencer, personne n'appréciera l'effort. Il n'y a décidément aucun mot de remerciement dans le message. Cependant, la sagesse partagée est de notre côté. Le Coran enseigne ceci : « En vérité, Dieu ne change pas l'état d'un peuple tant que les individus qui le composent ne changent pas ce qui est en eux. » Et le penseur des Lumières Jean-Jacques Rousseau affirmait qu'« une caractéristique distinctive de l'homme » est « sa faculté de s'améliorer ». Je ne peux concevoir d'outil de navigation plus humain que la boussole qui indique notre aptitude à changer.

Laissez-moi vous donner un dernier exemple sur la manière d'utiliser cette boussole dans des situations risquées. Je vais démontrer, encore une fois, avec quelle facilité les Européens cautionnent souvent la culture tribale en s'imaginant pratiquer une politique éclairée. Unni Wikan se souvient d'un débat public au cours duquel elle et un autre invité interrogeaient les leaders de partis politiques sur la qualité de vie des immigrés à Oslo. Celui qui posait les questions avec elle, un homme né en Bosnie, vivait en Norvège depuis vingt ans et se présentait lui-même « comme un Norvégien, et non comme un Bosniaque ». Il est arrivé avec une question spécifique pour les candidats : « Pourquoi, si un Norvégien ne laisse pas sa fille épouser un immigré, on dit que c'est du racisme, alors que si un immigré refuse que sa fille épouse un Norvégien, on appelle cela culture ? se rappelle Wikan. Les politiques étaient sans voix et ne savaient pas quoi répondre. Alors il s'est tourné vers moi et m'a demandé : "Pensez-vous qu'ils n'aient pas compris la question ?" »

Oh, ils ont saisi la question, mais il faut plutôt se demander pourquoi la question les a saisis. Mon pressentiment ? Tous ces leaders voient les « authentiques » Norvégiens – les Blancs « de souche » – à travers un prisme différent de celui utilisé pour regarder les immigrés. Les Norvégiens authentiques ont pour eux l'aptitude à changer. Je peux entendre le politicien assurer au frère, collègue ou ami : « Tu es capable de laisser derrière toi les préjugés obsolètes de ta culture nordique. C'est parce que je sais que tu peux faire mieux que je dois dire que tu es un antiraciste. Il n'y a pas d'excuse pour empêcher sa fille d'épouser un homme aussi bien que Haneef. Va dans les fjords et décompresse. » Mais qu'en est-il du scénario inverse où ce sont les parents de Haneef qui brisent l'espoir de leur fille d'épouser Lars ? L'Européen progressiste protesterait : « Ce n'est pas du racisme contre nous. C'est leur culture. » Son hypothèse implicite : les parents musulmans de Haneef se sentent attachés à une certaine manière de vivre. Vraiment ? Les politiques les défieraient-ils d'agir autrement, de la manière dont un Norvégien s'attendrait à être défié ? Si ce n'est pas le cas, pourquoi ? Pourquoi pour l'un une confiance tacite et pour l'autre une petite tape sur la tête ?

Kenan Malik m'a émoustillée avec un aperçu de son pays, la Grande-Bretagne. En 1955, le Bureau colonial concluait qu'une « grande communauté de couleur en tant que caractéristique notable de notre vie sociale affaiblirait [...] le concept d'Angleterre ou de Grande-Bretagne auquel sont attachés les Anglais de souche à travers le Commonwealth ». Mince alors ! Leur attachement n'avait pas beaucoup d'humour. Cela montre que le gouvernement sous-estimait le peuple. Tandis que certains « Anglais de souche » peuvent se sentir dérangés (ou repoussés) par l'hétérogénéité autour d'eux, la plupart des Britanniques ont évolué. Diriez-vous que leur volonté de grandir les rend moins authentiquement britanniques ?

*

Ces questions devraient aider les musulmans et les non-musulmans à réfléchir clairement aux moyens de nous réformer dans l'intérêt commun. Nous autres musulmans avons besoin d'exploiter notre aptitude à éclairer le chemin élargi de l'islam. Nous agissons ainsi en résistant aux tendances tribales et en parlant comme des individus. Haut et fort. Ne vous inquiétez pas des crachats furieux des autorités religieuses. Nous avons un problème avec leur culture, pas avec leur Créateur. Gardons cela à l'esprit et rappelons-le à nos familles : cela émoussera les crocs des aînés et deviendra une partie de notre armure émotionnelle. Au même moment, pour raviver la promesse des Lumières, chacun de nous doit moderniser sa perception d'un islam authentique. Si nous comptons sur les islamo-tribalistes pour « représenter » l'islam, alors la lumière est condamnée. Se substitueront à l'esprit critique, que le Coran autorise et que les *philosophes* promeuvent, encore plus d'inquisitions contre ces Occidentaux « racistes » et ces musulmans « qui se détestent ». Nous devons reconnaître les musulmans de la contre-culture comme dignes d'Allah, que cela soit entre nous dans nos conversations quotidiennes, parmi les universitaires ou dans les médias.

Nous entendrons les islamo-tribalistes accuser les musulmans contre-culturels d'avoir une lecture biaisée du Coran. Informez-les qu'en s'écartant des passages du Coran qui promeuvent la liberté, ils ne sont pas moins sélectifs. La différence est que les musulmans contre-culturels renforcent nos choix en acceptant Dieu et personne d'autre comme détenteur de la vérité pleine et entière. Notre monothéisme reconnaît le Créateur comme le juge suprême. Les brutes tribales se prennent toutefois pour Dieu. Si c'est le seul islam authentique dont on peut parler, les islamo-tribalistes peuvent le dire au juge suprême.

Certains pourraient vous répondre que vous avez obtenu cet argument de cette « lesbienne *kafir* » d'Irshad Manji. Si c'est le cas, c'est l'occasion unique de demander : « Est-ce la lesbienne *kafir* qui a écrit le chapitre 3, verset 7 du Coran ? » Enseignez-leur ce que dit ce passage de manière transparente – que certains versets sont précis et d'autres ambigus, mais que ce sont les hommes et les femmes au cœur incrédule qui se nourrissent de ces ambiguïtés pour pouvoir décréter des interprétations particulières. Le verset se termine en nous prévenant que seul Dieu connaît le sens de Ses paroles. « Irshad Manji a-t-elle fait entrer clandestinement ce passage dans le Coran ? Si ce n'est pas le cas, alors pourquoi violez-vous le Coran en insistant sur le fait que votre interprétation est la seule envisageable ? Êtes-vous de ceux qui ont un cœur incrédule ? »

Je vous prédis que plus d'un islamo-tribaliste essaiera de distraire votre attention en tonnant contre le « programme gay de Manji » et en claironnant que le Coran dénonce l'homosexualité. Si je peux me permettre de vous offrir d'autres pensées, continuez donc d'invoquer le septième verset du chapitre 3. « Et de nouveau vous voilà à briser la foi avec le seul passage du Coran qui vous invite à ne pas vous exciter sur les versets ambigus. L'histoire de Sodome et Gomorrhe – la parabole islamique de Loth – est ambiguë. Vous êtes certain qu'elle parle d'homosexuels, mais elle pourrait parler du viol d'hétérosexuels par d'autres hétérosexuels comme illustration du pouvoir et du contrôle. Dieu punit la tribu de Loth pour avoir coupé les routes commerciales, amasser les richesses et s'être moqué des étrangers. Le viol d'un homme par un autre homme aurait pu être le péché de choix pour instiller la peur chez les voyageurs. Je ne sais pas si j'ai raison. Mais, selon le Coran, vous ne pouvez pas non plus être sûr de ne pas avoir tort. Maintenant, si vous êtes toujours obsédé par la nécessité de maudire les homosexuels, n'est-ce pas plutôt vous qui avez un programme gay ? Et pendant que nous y sommes, vous n'avez pas répondu à ma précédente question : qu'en est-il de l'infidélité de votre cœur ? »

Tout ce dont vous avez besoin pour vous défendre, seul face aux islamo-tribalistes, c'est de cibler comme un laser la première directive de l'islam : Dieu seul détient la vérité absolue – et personne d'autre. Nous ne pouvons que chercher nos vies durant la vérité, et peu importe que notre ton soit bourru ou que notre rang dans la société soit élevé. Musulman, une fois en paix avec cette humble approche de la foi, vous obtiendrez ce qui passe pour être contre-culturel. Mais – et c'est un point qui nous concerne tous, y compris les non-musulmans – nous ne pouvons faire preuve d'humilité pour prouver le bien-fondé de la contre-culture musulmane. Des vies sont en jeu.

*

Trois ans après mon passage à Detroit, et ma rencontre
avec ces jeunes musulmans américains qui y menaient une
double vie, Samia m'a envoyé un e-mail de cette ville.
Elle étudie à l'université et m'écrivait : « Je souhaite pouvoir vous suivre sur Twitter ou devenir une de vos fans
sur Facebook, mais je sens que ma sécurité et ma santé
seraient compromises si mes parents ou quiconque venaient
à le découvrir. Vous devez beaucoup l'entendre, et si cela
vous démoralise que je ne puisse pas vous déclarer publiquement mon soutien, j'en suis tout à fait navrée. » Samia
me contactait pour que je l'aide à publier son histoire, ce
qui indique qu'elle est capable de déclarer son individualité.
    Selon son propre aveu, elle a besoin d'encouragement.
Sexuellement abusée par un ami de la famille des années
plus tôt et depuis « rongée par la honte », Samia laisse
entendre qu'elle ne diffère pas beaucoup de l'adolescente
américaine moyenne, écrasée par le poids de l'honneur
familial :

> Je sais que dans la société américaine, l'opinion publique m'en-
> couragerait à parler de cet incident à quelqu'un... Mais voilà, je n'ar-
> rive pas à le faire, c'est ça le conflit. Ce n'est pas que je ne veuille
> pas, mais, si je le fais, ma famille me détestera. Son honneur en
> sera terni, tout ça à cause d'une faute qui n'est pas la mienne.

La honte, révèle Samia, « est tellement taboue que nos
cœurs sont devenus dénués de compassion ».
    Elle raconte un éclat particulièrement blessant de la part
de sa mère, qui « place le nom de la famille et l'honneur
au-dessus de [sa] propre sécurité ». La nuit de l'agression
sexuelle, Samia rentre tard à la maison. Elle voudrait que
sa mère la déteste non pas à cause d'EUX, c'est-à-dire les
autres musulmans, mais parce qu'elle s'inquiète pour sa
fille. À la place, la mère de Samia rentre dans une colère

noire en pensant aux commérages de leurs voisins musulmans, qui jettent déjà un coup d'œil derrière leurs rideaux, du fait de ce retour tardif. « Je voulais que l'amour, et non la peur, apparaisse à la maison. Pour une fois, je voulais que ma mère et mon père regardent le monde avec leurs yeux et non avec ceux de nos voisins. » Pour cela, il aurait fallu que ses parents apprécient davantage la vertu de dire, faire et penser « je ». Je ne sais pas s'il est trop tard pour eux, mais je sais qu'il n'est pas trop tard pour Samia, qui s'efforce de tout son être de concilier les valeurs de son foyer avec celles auxquelles elle croit en silence.

Les parents de Samia, bien qu'originaires d'Asie du Sud, pratiquent l'islam d'une culture arabe qui exporte deux sortes d'honneur. Dans la société arabe traditionnelle, *sharaf* fait référence à l'honneur de la famille ou de la société, tandis que *'ird* fait exclusivement référence à l'honneur des femmes. En fait, *'ird* détermine *sharaf*. Quand une femme « déshonore », elle jette le discrédit sur la famille. Tous ses membres en sont souillés jusqu'à ce qu'ils prennent des mesures drastiques contre elle. Trad Fayez, un leader tribal de Jordanie, utilise cette comparaison : « Une femme est comme un olivier. Quand l'une de ses branches attrape des vers à bois, elle doit être coupée afin que la société reste propre et pure. »

Bushra, une autre jeune musulmane, ne partage pas l'attachement du leader jordanien à la coutume. Mais se rend-elle compte de sa capacité ? Pas sans notre aide. Cette New-yorkaise de 18 ans m'a envoyé cet e-mail d'un air abattu :

Je suis lesbienne. Je m'en suis toujours voulu et j'en ai demandé pardon à Allah. Je me punissais en me coupant. J'ai aussi pensé au suicide, mais je sais que j'irais droit à *Jahannam* [en enfer]. Je me suis même efforcée d'aimer les garçons, mais ça n'a pas marché. Ainsi, selon toute vraisemblance, je ne peux pas changer qui je suis, mais j'aimerais pouvoir le faire. Vous avez tellement de chance. Votre mère vous accepte comme vous êtes tout en étant une fervente musulmane. Mes parents sont des gens aux vues très étroites, croyants et stricts. J'aimerais m'ouvrir à eux, mais ils me tueraient probablement pour l'honneur ou me forceraient à épouser quelqu'un que je connais à peine. Vous penseriez que vivre à New York me donne plus de liberté, mais non.

Au cours des conversations avec Bushra qui ont suivi, j'ai appris que ses parents faisaient pression sur elle depuis des années pour qu'elle épouse un homme de leur pays d'origine.

Musulmans, qui parmi vous se joindra à moi pour assurer à Bushra que le Tout-Puissant l'a faite telle qu'Il l'a décidé ? Qui lui expliquera qu'en nous opposant à la culture du « sauver la face », nous contribuons à une culture du « sauver la foi » ? Et parce que je ne suis pas assez folle pour vouloir me pointer toute seule, qui viendra avec moi parler à la famille de Bushra du chemin élargi de l'islam ?

Plus nous attendons de nous réformer, plus ce chemin sera jonché de corps comme celui d'Aqsa Parvez. En décembre 2007, cette musulmane canadienne de 16 ans est morte aux mains de sa famille. Aqsa a longtemps craint ce que ferait son père si elle refusait le *hijab*. Ce n'est pas le voile « islamique » pour les femmes, c'est celui requis par l'honneur tribal pré-islamique, considéré par les islamo-tribalistes comme son père comme une obligation religieuse. Aqsa a confié à des adultes et amis à l'école qu'elle se sentait plus en sécurité dans un foyer que chez elle. Quelques enseignants ont écouté, mais les camarades d'Aqsa ont sous-estimé le danger. Ce n'est pourtant pas faute d'avoir expliqué que son père, né au Pakistan, avait juré sur le Coran de la tuer si elle s'enfuyait de nouveau de leur maison de la banlieue de Toronto. Ses amis lui ont assuré qu'il « ne pouvait pas être sérieux ». Trente-six minutes après le retour de sa fille, qui pour la deuxième fois avait tenté de fuir, M. Parvez a fait le 911 pour dire qu'il s'en était débarrassé. Cause du décès : « compression du cou ».

Plus de deux ans après la mort d'Aqsa, Waqas, son frère, s'est joint au patriarche de la famille pour avouer formellement le meurtre. Selon sa déposition, Waqas se sentait aussi contraint qu'Aqsa : il lui était par exemple interdit d'épouser la femme de son choix. Quand la police a demandé à la mère d'Aqsa son point de vue sur le meurtre, Mme Pavez a répondu : « Je ne peux rien dire. C'est lui qui voit... » *Lui*, c'est M. Parvez, et il ne considère pas qu'étrangler sa fille soit un acte honteux. Plutôt l'inverse : selon le code de l'honneur tribal, une femme est source de honte. Quand elle transgresse les normes morales établies par les hommes (la « coutume », comme on dit), elle jette le discrédit sur la maison de son père. M. Parvez dira à propos d'Aqsa : « Par sa faute, j'étais nu. Ma communauté aurait dit : tu n'as pas été capable de contrôler ta fille. » Du point de vue islamo-tribal, un père n'a pas d'autre choix que de purifier la réputation de sa famille devant les regards indiscrets des autres musulmans, même dans la banlieue cosmopolite de Toronto.

Dès que les médias se sont emparés de l'affaire, les islamo-tribalistes du Canada y sont allés de leur couplet, du genre « Qui sait quelles tensions pesaient sur la famille d'Aqsa ? ». Dans les interviews que j'ai données aux médias, j'ai répondu que tuer ne pourrait jamais, jamais être une approche acceptable pour soulager les tensions d'une famille. Plus tard, j'ai reçu des e-mails virulents disant que j'avais besoin d'apprendre les bases de la morale, parce que le Coran oblige les croyantes à porter le *hijab* – quelque chose que ces « deux *kafirs* Irshad et Aqsa » n'avaient pas encore compris. Le Seigneur est miséricordieux. Encore un autre exemple du mélange de la culture et de la religion que pratiquent les islamo-tribalistes. On appelle ce cocktail le martini de la négligence morale (pur, bien sûr), et ça gâche la marchandise.

J'enseigne à mes e-correspondants que le *hijab* vient d'une culture antérieure à l'islam. Le Coran, d'un autre côté, demande aux hommes comme aux femmes de s'habiller modestement. Pourquoi cela ne pourrait-il pas consister à porter des manches longues ? Et si une femme doit se couvrir les cheveux, pourquoi ne devrait-elle pas choisir de le faire avec une casquette de base-ball ? Encore une fois, pourquoi doit-elle se couvrir les cheveux ? Si vous vous inquiétez, en tant que musulman, d'être émoustillé, pourquoi ne pas faire ce que recommande le Coran et baisser les yeux aussi longtemps que vos hormones vous l'imposent ? Pourquoi, de façon exclusive, les femmes et les filles devraient être responsable de votre tempérament ?

Bizarrement, aucun des musulmans auxquels j'avais pris le temps de répondre n'est revenu vers moi.

*

Que dire des hommes politiques non musulmans qui devraient s'allier à Aqsa, Bushra et Samia ? Aux États-Unis, par exemple, les libéraux appellent rarement les musulmans antilibéraux par leur vrai nom : conservateurs. Plus fréquemment, les libéraux autorisent la Loi islamique. Après le 11 Septembre, le Centre interconfessionnel de New York a fait circuler une carte postale. Elle montrait des musulmanes de tous âges, tailles et couleurs de peau, priant côte à côte au milieu d'une artère de Manhattan. Une femme entièrement voilée était assise au bout de la ligne de prière. La photographie devenait de moins en moins conservatrice à chaque supplication passagère, mais pas au point d'inclure une musulmane priant sans voile. Chacune de ces femmes, jusqu'à la dernière, était définie comme musulmane par son mode vestimentaire pré-islamique. S'ajoutant à cette incohérence, le baratin au dos de la carte célébrait « la diversité des communautés musulmanes de la ville ». Diversité ? Dans cet hommage tout en *hijab* à l'islam ? Un stéréotype, plutôt.

Mais peut-être les stéréotypes ne comptent-ils que s'ils émanent des institutions tenues par des néoconservateurs. Le FBI a cédé aux revendications des lobbyistes musulmans pour que l'expression « crime d'honneur » soit expurgée des affiches des hommes recherchés pour avoir prétendument tué fille ou épouse au nom de l'honneur familial. Le FBI, celui qui « ne fait pas de prisonniers », semble lui-même piégé par les fallacieux droits culturels. Qui plus est, l'armée américaine n'autoriserait pas son premier caporal, à la fois femme musulmane, à servir comme aumônier. La raison : une femme ne peut pas mener les hommes à la prière. Ce n'est pas qu'elle en serait incapable ; ce n'est pas qu'elle ne voudrait pas ; c'est qu'elle n'a pas le droit de le faire à cause des normes culturelles des islamo-tribalistes, hommes et femmes, que l'armée américaine a consultés. L'armée américaine peut se prévaloir de combattre pour l'égalité des musulmanes, mais pas en Amérique même. Madame Liberté pleure.

Ce préjugé sur l'islam conservateur va aussi au-delà de l'Amérique. Quand le président George W. Bush a autorisé l'invasion de l'Irak, j'ai fait une supposition effrontément naïve : que son administration créerait des liens avec les porte-parole de la démocratie en Irak – les laïcs. Toute alliance contractée avec eux aurait assuré que la nouvelle constitution de l'Irak donne à la loi civile plus d'importance qu'à la loi religieuse. Les fanatiques musulmans auraient alors été avertis qu'ils ne pourraient pas échapper aux conséquences des violations des droits de l'homme en utilisant l'islam comme couverture. Mais il s'est produit le contraire. Nouvellement « libérés », l'Irak et l'Afghanistan ont adopté les clauses de la charia dans leurs constitutions. L'article 2 de la constitution irakienne stipule clairement qu'« aucune loi contredisant les préceptes établis de l'islam ne peut être admise ». Quelqu'un doute-t-il que ce soient les islamo-tribalistes qui décident de ce qui est « établi » dans l'islam ? L'article 3 de la constitution afghane déclare qu'« aucune loi ne peut être contraire aux croyances et aux préceptes de la religion sacrée de l'islam ». Le mot « sacré » garantit l'impunité aux dirigeants actuels... Sous George W. Bush, les États-Unis ont béni ces tours de passe-passe linguistiques, en creusant la logique du relativisme. En d'autres termes, c'est la manière d'agir de ces gens, qui sommes-nous pour leur parler ainsi ? Mettons de côté le « Qui sommes-nous ? ». Je répondrai à cette question dans un moment. Commençons par « la manière d'agir de ces gens ». La culture réside dans la manière dont les gens agissent. Ou, à la forme passive, dans la manière dont sont faites les choses. Aussi la culture est-elle un concept intrinsèquement conservateur. Les conservateurs musulmans n'ont besoin de l'aide d'aucun libéral pour garder le monde tel qu'il est ; ils peuvent s'occuper de ce travail eux-mêmes. Ce sont les musulmans contre-culturels – Aqsa, Bushra et Samia – qui ont besoin de chacun d'entre nous.

Si vous accordez de la valeur au courage moral – en parlant de vérité aux puissants de votre communauté pour le bien commun –, alors vous devez privilégier l'individualité sur la pensée de groupe. Ce qui veut dire que vous devez considérer l'impact de votre action ou inaction sur l'individu qui s'efforce d'apporter une perspective nouvelle à sa communauté. Quand cela implique des questions de vie ou de mort, votre responsabilité n'en est que plus grande.

Martin Luther King prêchait la même chose. Suivant l'enseignement de Reinhold Niebuhr, théologien chrétien et partisan de la démocratie libérale, King a exprimé une idée qui mettrait mal à l'aise les muticulturalistes. Il écrivait que « les groupes tendent à être plus immoraux que les individus ». Se saisir de ce simple argument, c'est desserrer l'étau du culturellement correct. Ayant passé sa vie à en étudier les conséquences inattendues, Unni Wikan nous ramène à la réalité des politiques d'intimidation au sein des groupes. L'appartenance à toute communauté a son prix, « mais le prix est inégalement réparti. Ceux qui ont le pouvoir de décider décideront selon la coutume ou la culture en fonction de leurs propres intérêts ». Dans ce cas, « le respect de la "culture" est un principe moral vicié. »

Le remède au culturellement correct comprend trois

petites mesures que chacun d'entre nous peut prendre individuellement. Premièrement : gardez en tête que la culture est une construction humaine, imparfaite et par conséquent ouverte aux réformes. Deuxièmement : posez une question précise. Troisièmement : posez-la de manière répétée. La question : *Quand je respecte la coutume, quelles sont les conséquences pour les membres les plus faibles du groupe ?* Les recherches de Wikan confirment qu'une telle question est « nécessaire pour empêcher les sacrifices sur l'autel de la culture... ». Elle parle de sacrifices imposés à ceux qui sont vulnérables – les femmes et les enfants, par exemple – quand nous échouons à débattre des jeux de pouvoir au sein des cultures.

Martin Luther King a alerté ses tièdes alliés blancs, les libéraux de l'époque, du fait qu'il y avait chez eux le même réflexe. Avec leur respect de la loi et de l'ordre – c'est ainsi –, ils demandaient aux Noirs un sacrifice injuste. Injuste d'abord parce que même les libéraux ne toléreraient pas de faire un tel sacrifice. Dans sa *Lettre de la prison de Birmingham*, King avance qu'« une loi injuste est un code qu'un groupe majoritaire par le nombre ou par la force inflige à un groupe minoritaire mais qu'il ne s'applique pas à lui-même ». Il a donné cette explication au clergé d'Alabama qui, bien qu'en faveur des droits civiques, se montrait timoré – ils ne voulaient pas aller trop vite. Voyez-vous le parallèle entre cette attitude et la nôtre ? Leur désir de changement (ni trop, ni trop tôt) était profondément égoïste. Il maintenait le douloureux fardeau sur les plus vulnérables, ceux qui n'avaient pas leur mot à dire dans le système.

De nos jours, beaucoup d'entre nous refont cette erreur en faisant comme si la dignité des musulmans les plus vulnérables n'était pas leur problème. Encore plus égoïstement, nous imposons des sacrifices à ceux qui sont vulnérables afin de nous sentir en paix avec nous-mêmes. Et nous y arrivons en nous montrant bons envers ceux que nous estimons vraiment : les hommes en place au sein de

131

certaines communautés culturelles. Sans y réfléchir à deux fois, nous donnons pleins pouvoirs aux musulmans anti-libéraux comme s'il s'agissait de la chose la plus libérale à faire. Nous nous en prenons ainsi à l'âme du libéralisme : la liberté individuelle.

Voici le paradoxe suprême. Les musulmans ne sont pas les seuls à soumettre au code de l'honneur tribal : les non-musulmans le font aussi. L'honneur de groupe exige de chacun une attention singulière à son image publique, malgré les incitations de sa conscience individuelle. Mais si nous voulons défendre la liberté, nous devons nous rappeler à quel point nous sommes imprégnés de la culture de l'honneur de groupe. Ensuite, nous aurons à redéfinir l'honneur. Doit-il s'agir de notre réputation ou de notre intégrité ?

CHAPITRE 4

À vous de définir votre honneur

Mademoiselle Manji, je m'appelle Haroun et je suis né au Royaume-Uni. Je pense que vous devriez savoir que je suis en fait l'un de vos cousins. Cependant, alors que la plupart des personnes de ma famille se sont fait de vous et de vos idées une opinion négative, ce n'est pas mon cas. Je trouve que vos intentions et vos ambitions sont admirables, et je dis cela même si je n'ai lu que des extraits de votre livre. Je peux concevoir votre point de vue et dans la plupart des cas je suis même d'accord avec vous. La raison pour laquelle je n'ai pas acheté votre livre est que je n'y suis pas autorisé, parce que les membres de ma famille refusent ne serait-ce que d'écouter. Cela me met dans une colère folle.

Enfant, j'étais obligé d'être d'accord avec mes parents et avec mes professeurs de la madrasa. Maintenant que j'ai 15 ans, j'en suis venu à la conclusion que tout ce que l'on m'a dit n'est pas vrai. Les gens ont du mal à s'imaginer que ce que [les religieux] nous enseignent n'est pas forcément vrai. Ils croient donc que vous délivrez une vision négative de l'islam. La plupart d'entre eux ne vous ont même pas lue, mais chaque fois que j'essaie (en disant d'argumenter qu'ils ne peuvent avoir une opinion fondée sans avoir au moins consulté votre livre), ils me sortent l'histoire de la famille (que je crois également biaisée) ou me déclarent impie et traître à ma foi.

Tout comme vous, j'en ai ma claque de la culture à laquelle la masse des musulmans adhèrent aujourd'hui. Certains vivent une vie normale et adoptent la culture de l'Occident et de l'Orient, mais d'autres (je pense à ma famille) restent toujours coincés dans

133

une seule culture. Ils bourrent le crâne de leurs enfants d'idées religieuses et ces derniers n'ont pas le droit de les remettre en question. Ils produisent ce que je suis tentée d'appeler des « machines », des gens qui ne savent pas ce qu'ils pratiquent ou pourquoi ils le pratiquent.

Je partage votre avis : les gens sont injustement traités dans cette culture. Même si je ne suis pas homosexuel, je suis navré qu'ils soient constamment harcelés et haïs. Les gens sont ce qu'ils sont, peu importent leurs préférences sexuelles, leur race, leur religion ou leur croyance personnelle. Voilà pourquoi je suis en colère quand j'en vois d'autres se moquer de ce que je considère comme une action admirable de votre part.

Je vois bien que, sans avoir renié votre héritage, vous avez adopté un style d'islam qui vous permet d'être reliée à la fois aux cultures de l'Orient et de l'Occident. Je vais me procurer un exemplaire de votre livre, même si je dois l'acheter en cachette !

Leçon n° 4 : *À vous de définir votre honneur.*

*

Alors que beaucoup de musulmans combattent une culture de l'honneur qui célèbre par-dessus tout le nom de la famille, les non-musulmans peuvent dire le fond de leurs pensées – en théorie. En fait, beaucoup trop de non-musulmans restent paralysés par la peur de passer pour sectaires s'ils parlent des ignobles abus de pouvoir qui existent au sein des cultures musulmanes contemporaines. Eileen, une lectrice de Belfast, m'a écrit un message qui fait écho à d'autres que j'ai reçus :

Il est temps que nous ayons le courage moral d'admettre les vérités que vous dénoncez publiquement. Mais il est difficile pour les femmes qui ne sont pas musulmanes de critiquer le traitement des femmes dans l'islam sans se faire taxer de racisme. Je travaille avec des femmes qui ont été violées et abusées. Je suis parfaitement consciente que la religion chrétienne a également été utilisée pour soumettre les femmes. Cependant, les crimes d'honneur, les mutilations sexuelles et les mariages forcés ayant lieu dans des sociétés occidentales sont ignorés depuis trop longtemps, sous prétexte de respect des cultures. Il est temps que chacun, quels que soient sa race, sa religion ou son sexe, se lève contre la violence et la tyrannie.

À Eileen, je réponds : « En avant ! » J'ai moi-même observé que de nos jours, les Occidentaux voulaient souvent deux choses à la fois : prôner l'universalisme des droits de l'homme *en même temps que* l'égalité de toutes les cultures. « Ça ne peut pas durer. Parce que si vous croyez que tous les êtres humains ont droit à une dignité fondamentale, alors les pratiques culturelles qui bafouent cette dignité ne peuvent être défendues. » Ceux qui sont au pouvoir, au sein de n'importe quel groupe, communauté ou société, ont le culot de décréter ce qu'est le « respect ». Il n'y a aucune limite à leur démesure. Ce qui peut changer, c'est notre soumission à celle-ci. Nos consciences murmurent ce que nos esprits savent déjà, que maltraiter les membres les moins puissants d'une communauté est selon toute vraisemblance inadmissible. Pour donner le dessus à nos consciences, nous devons poser de simples questions.

Poser ces questions signifie se confronter personnellement au sentiment d'insécurité. Les non-musulmans m'avouent avec honte : « Si je soutiens vos efforts pour réconcilier l'islam avec la liberté, je passerai pour un impérialiste du fait d'avoir fourré mon nez dans les affaires des autres. » Oui, on vous traitera d'impérialiste pour vous préoccuper ainsi de la dignité humaine. Il va falloir vous y faire. Mais vous n'êtes pas obligé d'y croire. Dans un monde où la sécurité de votre pays dépend de la politique de villages situés à l'autre bout du monde, quand vos investissements montent et chutent au gré de la situation de nations où vous n'irez peut-être jamais, dans ce monde où la fonte des glaciers en Antarctique a un impact sur l'autre hémisphère, et où le concept d'« interdépendance » s'est propagé bien au-delà des séminaires d'université, l'expression « affaires des autres » a-t-elle encore un sens ?

Pas pour Martin Luther King. Souvenez-vous de la réaction du clergé d'Alabama dont j'ai parlé au chapitre précédent. Ils reprochaient à King d'être une « personne de l'extérieur » parce qu'il ne vivait pas à Birmingham et ne pouvait pas connaître la culture locale. Par conséquent, il n'avait pas le droit de déplacer le combat pour l'égalité de la solennité des salles de tribunal à la confusion des rues de Birmingham. King a brandi la réalité de l'interdépendance : « Nous sommes pris dans un inextricable réseau d'interdépendances, liés par un même destin. Tout ce qui affecte l'un affecte l'ensemble par ricochet. Nous ne pouvons plus nous permettre d'en rester à l'idée provinciale et étriquée de l'"agitateur extérieur". » C'est l'une des plus célèbres déclarations de King, mais sa portée pour le XXIe siècle doit encore faire son chemin.

Des émotions véhémentes sous-tendent notre déférence à l'honneur de groupe. Vous n'avez qu'à considérer les non-musulmans qui, déterminés à obtenir l'approbation des musulmans, se dénigrent immédiatement. « Je suis le gros Américain bruyant qui vous espionnait lors de vos interviews à Oxford la semaine dernière », m'écrit Karl de Birmingham, en Alabama. Il faisait référence aux journées qui ont suivi les attentats de Londres en juillet 2005. Par une simple coïncidence, j'avais prévu de participer à une conférence à la demande de l'université d'Oxford. Les journalistes sont venus nombreux et Karl a écouté.

Entre mes interviews, j'ai eu une conversation détendue avec lui. Vu l'aisance avec laquelle nous avons parlé, il n'avait pas besoin de se dénigrer dans l'e-mail qu'il m'a envoyé par la suite. Karl n'en est pas aussi sûr. Il continue ainsi : « Vous avez poliment répondu à mes questions simplettes sur l'islam sans juger ni celles-ci, ni mes motivations ou moi-même. Merci ! » Il me parle de ses tentatives passées pour entamer un dialogue avec des musulmans. Chaque fois, « j'ai reçu à peu près la même réponse : "qui êtes-vous pour poser cette question..." ». Ne souhaitant pas de nouveau être mal compris, Karl veillait à ne pas se présenter de manière exagérément sincère. Comme si le seul choix pour lui était entre Charybde et Scylla.

Les non-musulmans veulent que les musulmans sachent ceci : « Je n'ai rien contre vous. Et je me couperai en quatre pour ne pas vous blesser. Je mentirai au besoin. » La série américaine *Will & Grace* a exposé au grand jour ces pieux mensonges. Grace, décoratrice d'intérieur, est une femme hétérosexuelle, blanche et juive, qui vit à New York avec Will, avocat, blanc et gay. Leurs différences, accentuées par ses névroses à elle, font que Grace est toujours prête pour un duel de divas. Sauf quand elle embauche une Iranienne comme assistante. Elle-même névrosée, la nouvelle assistante détruit une des créations de Grace, colle dessus son chewing-gum et jette le tout à la poubelle. Une Grace sidérée proteste : « Il m'a fallu deux ans pour faire ça ! »

L'assistante contre-attaque : « Il m'a fallu dix-huit ans pour économiser l'argent nécessaire à payer mon billet d'avion pour l'Amérique. Est-ce que je crie après vous ? » Grace s'excuse. Peu après, l'assistante mentionne sa *bat mitzvah*, la cérémonie qui célèbre le passage d'une jeune fille juive à sa vie de femme.

Grace en a le souffle coupé : « Vous êtes juive ? Mais c'est formidable ! Moi aussi ! Je n'ai pas à me montrer tolérante envers les miens. Je ne vous dois rien. Vous êtes virée. On se voit au temple ! »

Honnêteté et honneur peuvent-ils être réconciliés ? Abraham Lincoln, dont la présidence a contribué à sauver l'unité de l'Amérique, déclarait qu'il s'agissait de sa plus haute ambition : « être sincèrement estimé de mes concitoyens, en me rendant digne d'estime ». Mais Lincoln se montrait ouvertement solidaire des esclaves, parmi les individus moins puissants de son pays. Si Lincoln avait soif d'adulation, pourquoi ne se conformait-il pas tout simplement à la norme ? Parce qu'il voulait « être "sincèrement" estimé, et non pas seulement estimé », note l'historien

Robert Faulkner. L'honnête Abraham recherchait l'approbation « non pas de l'opinion publique en général, mais plutôt celle d'un public doué de discernement ». C'est-à-dire un public dont les membres prennent le temps de réfléchir sans se laisser guider par leurs passions.

C'est un conseil valable pour aujourd'hui. Pourquoi vous préoccuper de l'estime dans laquelle pourrait vous tenir un musulman qui refuserait d'avoir avec vous une discussion rationnelle sur l'islam ? Si elle ou lui ne fait pas l'effort d'entendre votre opinion, alors pourquoi son jugement à votre égard mériterait-il *votre* temps ? Arthur Schopenhauer, le philosophe, a soulevé une question similaire : « Un musicien se sentirait-il flatté des applaudissements nourris de son public s'il apprenait qu'à part un ou deux, ledit public était entièrement constitué de sourds ? » Toutes ces années, j'ai fait mon petit Schopenhauer. J'ai souvent dû annoncer à mes détracteurs : « Vous supposez que je recherche votre approbation. Ce n'est pas le cas. La seule approbation qui compte pour moi vient de ma conscience et de mon Créateur. » Outre cette clarification insolite, je choisis face à mes critiques soit d'en prendre congé, soit de les attaquer avec mes questions.

À bien y penser, je me prends peut-être pour Oprah. Dans sa carrière médiatique fulgurante, Oprah Winfrey s'est vite attiré les piques des universitaires qui l'ont comparée à la « nourrice noire » de l'histoire de l'esclavage américain. En tant que Noire de la maison chargée de s'occuper des enfants de son maître, la nourrice accordait plus d'attention aux bébés blancs qu'à sa propre chair et à son propre sang. Oprah, selon ses accusateurs, a montré plus d'intérêt à cultiver son image auprès du public blanc qu'à développer la solidarité noire. « Cela a été la chose la plus difficile pour moi au début, s'est plus tard confiée la reine des débats télévisés dans un magazine pour femmes afro-américaines. J'étais tout le temps critiquée. » Puis la poétesse Maya Angelou lui a dit : « Vous seule suffisez. Vous n'avez pas besoin d'expliquer quoi que ce soit. » Pour Oprah, ça a été la révélation : « J'avais finalement compris. Ce n'est pas parce que vous faites partie de ma culture que vous pouvez décider pour moi... En ayant compris cela, j'étais libre. » Je ressens sa liberté. Comme elle est douce.

Dans *Status Anxiety* (« État d'anxiété »), Alain de Botton montre qu'à travers les âges, ceux qui ont quelque chose à accomplir dans la vie se sont toujours sentis préoccupés par la manière dont ils sont perçus en l'accomplissant. Mais pour réussir quoi que ce soit, nous devons soumettre nos critiques au test de la raison. L'auteur cite en exemple Marc Aurèle, l'empereur romain. Marc Aurèle demande aux Romains : « Ce dont on chante les louanges devient-il *meilleur* ? Une émeraude devient-elle *pire* si elle n'est pas louée ? Et qu'en est-il de l'or, de l'ivoire, d'une fleur ou d'une petite plante ? » Et voilà un aperçu du pouvoir de la contestation – à haute voix !

À bien y réfléchir, Marc Aurèle avait-il oublié à quel point les ego sont tendres ? Ce qui tracasse la plupart d'entre nous, ce n'est pas la beauté intrinsèque de l'émeraude. Nous savons bien que les joyaux ne s'améliorent pas sous le simple effet des louanges, mais peu importe : ce qui nous taraude, c'est la perception que la société a de la pierre, car cela doit sans aucun doute altérer la valeur qu'on lui prête. N'est-ce pas la même chose pour la perception que la société a de nous ?

Salman Rushdie n'est pas entièrement mécontent de sa *fatwa*. Son roman *Les Versets sataniques* contiennent cinq pages (sur 550) qui ont choqué un pitoyable essaim de musulmans britanniques. Chacun à son tour a brûlé son effigie et appelé au meurtre. La controverse s'est allumée au bon moment pour l'ayatollah Khomeiny, qui avait besoin de détourner les Iraniens des pertes croissantes de leur pays dans la guerre contre l'Irak. L'ayatollah a mis à prix la tête de ce *kafir* d'écrivain pour plusieurs millions de dollars. Il importe peu que Rushdie nous fasse entrer dans les prisons intérieures de ceux qui prennent trop au sérieux les perceptions des autres. Dans un passage prophétique, il amène le protagoniste, Saladin Chamcha, dans un centre de rétention d'immigrés clandestins. Saladin ne peut s'empêcher de remarquer que les humains incarcérés se sont transformés en animaux. Certains sont des reptiles écailleux, d'autres des bisons poilus. Saladin lui-même devient une chèvre et demande à un codétenu comment les choses se passent. Son compagnon marmonne sèchement : « Ils nous décrivent. C'est tout. Ils ont le pouvoir de la description et nous succombons aux images qu'ils construisent. »

Cela ne fait-il pas partie de ce qui tourmente aujourd'hui les honnêtes gens ? Les gardiens de la sensibilité culturelle qualifient toute critique contre les musulmans d'islamophobe. Ceux d'entre nous à avoir des questions dérangeantes ne tardent pas à penser que c'est vraiment ce que nous sommes. Alors nous nous autocensurons, au lieu de poser encore davantage de questions comme : *Comment le simple fait de vouloir dialoguer me transforme en islamophobe ? Ne garderais-je pas mes distances – par crainte de l'autre – si j'étais phobique ?* Mais poser ces questions n'est pas chose aisée. Cela nuit à notre réputation parmi ceux qui se sentent mal à l'aise et qui, en plus, pensent que nous devrions nous aussi nous sentir mal à l'aise. Il est plus facile d'abandonner.

*

Plus facile, mais pas très efficace. Au cours d'un voyage en Égypte en mai 2006 pour le Forum économique mondial, j'ai été modérateur d'une table ronde sur la jeunesse du Moyen-Orient et d'Afrique du Nord. Les délégués palestiniens se plaignaient de se voir traiter de « suspects » et de « déviants ». Les idées innovantes sont cataloguées comme « dangereuses ». Puis ceci : « Nous ne pouvons pas continuer de reprocher nos problèmes aux Israéliens. Nous savons tous que l'opinion des gens dans nos sociétés arabes est déterminée par les loyautés familiales plutôt que par la raison. Mon frère et moi contre mon cousin ; mon cousin, mon frère et moi contre une menace extérieure.» Personne n'a contredit ces propos. Croyez-moi, ces étudiantes savaient argumenter. Vous auriez dû voir les Saoudiennes leur rentrer dedans. Quels qu'aient été leurs griefs réciproques, tous ont conclu que la libération signifiait réussir selon ses propres critères – en tant qu'individus, pas comme mascottes de l'honneur de la famille ou du clan. Comme les étudiants que j'avais rencontrés à l'An-Najah National University en février 2005, ces jeunes Palestiniens proclamèrent des fatwas de pure fantaisie tant contre l'occupation par les soldats israéliens que contre celle des oligarques arabes.

Leurs voix m'ont suivie jusqu'à l'autre événement mémorable de ma visite, qui tournait autour d'un rapport intitulé *Étude de la compétitivité du monde arabe*. Après avoir digéré toutes les discussions d'experts sur l'accès croissant à l'éducation, à la technologie et aux arts, j'ai pris une profonde inspiration. Puis je me suis levée. « Le code tribal de l'honneur empêche les hommes et les femmes de poursuivre leurs rêves de peur de jeter la honte sur leurs familles, hasardai-je. Quel rôle tient le défi lancé à l'honneur dans la renaissance arabe dont nous parlons ici ? » Les mouvements sur les sièges faisaient écho à mon cœur qui battait. « N'ayez pas peur », les encourageai-je avec ce que j'espérais être un sourire désarmant. Je parlais autant pour moi que pour les invités, mais les réponses esquivèrent le problème. Après cela, une Syrienne m'aborda pour me dire que j'avais posé « la grande question inexprimée ». « Pourquoi on ne peut pas la poser ? » persistai-je. Elle me répondit que ça ne devrait pas être le cas. Mais les « accusations de racisme » portent en elles le stigmate d'une fatwa.

Quelle déception de voir que les « experts de l'innovation » – innovation ! – se plient à des formules qui ont échoué ? Quand ils tuent dans l'œuf toute une nouvelle génération de visionnaires potentiels ? Et par-dessus tout, quand ils se musellent alors que leur rapport glorifie les réussites arabes passées ? La culture de l'honneur a encore de beaux jours devant elle… pendant que les attentes continueront de croître.

Je ne m'étendrai pas sur les intérêts en jeu au Forum économique mondial, tant le silence induit par l'honneur couvre tout l'éventail des idéologies. Sara Mohammad devrait profiter du bruyant soutien des féministes occidentales. Cette Kurde vivant en Suède organise le refuge de jeunes immigrées arabes menacées de meurtre au nom de l'honneur familial. Le crime qui l'a poussée à l'action impliquait une jeune femme, Fadime, qui a gagné son procès contre son père et son frère pour leurs menaces de mort contre elle et son petit ami suédois, Patrik. Peu après le procès, le jour où lui et Fadime vont emménager ensemble, Patrik meurt dans un accident de voiture. Prévoyant de quitter la Suède, Fadime va faire ses adieux à sa mère et à ses sœurs. L'adieu se révèle définitif : la mère de Fadime prévient son mari, qui tire une balle dans la tête de sa fille.

La journaliste Rana Husseini écrit : « Quand Fadime était en vie, elle suscitait la compassion parmi les Suédois, mais ils n'étaient guère enclins à s'impliquer dans ce qui était vu comme une affaire de famille. Ce ne fut qu'une fois assassinée que cette jeune victime d'un "meurtre d'honneur" attira l'attention sur les doubles normes culturelles qu'elle avait si longtemps combattues… » Ces doubles normes n'ont pas été enterrées avec Fadime, ajoute Sara Mohammad. La plupart du temps, les féministes suédoises la blâment de peur de paraître intolérantes envers les musulmans.

Voilà l'émotion au travail : c'est extraordinaire. Les musulmans qui voudraient traiter Sara d'« intolérante » ne pensent pas à sauver la vie de ces filles. Les opinions de ces hommes des cavernes de la moralité devraient-elles l'emporter sur celles des musulmans qui défendent la dignité humaine ? Un membre de ma communauté Facebook s'emporte : « C'est dément : nous sommes arrivés à un point où nous nous faisons attention à ne pas offenser des gens qui, non contents de se soucier si peu de la vie, semblent prendre plaisir à la violer grotesquement. »

Les féministes avancent que le patriarcat est mondial. Notre manuel a-t-il été complètement réécrit ? Si oui, où est mon exemplaire revu et corrigé ? Sinon pourquoi les hommes musulmans devraient-ils être exemptés de toute responsabilité ? Dois-je rappeler à mes amies féministes suédoises qu'elles ne se montrent pas spécialement accueillantes en excluant les musulmans du club des adultes ?

Ces contradictions deviennent encore plus transparentes avec l'affaire Tiger Woods. Alors meilleur golfeur au monde, il s'est fait épingler pour avoir eu de nombreuses liaisons extraconjugales. Elin Nordegren, sa femme native de Stockholm, lui aurait balancé un club de golf à la figure. (Il nia avoir été violemment frappé.) Jan Helin, responsable éditorial du prestigieux quotidien suédois *Aftonbladet*, explose : « Frappe-le encore, Elin ! » Ann Söderlund, l'une des stars de la rédaction, grogne : « La prochaine fois, j'espère qu'elle utilisera un plus gros club. » Britta Svensson, éditorialiste à l'*Expressen*, avoue : « Nos cœurs suédois débordent de fierté, parce que notre chère petite Elin n'en a rien à f***. En cela, c'est une vraie Suédoise, dure et combative. Elin est notre héroïne. »

Pourquoi n'y a-t-il pas plus de féministes suédoises à prôner pour les immigrées arabes la même indépendance d'esprit, de cœur et d'âme que celle qu'elles admirent chez Elin ? Est-ce parce que Elin est « notre chère petite » et que les immigrées arabes ne le sont pas ? Est-ce parce que les féministes suédoises ont foi en la capacité d'Elin à se battre mais pas en celle des filles arabes ? En sommes-nous revenus à la fameuse distinction entre aptitude et attachement ?

*

Personnellement, j'ai foi en l'aptitude des Suédoises (et bien sûr en celle du reste de l'humanité) à dépasser l'orthodoxie multiculturelle. Dans le sillage de la prise de conscience suscitée par le meurtre de Fadime, l'*Aftonbladet* a organisé un débat public. Il a révélé que la ligne de partage se situait moins entre locaux et immigrés qu'entre valeurs humaines et traditions patriarcales. C'est le critère du *droit* qui prime. Mais ce n'est pas la seule raison qui me fasse espérer beaucoup des Suédois. Après ma campagne de promotion à Stockholm en 2009, j'ai reçu un e-mail d'une « fille "ordinaire" vivant en Suède », comme elle s'est elle-même décrite. Elle me pousse à rester forte, avant d'écrire : « C'est très étrange pour moi, mais je ne peux m'empêcher de penser à Olof Palme en vous écoutant. » Le Premier ministre Palme a dirigé le parti social-démocrate de Suède avant d'être abattu dans une rue de Stockholm en 1986. Des millions de Suédois chérissent l'esprit « réformiste révolutionnaire » de Palme. Parmi eux, cette fille « ordinaire », musulmane, qui s'identifie à moi à travers la figure d'un héros suédois. (Je me serais davantage vue en Fifi Brindacier qu'en Olof Palme, mais l'un comme l'autre m'exalte !) Si elle peut entendre mon combat, il y a toutes les raisons d'espérer que ses compatriotes peuvent aussi lui ouvrir leurs cœurs.

En vraie Suédoise, notre jeune fille a redouté d'être perçue comme raciste. « Je ne suis pas contre l'islam ou le Coran », assurait-elle plus tôt dans son e-mail, ajoutant que l'islam « n'affectait en rien ma vie jusqu'à présent ». Mais si, il l'affecte. C'est ce que les non-musulmans doivent finalement réaliser pour comprendre en quoi les affaires des musulmans sont également les leurs. Quand la culture de l'honneur devient inextricablement liée à la pratique de l'islam, c'est un problème pour le monde entier.

Je vais maintenant rassembler les pièces du puzzle. Selon les islamo-tribalistes, la honte réside dans la femme. Encore plus que ses frères, ses fils ou ses oncles, une femme porte le fardeau de la réputation de toute sa famille. En effet, les hommes ne sont pas concernés. On les suppose moralement faibles, pour qu'ils puissent être exonérés de leurs choix. Puisque les hommes ont une maîtrise de soi digne d'un enfant, c'est aux femmes de s'imposer des limites. C'est pourquoi elles doivent couvrir leurs cheveux et parfois l'intégralité de leur corps. Elles compensent ainsi la déficience inhérente aux hommes qui ne tiennent pas compte des enseignements du Coran selon lesquels ils devraient baisser les yeux devant les femmes. C'est aussi pour cela qu'une femme ne devrait pas mener la prière publique : les hommes ne seraient pas capables de se retenir face à la vue du postérieur d'une femme. Finalement, nous dit-on, ils sont incapables de suivre le Coran.

Dire que cette donnée culturelle sur les hommes nuit aux deux sexes revient en fait à sous-entendre un sous-entendu. Les normes arabes établissant des attentes infantiles pour les hommes, quelque chose d'autre émerge : une mentalité de victime qui permet aux musulmans de commettre toutes sortes d'abus de pouvoir, y compris des exactions à l'encontre de tout être qui semble porter atteinte à leur ego fragile et fragmenté. Qu'il soit vrai ou imaginaire, leur traumatisme met en péril la sécurité de beaucoup de gens, de leurs propres familles aux citoyens occidentaux.

Si je suis cinglée, alors la sociologue Fatima Mernissi l'est aussi. La « modestie de la femme arabe est le pivot » du système, écrit-elle. Dans la pratique islamique courante, qui mélange culture et foi, les femmes se trouvent « dépossédées par la loi du groupe. Condamnées à un aussi long silence, leurs chansons font rimer "liberté" avec "individualité"... ». Là où la femme musulmane a l'espace psychique pour s'élever – dans des sociétés libres comme l'Europe, l'Amérique du Nord ou l'Australie –, les notions d'humanité musulmane peuvent aussi se développer. Mais pas si elle est forcée à une modestie de style burqa : « Dites, s'il vous plaît, comment peut-on distinguer le masculin du féminin si celui-ci est interdit à la vue, si la féminité est un trou noir, un fossé silencieux, un visage absent ? »

La question de Mernissi nous amène à nous interroger sur la raison pour laquelle il s'agit du combat de tout le monde. Les femmes sont les premières à être concernées par « les effets paralysants de la ségrégation », comme elle les appelle. Mais ces effets font partie d'une peur de l'Autre

145

bien plus grande, avec les islamo-tribalistes qui divisent l'humanité en catégories : l'étranger et l'authentique. « Identifier la démocratie comme une maladie occidentale, l'apprêter du tchador de l'étranger, c'est une opération stratégique de plusieurs millions de pétrodollars. » Comme nous le savons, cette stratégie a des répercussions mondiales. Dans un monde interdépendant, ce qui est interne à l'islam peut générer des répliques sismiques à l'extérieur de l'islam. Il en va de l'intérêt de chacun de réformer les normes culturelles qui minent notre dignité à tous, hommes ou femmes, musulmans ou non-musulmans.

*

« Vous voulez parler des normes culturelles qui minent la dignité de chacun ? » Je peux imaginer que cette conversation va s'intensifier. « Parlez donc du misérable code de l'honneur du sud des États-Unis. Il alimentait l'arrogance des maîtres blancs qui asservissaient non seulement "leurs" femmes, mais aussi les Noirs. » Fermez-la – je suis avec vous. Le péché originel de l'Amérique, l'esclavage, a assuré la persistance d'une culture maison de l'honneur et tout l'appareil d'oppression tournait autour du maintien de la réputation des Blancs. Les lois interdisaient aux Noirs de savoir lire au motif d'« éviter des sources exogènes de contamination », comme le soulignent les recherches de Kenneth S. Greenberg dans *Honor & Slavery* (« Honneur et esclavage »). Durant leurs comparutions devant des tribunaux, les témoignages des Noirs n'avaient aucune valeur, s'ils étaient mentionnés. Le viol d'une esclave, par exemple, n'était pas considéré par le gouvernement comme un véritable délit.

L'avertissement d'Unni Wikan selon lequel la culture est bafouée avec force sonne ici haut et clair. L'une des histoires racontées par Greenberg résume toutes les autres :

Harriet Jacobs a très bien compris la relation entre honneur et pouvoir, alors qu'elle repoussait les avances sexuelles de

146

son maître tout en s'efforçant de conserver un semblant de respectabilité. Lorsqu'elle eut 15 ans, son maître, âgé de 50 ans, le docteur James Norcom, « se mit à murmurer des propos inconvenants » à son oreille. « Il m'a dit que je lui appartenais, que je devais me soumettre à toutes ses volontés », se rappelle-t-elle. Il la suivait partout et essayait de la soumettre par la force à ses avances, même lorsqu'elle sortait après une journée de travail ou s'agenouillait à côté de la tombe de sa mère. Parfois, il lui mettait un rasoir sur la gorge.

Aujourd'hui, la plupart des Américains sont fiers que les éléments les plus cruels de la culture sudiste aient été balayés. « Nous avons vaincu ces idées et les personnes, leaders et institutions, qui les propageaient, et nous l'avons fait avec une telle férocité que cinq générations plus tard, certains de leurs descendants n'ont toujours pas pardonné au Nord. » C'est ce qu'écrivait Tom Friedman, chroniqueur chargé des affaires étrangères au *New York Times*, dans un commentaire sur la nécessité de venir à bout de l'idéologie djihadiste. C'est indispensable non seulement du point de vue de la lutte contre le terrorisme, mais aussi pour les droits de l'homme.

Après tout, la culture de l'honneur qui a sous-tendu les relations maître-esclave en Amérique a des similarités frappantes avec le code de l'honneur des communautés arabes et arabisées. L'illettrisme chez les femmes et les filles, bien que plus faible qu'il y a vingt ans, est largement cité comme un frein au développement économique arabe. En outre, les crimes d'honneur contre les femmes ne sont bien souvent pas enregistrés comme tels, puisque le témoignage des femmes n'a que peu de légitimité. Et quand des musulmans en commettent en Occident, il n'est pas rare de les entendre demander que leur affaire ne soit traitée que par des officiers de police masculins – toutes les femmes leur étant inférieures.

En fin de compte, tout comme Harriet Jacobs, les femmes qui vivent sous le code de l'honneur tribal sont transformées en objets par leurs maîtres. Le futur époux, note Rana Husseini, voit dans la virginité une sorte de droit de propriété. Le sang de l'hymen déchiré de sa jeune épouse prouve que « la "marchandise" est toute neuve et que sa femme ne sera pas en mesure de comparer sa performance à celle d'autres hommes ». Quand la rumeur circule que la marchandise a été vue en compagnie d'un autre homme, son propriétaire peut se comporter comme un client insatisfait – et de la pire des manières : il peut l'assassiner.

En Jordanie, Husseini a interviewé de jeunes hommes qui justifient les traitements inhumains envers les femmes comme un impératif culturel. « Non, je ne regrette pas d'avoir tué Kifaya », admet Khalid en parlant de sa sœur. Rétrospectivement, il déplore même de ne pas avoir traité son « bien » autrement : « J'aurais dû l'attacher comme un mouton à la maison, jusqu'à ce qu'elle meure ou que quelqu'un l'épouse. » À plusieurs reprises, Husseini s'est entretenu avec Sarhan, qui a criblé de balles sa sœur, violée par son demi-frère. Puisqu'elle n'était plus vierge, Yasmin devenait une marchandise « avariée ». Seul son sacrifice restaurerait le nom du foyer, selon une définition faussée de l'honneur qui change la victime en vermine.

En ajoutant l'insulte à la blessure, on infantilise les auteurs de ces crimes. Comme Khalid, Sarhan a plaidé l'impuissance. Il a dit à Husseini : « Personne ne veut être celui qui tue sa sœur, mais les traditions et la société nous imposent certaines choses… » Le referait-il de nouveau ? « Je tuerais ma sœur et toute autre sœur qui ferait la même chose. C'est notre société, c'est ainsi que l'on nous élève et cela ne changera jamais. »

Jamais ? Husseini espère mieux de ses compatriotes et a également davantage foi en eux. Elle et une poignée d'amis ont formé un comité pour réclamer la réforme du code pénal de Jordanie. Dans leur pétition, ils se sont décrits comme des « individus libres » mus par « une cause fédératrice » : une société « régie par une constitution assurant l'égalité de tous, en droits et en devoirs, devant la loi ». Martin Luther

King aurait applaudi. Le comité de Husseini a entendu parler d'un enseignant qui voulait savoir si ses étudiants pouvaient aussi signer leur pétition. Elle est allée de client en client dans les restaurants – « un public captif ! » qui souvent « signait avec plaisir ». De même pour « les serveurs, les serveuses, les cuisiniers, les plongeurs et les gérants ». Même un éboueur s'est pris au jeu. Il lui a dit : « Bien sûr que je vais signer », parce que les crimes d'honneur sont « contre notre religion ». Une réaction bien différente de celle du ministre jordanien, qui a maugréé : « Que pouvons-nous faire ? Le concept d'honneur familial est ancré dans notre société. »

Quand les politiques se sont enfin penchés sur le problème, ils ont voté si rapidement que Husseini « a failli louper le vote ». Elle raconte d'un air déçu : « Le projet de loi a été rejeté et ils n'ont même pas pris la peine de compter les voix. » Mais il ne faut jamais dire jamais. Deux jours après, bien qu'un ancien conseiller royal ait assuré à Husseini que la monarchie de Jordanie ne provoquerait pas les traditionalistes, qui constituent la base de son pouvoir, le prince Ali a appelé à une marche vers le Parlement pour « protester contre les crimes d'honneur ». Le comité de Husseini a de nouveau publié un communiqué de presse qui insistait sur le fait que « chacun d'entre nous a des droits individuels… ».

Le code pénal de Jordanie reste inchangé, bien que les efforts du comité se soient soldés par deux nouvelles lois. L'une assouplit les règles pour les Jordaniennes qui veulent divorcer – un petit miracle, vu qu'aucune femme membre du Parlement ne s'est jointe au rassemblement pour cette proposition. Selon Husseini, « ce jour-là elles sont toutes rentrées au Parlement par la porte de service ». L'autre est tout aussi révélatrice d'une évolution positive : les pratiques discriminatoires en matière de justice semblent reculer en Jordanie. Sarhan, qui avait tué sa sœur Yasmin suite à son viol, a eu un juge qui s'est montré conciliant avec lui. Gommant le fait qu'il y avait eu préméditation, le juge avait expliqué à Husseini que « ce meurtre était un produit de notre culture ». Maintenant, elle écrit avec un soupçon de soulagement : « Juges et procureurs tiennent à porter à mon attention les verdicts sévères auxquels ils ont assisté... À de nombreuses occasions, le système judiciaire a rejeté l'argument du coup de folie. »

Alors que l'on doit beaucoup au courage moral de Husseini, elle attire notre attention sur un programme financé par la Grande-Bretagne qui a formé des juges, des procureurs, des policiers, des enquêteurs, des médecins, des travailleurs sociaux et même les autorités religieuses à se préoccuper davantage des crimes contre les femmes. Ces efforts, croit-elle, ont payé dans une « affaire qui a fait date » : deux sœurs tailladées par leurs frères à coup de hache. Les femmes ne pouvaient en réchapper. Les coupables ont eu des peines plus longues que ce à quoi n'importe quel Jordanien se serait attendu ne serait-ce que dix ans plus tôt.

*

Comme en Jordanie, l'honneur tribal dans le sud des États-Unis ne s'est pas évanoui en une minute, mais on n'a pas non plus attendu qu'il s'effondre tout seul. Des interventions étrangères – un terme désobligeant que certains utiliseraient aujourd'hui – a accéléré les efforts locaux. En 1788, par exemple, Josiah Wedgwood, potier britannique et militant anti-esclavagiste, envoie à Benjamin Franklin des médaillons représentant un Africain agenouillé, pieds et poings liés, demandant au reste de l'humanité : « Ne suis-je pas un homme et un frère ? » Ce message de Grande-Bretagne galvanisera le mouvement abolitionniste en Amérique. Qu'il s'agisse des abolitionnistes d'outre-Atlantique ou des Canadiens et des Yankees qui ont aidé les esclaves à se libérer via le Chemin de fer clandestin[1], ces individus, qui n'étaient pas du

---

1. *Underground Railroad* : le réseau de routes clandestines empruntées par les esclaves fuyant leurs maîtres pour gagner le Nord.

Sud, ont ébranlé un édifice qui semblait ne jamais vouloir s'écrouler.

Un siècle plus tard, alors qu'il fallut s'attaquer aux vestiges ségrégationnistes de l'esclavage, les manifestants des droits civiques ont serré la main aux chrétiens, aux juifs, aux agnostiques et aux athées de toutes tendances. Rosa Parks, la couturière noire qui refusa de céder sa place à un passager blanc dans un bus, n'aurait pas pu faire ce voyage de décembre 1955 – et en faire un symbole de la dignité humaine – sans être engagée dans l'activisme social au côté des Blancs comme des Noirs.

Malgré les nombreuses lois, votées avant et après son acte devenu historique, leur application tardait à venir. Nordistes et Sudistes ont dû de nouveau collaborer. En mai 1961, sept Noirs et six Blancs, tous volontaires, prennent place côte à côte dans un bus pour la *Freedom Ride*, un voyage à travers le Sud profond qui les confrontera à la violence ségrégationniste. Parmi les passagers, il y a un membre de l'université du Michigan, un étudiant en théologie du Tennessee, un capitaine de la marine et un courtier de Wall Street. Assez rapidement, une foule hostile assiège leur bus, crevant les pneus et balançant dessus une bombe incendiaire avant de bloquer les portes. À peine échappée de ce piège mortel, la première équipe de *Freedom riders* est remplacée par une seconde, huée par des membres du Ku Klux Klan. Avec la complicité de la police, ils réservent aux Blancs une raclée impitoyable. Parmi eux, un représentant du ministère de la Justice envoyé sur place par le procureur général Robert F. Kennedy.

Abandonnées par les ambulances, les victimes ensanglantées sont emmenées à l'hôpital par des Noirs du pays, eux-mêmes faisant preuve de suffisamment de courage moral pour intervenir. Sans l'action d'individus qui n'étaient pas attendus là où ils ont agi, il n'aurait pas pu y avoir de réconciliation. En fait, les *Freedom Rides* sont les descendants du voyage en bus de 1947 mené par le militant des droits civiques Bayard Rustin, et connu sous le nom de Voyage de la réconciliation.

Tout au long du difficile chemin vers la réconciliation, les Blancs ont apporté un important soutien financier. Un juif âgé m'a raconté sa rencontre avec Rustin, alors organisateur de la Marche sur Washington de 1963, durant laquelle Martin Luther King ferait part de son « rêve ». Rustin était venu voir cet homme pour obtenir des fonds, expliquant qu'on pourrait toujours compter sur les juifs pour donner plus que n'importe qui, même quand ils avaient moins à partager. Leur propre passé d'esclaves demeure, pour beaucoup, la raison principale de leur empathie et de leur soutien.

Aujourd'hui, les femmes en Iran combattent pour leur égalité en tirant les leçons des mouvements abolitionnistes américains et britanniques. Une activiste iranienne se demande juste : « Quel est le degré de moralité d'une société qui traite un sexe comme une race de maîtres et l'autre comme un ensemble de servantes sans droits réels ? » Sa question est citée dans un livre sur la Campagne du million de signatures pour l'égalité des femmes iraniennes, qui a pour but d'éduquer les femmes tout en recueillant leurs signatures. Si les pétitions vous semblent une solution trop faible pour changer les lois, souvenez-vous de l'histoire de l'abolition de l'esclavage. « Ce qui a vraiment marché » pour mettre un terme au rôle de la Grande-Bretagne dans le commerce transatlantique d'esclaves « a été une campagne nationale de pétitions adressées au Parlement », note Kwame Anthony Appiah dans *The Honor Code : How Moral Revolutions Happen* (« Le code de l'honneur : comment adviennent les révolutions morales »). En Amérique, les campagnes de signatures ont revêtu une importance que nombre d'hommes politiques butés avaient sous-estimée. À tel point que le Congrès interdit les pétitions abolitionnistes. Cette décision piétinait la liberté d'expression des Blancs, qui ont lancé au fil des ans de plus en plus de pétitions. Le temps passant, l'esclavage en vint à être perçu comme un ennemi des libertés de chacun. La Campagne du million de signatures pour l'égalité des femmes iraniennes a en elle ce pedigree universaliste.

Des Amériques au monde arabe, de l'Iran à l'Inde, refonder sur d'autres bases la culture de l'honneur nécessite que tout le monde soit sur le pont. Rana Husseini recommande aux citoyens d'utiliser leurs « droits individuels » comme un aiguillon. Même en Occident, les droits individuels doivent être pris davantage au sérieux. La police britannique rouvre des affaires de meurtres après avoir tardivement compris qu'il pourrait s'agir de crimes d'honneur. La police, que Dieu la bénisse, porte un lourd fardeau dans notre époque multiculturelle. Elle doit maintenir l'ordre, mais dans les mosquées, par exemple, ce maintien de l'ordre peut revenir à donner plus de pouvoir aux islamo-tribalistes. Quand la police reste neutre, la sécurité publique en souffre.

Les policiers doivent écouter les musulmans contreculturels tels qu'Asra Nomani. En février 2010, Nomani a écrit un artcile sur un soulèvement contre la ségrégation des sexes pratiquée au Centre islamique de Washington. Dans un « moment similaire au refus de Rosa Parks de céder sa place », quatre musulmanes ont prié dans la partie de la mosquée réservée aux hommes. Contactée par les représentants de la mosquée, la police doit faire face aux manifestants :

> L'officier de police Barry Goodwin arrive bientôt et s'avance d'un air embarrassé vers les femmes alignées... Il dit poliment : « Je ne suis pas musulman. Je ne fais ici que mon travail. Mesdames, voilà comment ça marche. Vous devez obéir aux règles de cette église... Désolé : église ou temple, peu importe comment vous voulez l'appeler. Vous devez obéir aux règles... Si on vous demande de partir, vous devez partir. » Il signale que leur refus de quitter les lieux le contraindrait à les arrêter pour entrée illégale.

Nomani essaie d'aider l'officier Goodwin, un Afro-Américain, à comprendre les enjeux :

Je lui dis : « Pensez manifestations, années 60. » S'il apprécie ma leçon d'histoire, il n'en tient pas compte. Il sort pour appeler des renforts. Le conflit s'intensifie quand l'officier de police R.S. Lowery menace d'arrêter les femmes si elles refusent de partir.

De peur que nous refusions de faire le lien entre une obscure manifestation dans une mosquée de Washington et la sécurité future de nos enfants, Nomani en a brossé pour nous le tableau, avec sans aucun doute son petit garçon en tête. Qu'une mosquée sépare ou non les femmes des hommes « indique que l'interprétation de l'Islam pratiqué est soit puritaine et dogmatique, soit ouverte et accueillante. Le simple choix de les séparer est un signe annonciateur » de pratiques qui autorisent « les meurtres d'honneur, les attentats-suicides [et] la violence » en général. Ce n'est pas une coïncidence si Nomani ajoute : « Cette semaine, un religieux intransigeant d'Arabie Saoudite a lancé sur son site Internet en arabe une fatwa appelant aux meurtres des musulmans qui ne respectent pas la stricte ségrégation des sexes. »

Il ne s'agit pas là de dépeindre une Amérique non musulmane irréprochable. Les ombres de l'honneur patriarcal défigurent aussi le paysage de l'Amérique chrétienne. Peu de temps après le récit de Nomani, je lis un article de journal faisant état d'un pamphlet qui se fonde sur la Bible et circule aux alentours de Boston, en Virginie. Son auteur soutient que les femmes, telles qu'elles sont vêtues, « incitent les hommes au péché ». Cela tend à montrer que les hommes chrétiens ne pourraient pas non plus dominer leurs désirs. De telles femmes, quand elles sont violées, s'interroge le pamphlétaire, peuvent-elles « vraiment prétendre être des victimes innocentes » ?

Je me demande bien pourquoi ces calomnies d'un autre âge sur la lascivité des femmes et l'infantilisme des hommes sont considérées comme un scoop. Je pense que l'article répond à ma question. Il décrit ce pamphlet comme un exemple chrétien « exceptionnellement extrême » de ce genre de mensonges. Pourtant, ma propre boîte de réception déborde de messages de musulmans modérés, des hommes et parfois des femmes, qui affichent ouvertement les opinions exprimées dans ce pamphlet. Quand l'argument « Ce sont les femmes qui incitent les hommes à le faire » deviendra « exceptionnellement extrême » parmi les musulmans, l'honneur aura été repensé.

Des Arabes comme Rana Husseini, des Américains comme Asra Nomani, des Indiens tels qu'Akbar Ladak et des Européens comme Sara Mohammad nous laissent espérer que l'honneur peut être fondé sur la conscience personnelle de chacun plutôt que sur un opaque consensus de groupe. En tant que vecteurs du courage moral, ces individus se dressent sur les épaules de Frederick Douglass, l'esclave fugitif du XIXᵉ siècle qui est devenu son propre maître. Pour lui, « un patriote aime son pays et lui reproche ses péchés sans les excuser ». Je vis dans l'espoir qu'un jour il y aura plus de musulmans à déclarer – avec une confiance imperturbable – qu'« un vrai croyant aime son Dieu et reproche sans les excuser les péchés perpétrés en son nom ».

En attendant ce jour, de jeunes musulmans de Detroit continueront de trembler à la pensée d'exprimer leur patriotisme à la façon de Douglass. Des étudiants musulmans de Harvard et du MIT renonceront à leurs noms face à un homme qui aimerait bien voir d'anciens musulmans mis à mort. Un nombre croissant de musulmanes en Occident fuiront leurs maisons, leur souffrance atténuée par des travailleurs sociaux supposément bienveillants. Ces musulmans semblent vivre en liberté, mais l'honneur tribal réprime trop souvent ce qu'il y a de sincère en eux. Comme il fait taire les non-musulmans qui aimeraient s'exprimer à voix haute sans crainte de passer pour des « traîtres à l'islam ».

L'individualité est l'essence d'un honneur redéfini, un honneur incitant chacun d'entre nous à faire ce qui est juste en dépit du jugement de ceux qui confondent sentiment et pensée. Je pense à mon cousin, Haroun. Il vit en Grande-Bretagne et pourrait aisément accuser le spectre rampant du racisme d'être la source de son humiliation. Au lieu de ça, il enrage contre sa famille, qui lui fait ingurgiter de force ses convictions. Haroun a soif d'autonomie. Des actes subversifs comme acheter un livre en secret me font que son honneur réside là précisément : en lui. Pour continuer, Haroun aura besoin du soutien d'une large communauté. Qui relèvera le défi et comment, voilà des questions importantes. Il est temps qu'un exemple illustre la manière dont il peut y avoir plus de gens parmi nous à soutenir les jeunes musulmans qui cherchent à réconcilier foi et liberté.

*

Depuis les attentats de 2005 à Londres, j'ai parlé à beaucoup de musulmans qui ont connu le meneur de 29 ans, Mohammad Sidique Khan. Sans se concerter, ils m'ont expliqué que Khan avait quitté la mosquée modérée de sa famille pour une autre, en bas de la rue, financée par l'Arabie Saoudite. Là, il put étudier la théologie et s'en prendre aux imams ordinaires dont les traditions féodales véhiculent ce précepte : *fais comme on te dit*. Cela avait dû être humiliant pour Khan de subir tant de condescendance dans la mosquée de sa famille. Être traité comme un enfant ne collait absolument pas avec le fait que Khan et ses camarades avaient pris la tête d'une croisade contre la drogue et la délinquance dans leur quartier. Ils s'étaient baptisés les *Mullahs Boys* – les Garçons mollahs. Ces mollahs détestaient les religieux à côté de la plaque que fréquentaient leurs parents.

Khan voulait épouser une musulmane indienne qui ne venait pas de sa communauté pakistanaise clanique, mais ses parents et leur *pir*, l'autorité religieuse traditionnelle qu'ils avaient amenée pour dissuader leur fils en décidèrent autrement. Les islamistes profitèrent du chagrin de Khan et lui assurèrent que sa famille déformait l'islam en s'opposant à ses noces sous le prétexte que la future mariée était culturellement infréquentable. À ce sujet, les islamistes disaient la vérité. Attirant un Khan déprimé dans leur mosquée, ils le bombardèrent de raisons supplémentaires de se sentir humilié : Irak, Afghanistan, Tchétchénie, Palestine, Cachemire.

Shiv Malik, journaliste d'investigation, a disséqué la radicalisation de Khan :

> Khan a pu se sentir indigné par la politique étrangère de l'Occident, comme beaucoup de militants pacifistes, mais ce n'est pas la raison qui l'a poussé à diriger une cellule de jeunes hommes pour se faire sauter en même temps que 52 usagers des transports en commun londoniens. Au cœur de cette tragédie, il y a un conflit entre la première génération de Pakistanais britanniques et la suivante, et beaucoup de jeunes gens utilisent l'islamisme comme une sorte de théologie de la libération pour affirmer leur droit de choisir leur mode de vie. C'est un conflit entre tradition et individualité, culture et religion, tribalisme et universalisme, passivité et action.

Avant de contacter des islamistes, supposons que Mohammad Sidique Khan ait rencontré Abdul Ghaffar Khan. « Abdul qui ? » pourriez-vous me demander. *Abdul Ghaffar Khan*. Également connu sous le nom de Badshah – « le Roi » –, sauf qu'il ne portait pas de beaux atours. Ghaffar Khan avait formé une armée de Dieu qui dispensait un service communautaire et combattait l'impérialisme avec l'arme de la non-violence. Mahatma Gandhi considérait qu'il s'agissait d'un précédent pour l'humanité. Que ceux qui désespèrent de parvenir à définir leur propre honneur écoutent l'histoire de ce musulman, un grand gaillard costaud et loyal, dont la mémoire mérite d'être saluée, et qui constitue pour nous la réponse à cette question lancinante : « Où est l'islam de Gandhi ? »

Abdul Ghaffar Khan était un musulman réformateur du

xxe siècle. Fils d'un propriétaire terrien somme toute assez médiocre, il vécut dans la région qu'on appelle aujourd'hui la province de la Frontière-du-Nord-Ouest du Pakistan, une zone maintenant envahie par les talibans. La vie là-bas aurait pu prendre un tout autre tour. Dans les années qui ont mené l'Inde à son indépendance en 1947, des milliers de Pachtounes, le peuple de Khan, ont réinterprété l'honneur et l'islam. Ils ont montré que la liberté provenait de l'autodiscipline, et non de la conquête de l'Autre. Extirpez la peur de vos cœurs et de vos communautés, professaient ces Pachtounes, et vous ensemencerez un type d'honneur qui ennoblit tout un chacun, y compris les femmes.

Le mouvement de Ghaffar Khan s'est attaqué à la tradition ségrégationniste. « L'une de ses premières préoccupations a été le rôle de la femme », observe le biographe et militant de la paix Eknath Easwaran. Ghaffar Khan « les encourageait à se libérer du voile, comme les femmes de sa propre famille l'avaient fait ». Sa sœur a lutté à ses côtés, s'adressant elle-même aux foules tout autant qu'elle écoutait les oraisons incandescentes de son frère. Il connaissait bien le Coran et choisissait d'attirer l'attention du public sur des passages rarement récités, qui donnaient aux hommes et aux femmes les mêmes responsabilités. « Mes sœurs », annonça ainsi Ghaffar Khan à une large assemblée,

> Dieu ne fait pas de distinction entre hommes et femmes. On ne peut surpasser l'autre que par ses bonnes actions et ses mœurs. Si vous étudiez l'histoire, vous verrez qu'il y avait beaucoup d'érudits et de poètes parmi les femmes. Nous avons commis une grave erreur en rabaissant les femmes... Aujourd'hui, nous suivons la coutume et nous vous oppressons. Mais remerciez Dieu : nous avons réalisé que notre profit et notre perte, notre progrès et notre déclin sont communs.

Ghaffar Khan n'a pas limité ses efforts à ses discours. Il a fondé une école pour filles et publié un journal, *Pushtun*, qui remettait en cause les pratiques liées à la culture de l'honneur. Dans un numéro, une rédactrice nommée Nagiria dit les choses telles qu'elle les voit. Elle soutient qu'« à l'exception du Pachtoune, les femmes n'ont pas d'ennemi. Le Pachtoune est intelligent, mais fanatique dès qu'il s'agit de supprimer les femmes. Ô Pachtoune, alors que tu demandes la liberté, pourquoi tu la refuses aux femmes ? »

Les femmes comme les hommes demandaient leur liberté aux Anglais. Étant située au nord de l'Inde, la Frontière était aussi colonisée que le reste du sous-continent, et peut-être même plus : la Grande-Bretagne utilisait la province pachtoune comme rempart pour tenir à distance l'influence de la Russie impériale. Quand la lutte pour l'indépendance de l'Inde s'est intensifiée, l'alliance de Ghaffar Khan avec Gandhi s'accordait avec son islam contre-culturel pour s'assurer que les femmes musulmanes joueraient un rôle central. Joan V. Bondurant, spécialiste de Gandhi, remarque : « Les femmes pachtounes qui participent à des campagnes d'actions non violentes vont fréquemment prendre position face à la police ou s'allonger en lignes ordonnées en brandissant des exemplaires du Coran. »

Qu'ont fait les fiers hommes pachtounes ? Quelque 100 000 d'entre eux sont devenus les « Khudai Khidmatgars » – les Serviteurs de Dieu. Ghaffar Khan les recruta pour en faire des soldats en uniforme qui remplaceraient les vendettas par des moyens pacifiques pour faire avancer l'autonomie de l'Inde. Quoique « intensément islamiques », selon les mots de Bondurant, les Serviteurs de Dieu promouvaient l'unité entre musulmans et hindous en faisant preuve de courage moral. « La récompense de celui qui pardonne et se réconcilie est avec Dieu », apprenaient les soldats. Gandhi en vint à les voir comme des incarnations si dévouées de sa vision non violente qu'il pria pour que « les Pachtounes de la Frontière puissent non seulement libérer l'Inde, mais apprendre au monde... ». Et tout cela malgré les diffamations des autres musulmans, qui plaidaient pour une patrie distincte – le Pakistan –, et la brutalité des

Anglais, qui trouvaient les Pachtounes incapables de s'élever au-dessus de leurs vendettas personnelles. Ghaffar Khan avait de plus hautes espérances et une plus grande foi, si bien qu'il a entraperçu des possibilités là où d'autres ne voyaient qu'hallucinations.

Assurément, son « expérience » serait jonchée d'explosions et de quasi-mutineries. Lors d'un meeting, il a lancé à la population locale : « N'importe quel animal trouve un endroit pour vivre et un compagnon, élève sa progéniture. Pouvons-nous nous croire au sommet de la création si nous ne faisons rien de plus que cela ? » La Grande-Bretagne peut se montrer mercenaire, attaquait Ghaffar Khan, mais la culture pachtoune montre de pires « défauts ». Il reprochait au code de l'honneur d'opposer les familles, les clans, et de semer la peur à chaque génération pour des humiliations passées qui restaient encore à venger. Mais précisément à cause de leurs tendances guerrières, Khan a détecté chez les Pachtounes un tempérament d'acier. Bien canalisée, cette vertu pouvait les mener sur le chemin de leur liberté et de l'amour d'Allah.

Ghaffar Khan a plongé tête la première dans l'expérience consistant à vouloir se connaître lui-même, et ainsi le Dieu qui l'avait créé. Ayant commencé son introspection – il jeûnait des jours durant dans des mosquées, moissonnait des champs dans la vallée de Swat, moulait le grain dans des prisons coloniales –, il a passé une partie de son temps à apprendre à accepter une mission dont il ne pouvait pas expliquer clairement les origines. Même avant de connaître Gandhi, le jeune Pachtoune avait conscience de sa tâche personnelle : « éduquer, illuminer, élever, inspirer ». Cela a également empêché son esprit de se crisper, alors qu'il avait affaire à des adversaires de tous bords. Les Anglais pouvaient employer toutes les ressources de l'Empire pour pousser à bout une nation pachtoune déjà prête à exploser, et ainsi justifier mauvais traitements, peines de prison et pendaisons. Pendant les incursions étrangères, toujours bonnes pour faire l'aumône, les mollahs se frottaient les mains, avant de comploter avec le Raj britannique. Les riches propriétaires terriens ne voulaient pas d'une paysannerie qui se réveille. Aucune personne d'importance ne voulait que des Pachtounes entreprennent une réforme sociale, encore moins une réforme de soi.

L'ouragan Gandhi ne s'est mué que plus tard en un vent soutenant Ghaffar Khan. Les idées du Mahatma animaient l'Inde et justifiaient les siennes, il a alors senti que l'heure pour une introspection collective avait sonné à la Frontière. Easwaran nous fait entrer dans la tête de Ghaffar Khan : « Une nation qui ne convenait pas au combat, avait-il dit, ne pourrait pas prouver la vertu du non-combat. Eh bien, les Pachtounes avaient là une longueur d'avance ! Tout ce dont ils avaient besoin, c'était de comprendre », l'aptitude de chacun à réimaginer son honneur. « Il n'y avait rien de plus courageux que d'affronter l'ennemi pour une juste cause, sans armes ni retraite ou représailles. C'était l'honneur suprême. »

Tout cela faisait sens, jusqu'à ce que Ghaffar Khan et Mahatma Gandhi assistent à la fin de leur rêve d'unité hindo-musulmane. Le Pakistan, un État pour les musulmans, serait retranché de l'Inde, pays majoritairement hindou. La partition d'août 1947 présageait déjà plus qu'un simple massacre. La pire nouvelle de toutes a été l'assassinat de Gandhi en janvier 1948. Ghaffar Khan perdit son âme sœur à cause d'un nationaliste hindou qui accusait le Mahatma d'être trop pro-musulman. À son tour, Ghaffar Khan encourut la colère des musulmans qui lui reprochaient d'être trop pro-hindou. Le Pakistan interdit les Serviteurs de Dieu, saccagea leurs quartiers généraux, emprisonna une centaine de membres, arrêta Ghaffar Khan pour sédition et le jeta en prison. Pendant les quarante années qui ont suivi, sa vie n'a été qu'une suite de condamnations pénales. À l'âge de 95 ans, il manifesta contre la loi martiale et fut de nouveau arrêté. Ghaffar Khan est mort en janvier 1988 à Peshawar, mais pas avant d'annoncer un dernier jeûne pour mettre un terme à la violence entre musulmans et hindous. Il dit aux citoyens de son pays natal, l'Inde : « Je me suis considéré comme une part de vous et vous comme une part de moi. Je suis venu voir par moi-même si je peux être d'une quelconque utilité. »

J'espère que Ghaffar Khan savait à quel point il serait un jour utile aux musulmans qui aiment la liberté ainsi qu'aux non-musulmans. Sa dévotion à Allah, solide comme le roc, confirme que l'islam, dépouillé de l'honneur tribal, peut se réconcilier avec la liberté et les droits de l'homme.

*

Pour moi, l'héritage interrompu de Ghaffar Khan constitue une forme de défi, qu'il nous revient de relever en devenant une part de son village proverbial. Sa vie témoigne du fait que derrière chaque agent du courage moral s'en cache un autre dont nous ne savons encore rien. La capacité de Gandhi à défendre l'harmonie entre musulmans et hindous a été portée par sa relation étroite avec Ghaffar Khan, qui contribua à alimenter le courage moral du Mahatma.

De même, le courage moral de Ghaffar Khan s'est nourri d'une pléiade d'autres individus. Il y eut ses frères et sœurs, notamment le plus vieux d'entre eux, qui a ouvertement soutenu sa campagne pour une réforme culturelle. Il y eut les leaders hindous, chrétiens et musulmans de l'indépendance de l'Inde, qui, jetés en prison avec Ghaffar Khan, ont interprété leurs textes sacrés dans le sens d'une nation plurielle en pleine mutation. Il y eut Annie Besant, une Britannique vivant en Inde, qui s'est opposée à la sauvagerie de son gouvernement et a défendu la cause des Pachtounes. Il y eut le révérend Wigram, le maître d'école de Ghaffar, qui avait impressionné le garçon en consacrant tous ses efforts à l'enseignement des enfants pachtounes – bien davantage que beaucoup de leurs propres parents.

Par-dessus tout, il y eut son père, Behram Khan, qui a envoyé ses fils dans des institutions tenues par les Anglais à Peshawar, malgré le mantra des mollahs : « Ceux qui apprennent dans les écoles ne sont rien d'autre que les instruments de l'argent. Ils ne résideront jamais au paradis ; ils iront à coup sûr en enfer.» Non pas que Behram Khan les invitât à aller en enfer. D'ailleurs, écrit Easwaran, il «était connu à travers la région pour être doté d'une qualité très peu pachtoune : le pardon». Chaque fois, il «choisissait de pardonner plutôt que de chercher à se venger, une prédisposition qui a dû profondément influencer le caractère et la carrière de son plus jeune fils».

Un jour, Sir John Maffey, fonctionnaire britannique, convoqua Behram Khan à son bureau. Il le sermonna : «J'ai remarqué que votre fils visite les villages et les écoles... Pourriez-vous lui demander d'abandonner ces activités ? Dites-lui de rester à la maison comme les autres.»

Behram Khan parla à son fils. Ghaffar Khan lui répondit : «Père, si tout le monde cessait de faire *lemundz* [la prière quotidienne], me conseilleriez-vous de suivre leur exemple ?»

Le vieil homme grimaça : «Dieu l'interdit ! *Lemundz* est un devoir sacré.» Il en va de même de l'éducation des gens, conclut Ghaffar Khan, une façon de saluer le courage de son propre père d'envoyer ses enfants dans des écoles non traditionnelles.

Ces exemples montrent que le courage moral ne doit pas être l'acte herculéen d'une seule personne peinant dans son coin. Aussi paradoxal que cela puisse paraître, l'individualité nécessite un village. Pour que l'individu laisse à la prochaine génération un héritage à consolider, un réseau de personnes doit être impliqué – avant, pendant et après.

La boucle est bouclée : revenons au meneur des attentats de Londres. Que se serait-il passé si un enseignant, un employé ou un autre fidèle avait parlé d'Abdul Ghaffar Khan à un Mohammad Sidique Khan de plus en plus agité ? S'il lui avait dit que Ghaffar Khan avait lutté contre la police britannique, mais en faisant appel à ce qu'il y a de plus noble chez des musulmans ? Qu'il avait aidé son père à voir plus clair, en démolissant la fable féodale selon laquelle les jeunes n'ont rien à enseigner à leurs aînés ? Qu'il aurait même salué le mariage interculturel de Mohammad Sidique Khan ? Le propre frère de Ghaffar Khan épousa une Anglaise. Quand Gandhi lui demanda si sa belle-sœur s'était convertie à l'islam, Ghaffar Khan répondit : « Pourquoi un mariage devrait-il changer la foi de quelqu'un ? » Pas étonnant que le Mahatma l'ait célébré comme un « universaliste ».

Cette histoire aurait-elle persuadé Mohammad Sidique Khan d'éduquer ses parents immigrés et d'échapper aux islamistes ? Ed Husain, ancien djihadiste qui dirige maintenant un centre de contre-terrorisme à Londres, dit qu'il s'est radicalisé en partie à cause des faibles espérances que la société anglaise nourrissait pour lui, jeune musulman. Husain explique : « On ne nous disait jamais : "Vous êtes notre égal, vous êtes l'un des nôtres, nous aurons pour vous les mêmes critères que pour nous." Personne n'avait le courage de défendre la démocratie libérale. Quand, à l'université, nous organisions des événements contre les femmes et les homosexuels, pourquoi nos directeurs et nos professeurs de faculté ne venaient-ils pas nous défier ? »

Vous voyez pourquoi il faut un village ? Les proviseurs et les enseignants ne devraient pas clamer que « la laïcité est la valeur suprême ». Ils pourraient plutôt inciter les djihadistes en herbe à écouter l'histoire d'un vaillant musulman qui priait avec zèle, récitait le Coran, s'opposait à l'impérialisme et fit de la prison. Mais il a aussi prêché la non-violence pour vaincre les colonisateurs et encouragé les femmes à se débarrasser de leurs voiles. N'espérez pas remettre les apprentis djihadistes dans le droit chemin : nous nous adressons aux « indécis » qu'ils cherchent à influencer. C'est pour cela qu'il faut saisir toutes les occasions de parler de Ghaffar Khan. Si les djihadistes s'y opposent, ils révéleront par là leur hypocrisie, et si c'est le cas laissez les autres écouter, l'exemple de Ghaffar Khan touchera plus de cœurs, donnant à l'auditoire une raison de diriger sa colère ailleurs. Comme mentor de jeunes musulmans, Mohammad Sidique Khan aurait pu trouver un but de croisade pacifique – en demandant à ce que le Gandhi de l'islam soit inscrit au programme scolaire de Grande-Bretagne.

C'est une idée à creuser. Les musulmans et les non-musulmans, les parents, les enseignants et les étudiants pourraient relever le défi et faire d'Abdul Ghaffar Khan un exemple pour les jeunes. Je l'ai intégré à mon cours sur le courage moral à l'université de New York. Chacun d'entre vous peut aller plus loin en parlant à un enseignant, un bibliothécaire, un proviseur, un membre du conseil d'école, un conseiller municipal. En route, oubliez la complainte du « Je ne vois pas ce que je peux faire ».

*

Tout cela nous montre que *nous* pouvons agir. Nous devons légitimer les musulmans contre-culturels comme des musulmans crédibles, et non comme des croyants tièdes ou comme de pâles copies des Occidentaux. Abdul Ghaffar Khan n'a jamais mis les pieds en Europe ou en Amérique, mais il a incarné des valeurs universelles que les musulmans, y compris les dizaines de millions qui vivent en Occident, peuvent identifier comme leurs. Les musulmans contre-culturels sont ses héritiers. Nous menons la prochaine étape d'une lutte pour des interprétations de l'islam qui ne manqueront pas d'offenser les tribalistes du monde entier – tout comme Ghaffar Khan qui provoqua les hurlements des mollahs, des persécuteurs de femmes et de ceux qui détestaient les hindous. Les insultes vont de pair avec la lutte pour la diversité.

Dans les démocraties, beaucoup parmi nous sont d'un autre avis, tellement on leur a inculqué l'idée selon laquelle la diversité n'est qu'apparences, faux-semblants, jeux de rôle, travestissement… En un mot : une mascarade. Une diversité plus authentique va bien au-delà, elle s'attache aux minorités au sein des communautés, aux individus avec des opinions qui n'ont rien d'orthodoxe. L'individualité est à l'opposé du conformisme. Les insultes, alors, ne sont pas un problème à esquiver à tout prix. C'est au contraire le prix d'une diversité pleine de sens.

Frederick Douglass, dont l'exemple fut riche en enseignements pour Martin Luther King, apporte une perspective supplémentaire. Il observait : « Ceux qui se déclarent en faveur de la liberté et qui pourtant critiquent l'agitation sont des gens qui veulent des récoltes sans labourer la terre. Ils veulent la pluie sans orage ni éclair. Ils veulent l'océan sans le grondement de ses nombreuses vagues. » Sa sagesse le cadre d'une simple lutte contre des oppresseurs extérieurs. Douglass vécut pendant quarante ans avec une femme noire. Deux ans après sa mort, il se remaria et dut affronter la colère de certains Afro-Américains. Un éditorial dans un journal tenu par des Noirs déclara amèrement : « Fred Douglass a épousé une Blanche rousse... Nous ne sommes plus d'aucune utilité pour lui. Son portrait était dans notre parloir, nous allons maintenant pouvoir l'accrocher dans l'écurie. » Les musulmans contre-culturels ont connu ça. Et nous en sommes toujours au même point.

Martin Luther King parla aux Américains de deux types de paix : la « paix négative » est l'absence de tension tandis que la « paix positive » est la présence d'une justice. Comme prix de la réalisation d'une nation plurielle, King accepta la tension – le grondement de l'océan qui émane des ségrégationnistes blancs et noirs. Au XXIe siècle, un tel retour de bâton est le prix à payer pour habiter un monde où règne la diversité.

CHAPITRE 5

Les offenses sont le prix de la diversité

Il arrive assez souvent que des musulmans se présentant comme modérés me traitent de « fasciste ». Je trouve leur usage de la liberté de parole puéril et insultant, mais je ne leur demande pas de se taire, ni ne les menace de les poursuivre en justice. Mon droit de m'exprimer existe autant que le leur. J'ai dû garder ce principe en tête au cours d'un voyage à Madison, dans le New Jersey, en décembre 2004. Certains musulmans du cru se sont opposés à ma venue imminente à la Drew University. Plutôt que d'annuler mon invitation, ce qui s'est passé ailleurs, les organisateurs ont autorisé les mécontents à faire circuler une brochure lors de la rencontre. Mes détracteurs ont aussi eu une place d'honneur durant la session de questions-réponses. Les deux solutions préservent la liberté d'expression de chacun.

Après ma conférence, un professeur de théologie qui avait facilité cette rencontre a envoyé des e-mails aux musulmans, juifs et chrétiens pour les féliciter d'avoir gardé leur sang-froid.

Il me serait difficile d'imaginer un porte-parole des musulmans plus controversé qu'Irshad Manji. Cependant... les membres de notre communauté peuvent témoigner de la capacité des musulmans à débattre de façon honnête, rationnelle, polie et civilisée, avec des interlocuteurs variés et d'autres musulmans avec lesquels ils sont en profond désaccord... Sur le campus de Drew, certains se sont activement opposés à la venue de Mlle Manji jusqu'à la toute dernière minute. Ce qui se cachait principalement derrière leur réticence, je crois, c'était un non-dit qui supposait les musulmans incapables de soutenir une conversation sérieuse sur leur foi. J'ai rejeté cette façon de pensée...

Ce professeur a relevé le niveau. De plus hautes attentes ont coupé court à la rancœur, aidant à transformer un accrochage privé en un échange public constructif. Ce qui est beau, c'est qu'il n'a « changé » personne. La carte de l'apaisement a marché.

Une fausse note a quand même failli gâché la fête. Derrière les portes closes, un des mécontents a glissé une liste vers moi, sur la table où nous étions tous deux assis. Imprimés sur le papier à en-tête d'un groupe de dialogue interconfessionnel, les mots suivants m'ont sauté aux yeux : « Supprimez le dernier paragraphe... Tout le paragraphe est faux... Historiquement faux et inutilement provocateur... La page n'a aucun intérêt... Elle est fausse et redondante... Changez aussi le titre en... »

Doux Jésus. Oh ouais. Et c'est quoi le problème ? J'avais sous les yeux tout un catalogue de phrases visant à censurer la prochaine édition de mon livre, en commençant par un passage page 2 : « Tout le paragraphe est insultant. »

« Vous voulez que mes éditeurs suppriment tout ça ? »

Le gars du dialogue interconfessionnel me le confirma : « Oh oui, sinon vous n'êtes qu'une fasciste. »

Mais attendez, ai-je pensé, ce sont les fascistes qui censurent. Ce sont les fascistes qui suppriment. Ce sont les fascistes qui interdisent. Et vous voulez que je me censure pour que je ne sois plus « une fasciste » ? Tombant dans une stupeur sans nom (et sans voix !), j'ai regardé la liste en clignant des yeux, enregistrant seulement l'en-tête de chaque page : « La voix de l'islam, du judaïsme et du christianisme modernistes. » Modernistes ! Ma pensée suivante : Frère Censeur, votre *chutzpah* bat le mien. Pressée de quitter une pièce à l'atmosphère si étrange, je n'ai fait aucun autre commentaire mais plus tard, je m'en suis voulu de n'avoir rien dit de plus.

Mon honneur personnel se porte mieux depuis. Chaque fois que je reçois des remerciements de la part de musulmans vivant dans des pays où la contestation n'est pas aussi facile qu'en Amérique, je suis rassurée du fait que Frère Censeur ne parle pas pour tous les fidèles. Mohammed écrit du Pakistan : « Les gens tels que vous servent de combustible à ceux qui comme moi vivent dans des pays musulmans et ne peuvent pas se permettre de parler à voix haute. J'ai essayé, mais on m'a fait comprendre que j'offenserais beaucoup de personnes et n'y gagnerais presque rien, si ce n'est d'être harcelée. Puisse Allah vous donner le meilleur, et à moi le courage de m'opposer comme vous avez choisi de le faire. » Mohammed a bon espoir qu'il défiera un jour les commissaires de la bienséance religieuse et culturelle. Il peut déjà se prévaloir de son aptitude à vivre en individu.

Certains croyants exploitent déjà les insultes qu'ils reçoivent pour grandir personnellement. Awais commence ainsi : « Je suis un jeune travailleur du Pakistan. »

Quelques mois plus tôt, un de mes amis m'a envoyé par e-mail la traduction ourdoue de *Musulmane mais libre*. Ça a été une agréable surprise, principalement parce que j'avais déjà lu ce livre et n'en avais jamais parlé à quiconque... Le courage moral de mes amis m'a incité à en trouver en moi-même. J'ai transféré votre traduction en ligne à deux-trois amis [parce que] je crois que cela créera un changement positif dans leurs vies. Peut-être est-ce ainsi que les mouvements populaires fonctionnent.

Au cours de ces derniers jours, au travail, un islamiste a envoyé à tout le monde par e-mail le discours d'un représentant des talibans. C'était tellement scandaleux que je me suis obligé à revoir ma stratégie qui consistait à rester silencieux. Depuis ce jour, je tiens un blog pour promouvoir la libre pensée et le rationalisme. Par ailleurs, mes amis et moi avons des conversations constructives avec d'autres amis, ce qui peut pousser certains à soulever des problèmes et à penser librement.

Le point de vue « scandaleux » d'un islamiste a poussé Awais à une action non violente de réfutation via un blog. Au même moment, la lecture de mon livre avec des amis – un livre qui reste en travers de la gorge de certains musulmans plus que de celle des talibans – a aidé Awais à promouvoir ouvertement la raison au sein de l'islam. Un Pakistanais, qui dispose de moins de libertés qu'en Amérique, a réussi à élargir ses choix plutôt que de restreindre ceux des autres. Celui qui aurait bien aimé me censurer dans le New Jersey pourrait en tirer une leçon.

Leçon n° 5 : *Les offenses sont le prix de la diversité.*

*

La polémique des caricatures danoises a laissé éclore la diversité. Beaucoup d'entre nous ne se souviennent que de la tempête qui a éclaté début 2006 au Danemark, après qu'une poignée de journalistes, de politiques, de diplomates et de mollahs au Danemark eurent suffisamment manipulé l'opinion pour amplifier les incompréhensions au point d'en faire une crise cosmique. Des mois après avoir publié des images qui furent perçues comme caricaturant Mahomet, le journal danois *Jyllands-Posten* présenta ses excuses. Malgré tout, la controverse enfla. Une foule de musulmans mit le feu aux missions scandinaves en Syrie, au Liban et en Iran. Des menaces d'attentats frappèrent les bureaux de plus d'un journal européen. Des milliers de Palestiniens crièrent « Mort au Danemark ! » Certains musulmans en Inde et en Indonésie profanèrent des drapeaux danois – sur lesquels on pouvait voir la croix, peut-être le symbole le plus sacré du christianisme. La Tchétchénie expulsa les humanitaires danois. Copenhague évacua les ressortissants danois de la bande de Gaza. Des musulmans ordinaires furent piétinés lors d'émeutes et le meurtre gratuit marqua toute cette fichue tempête de feu.

Mais cela a aussi déclenché un raz de marée d'e-mails sur mon site Internet, pour la plupart envoyés par de jeunes musulmans. « Je suis encore plus choqué par les émeutes que par les caricatures ! » s'exclame Mahmood, un étudiant dont la réaction résume toutes les autres. Il demande ensuite : « L'islam et la liberté d'expression peuvent-ils cohabiter ? » Au point culminant de la guerre des caricatures, cette question revenait sans arrêt dans les e-mails qui inondaient ma boîte de réception. Excédés, les musulmans qui me contactaient transformaient leur indignation face à tant de violence en un désir d'une véritable diversité d'interprétations.

Ils l'obtinrent. Dans mes réponses, j'ai écrit que le Coran lui-même signale qu'il y aura toujours des non-croyants, et c'est à Dieu, et non aux musulmans, de s'occuper d'eux. De plus, le Coran s'oppose catégoriquement à la contrainte. Personne ne devrait être forcé à considérer les traditions comme intouchables, y compris celles qui résultent d'une pratique musulmane avilie et qui assimilent notre prophète humain à une idole intouchable. Les monothéistes doivent révérer un Dieu unique, et non l'un de ses émissaires. Voilà pourquoi l'humilité veut que chaque croyant se moque de temps en temps de lui-même et de ses semblables.

Donc, quand une caricature fait la satire du messager adoré de l'islam en le représentant avec un turban en forme de bombe, devrions-nous l'accepter en restant assis sans broncher ? Pas exactement. L'accepter, oui, mais on n'est pas obligé de rester assis sans broncher ; le Coran nous recommande de nous lever et de nous éloigner sans haine de ceux qui déforment notre foi. Rétrospectivement, c'est exactement ce que j'ai fait avec les musulmans du New Jersey, dont l'esprit de censure était une insulte à la générosité du Coran. Il est assez généreux pour nous conseiller également de rester ouverts à ceux qui nous offensent. Coupez court courtoisement, suggère-t-il, puis reprenez la conversation une fois la poussière retombée. Il ne s'agit pas de l'approche socratique du dialogue – un contre-interrogatoire implacable et acharné – mais ce ne doit pas non plus être l'échange onctueux de platitudes qui passe si souvent pour un dialogue interconfessionnel.

L'affaire des caricatures a donné un second souffle à la diversité d'interprétations, précisément du fait des insultes. Mehdi, l'un de mes lecteurs, a plaidé avec enthousiasme :

> Vu le nombre de gens de tous bords qui se lèvent et donnent leur avis, vu les débats sur les valeurs qui ont pris place au sein du monde islamique et de nombreuses communautés occidentales, j'ai le sentiment que les caricatures ont atteint leur but : casser l'impasse dans laquelle nous étions et ouvrir le dialogue. Dites quelque chose, n'importe quoi, mais ne cessez pas de parler. Alors hourra pour les Danois !

Dans mon propre hommage à la liberté de parole, j'ai répondu aux e-mails de musulmans qui avaient vu à la télé mes interviews sur les caricatures :

> En tant que converti à l'islam et Danois de souche, j'ai été triste et choqué de voir mes frères et sœurs se comporter de façon si indigne. Ne se rendent-ils pas compte qu'ils présentent l'islam comme une religion violente et impitoyable ? Personnellement, je n'arrive pas à comprendre pourquoi les non-musulmans devraient toujours se soumettre à un tabou islamique. J'ai trouvé les caricatures hilarantes. Je sais qu'elles étaient sévères, mais c'est l'humour danois. Et je pense que Mahomet, paix sur lui, avait le sens de l'humour. – Østen

> *Il a dû avoir un grand sens de l'humour pour combattre l'ignorance et les menaces des autres Arabes. En parlant d'ignorance et de menaces...*

> J'ai écouté votre interview... Vous demandez pourquoi il y a d'énormes protestations dans le monde musulman. Voici ma réponse : pourquoi non ? Publiez une caricature de Jésus et vous verrez ce que feront les chrétiens. Souvenez-vous de moi parce que, par les dieux, je vous promets à vous et à votre partenaire que ce bâtard de Rushdie mourra dans d'horribles souffrances et que vous prierez toutes les deux pour pouvoir mourir, mais la

mort ne viendra pas si facilement, *inch' Allah*. Et vous mourrez bientôt, *inch' Allah*. Et votre âme rôtira en enfer. Lisez ceci et souvenez-vous-en chaque jour. – handsome_guy

Je vous mets au défi de lire tous les jours la lettre qui suit et de finir par apprendre la différence qu'il y a entre lynchage et désaccord...

J'ai grandi au Danemark, mais je suis originaire de Bahreïn. Vous dites que le monde musulman devrait être plus tolérant en matière de liberté d'expression. Je suis d'accord. Cependant, la liberté d'expression ne veut pas dire que vous devez en user pour blesser, insulter ou humilier les gens. Représenter le prophète en terroriste revient à dire que tous les musulmans sont des terroristes. Je sais que je n'en suis pas une. Et je ne caricature pas non plus le christianisme sous la forme d'un symbole nazi. Ce n'est pas bien ! Tout ce que je demande en tant que musulmane, c'est d'être respectée. Je ne me considère pas comme une personne « religieuse », mais l'islam compte beaucoup pour moi. – Fatima

L'islam compte beaucoup pour moi aussi, mais je comprends également que personne ne peut m'humilier sans ma permission. Passons au correspondant suivant...

J'ai vu ton interview sur CNN. D'où te viennent toutes tes idées ? Je sais que tu aimes les bites blanches dans ta grande chatte pourrie, mais ne dépasse pas les bornes, espèce de pute sans cervelle au cul ouvert à tout-va – Anonyme

Je ne sais pas où VOUS allez chercher vos idées, parce que je n'ai jamais fait l'amour de manière si... pénétrante. Jamais. Mais cela, mon ami, est le genre de plaisir dont vous avez peut-être besoin, du moins d'après le message suivant d'un autre musulman...

Je vous ai vue débattre de l'hystérie entourant les caricatures danoises de Mahomet. J'ai également lu votre livre quand il est sorti et à cette époque je me suis joint à d'autres musulmans pour le condamner. Je suis un Blanc, et je me suis converti à l'Islam à 17 ans, pour, tout à la fois, donner du sens à ma vie et me rebeller contre la société. Je suis par ailleurs gay, et ne l'ai accepté qu'il y a environ un an. Et maintenant, alors que je crois toujours en Allah et en Mahomet Son messager, j'ai le sentiment que Dieu nous laisse beaucoup de choix.

Je crois que si j'aime Allah, je n'aime pas les musulmans. La plupart, si ce n'est tous, m'ennuient à mourir. Parfois, je trouve qu'ils n'ont que ce qu'ils méritent en se sentant insultés par des choses aussi insignifiantes que les caricatures danoises. En fait, je les trouvais plutôt drôles ! J'ai particulièrement aimé ce qu'a dit un des éditeurs d'un journal jordanien qui les a publiées : « Qu'est-ce qui est le plus insultant pour l'islam, quelqu'un qui dessine une caricature ou quelqu'un qui se fait sauter lors d'une fête de mariage à Amman ? »

Les musulmans ont besoin de se réveiller. Ils ont aussi besoin de se mettre au vin, d'embrasser toutes les tendances homo-érotiques, d'écrire de la poésie et pour la plus grande part de se libérer des chaînes du fondamentalisme qu'ils ont créées (pour eux-mêmes et pour tous les autres !). Le monde musulman ne sera libre que lorsque les rues regorgeront de bars et que les femmes mettront en valeur leur beauté naturelle. Les musulmans ont besoin de grandir et d'admettre que les hommes ne sont pas des moutons qui suivent aveuglément une tradition orale vieille de 1 400 ans. La nudité libérera Dar-el-Islam ! – Jamal

Se maquiller et agiter ses fesses comme idéal de liberté ? Trop hédoniste pour moi, Jamal. Mon âme serait en manque de sens. Mais si votre révolution vient avant la mienne, comptez sur moi pour m'épiler les jambes.

À la fin, j'ai publié des liens vers toutes les caricatures, y compris celles qui dépeignaient le prophète comme un pédophile et un cochon, des caricatures fabriquées par des imams danois radicaux et faussement attribuées au *Jyllands-Posten*. En offrant une tribune à ce débat, je voulais que mes

174

ennemis musulmans voient qu'ils dépendent de la liberté d'expression. Plus leur commentaire est abject, plus ils révèlent une dépendance aux libertés mêmes qu'ils voudraient confisquer aux autres.

La contradiction a refait surface cinq mois plus tard. Une musulmane faisait les cent pas devant la bibliothèque publique de Vancouver pour manifester contre une conférence que je donnais ce jour-là. Elle portait une pile de tracts appelant les « jeunes musulmans intelligents et brillants » à « rester à distance de cette tricheuse démente ». Devant l'équipe de tournage de mon documentaire et leurs caméras, la femme m'a accusée de « diaboliser » les musulmans. Ne voulant pas gaspiller le peu de temps que nous avions à contester son appréciation de mon travail, je me suis contentée de lui rétorquer que c'était elle qui me diabolisait.

« Non », a-t-elle vivement nié.

J'ai montré les mots décorant son tract : « Le Diable déguisé. »

« Pas vous.

— Irshad Manji. Le Diable déguisé, ai-je dit en récitant son tract.

— OK. Et alors ? Liberté d'expression. »

Clamez-le haut et fort, ma sœur. C'est un moment démocratique à savourer. Quand les deux parties peuvent s'accorder sur le fait que, malgré leurs profondes différences, répondre à un discours perçu comme haineux permet au moins de parler. Chacun des protagonistes peut alors défendre à loisir ses arguments.

C'est ainsi que j'ai invité la manifestante à venir distribuer ses tracts à l'intérieur de la bibliothèque, écouter ma conférence et poser une question gênante. Elle a refusé, mais a accepté que l'enregistrement de notre rencontre soit diffusé dans mon documentaire afin de donner à son message plus de visibilité.

Loin d'être une menace semant la discorde, la liberté d'expression rassemble (aspect crucial du contrat social) partout où existe la diversité. Qu'est-ce qui, hormis un tel contrat social, laisserait la manifestante exprimer son déplaisir ? Quoi d'autre nous permettrait de l'écouter ? Quoi d'autre secouerait nos certitudes et nous encouragerait à réfléchir ? Quoi d'autre la mettrait au défi de faire de même ? Le droit de la manifestante à argumenter est inséparable du mien. Si le mot diversité a un sens, nous devons accepter le lien entre le fait d'être offensé et celui d'être informé.

*

J'aimerais revenir à la façon dont j'ai traversé la tempête des caricatures danoises. Cet épisode montre que dans la confusion de la diversité, la clarté doit remplacer la délicatesse. La clarté, dans le cas présent, sur la manière dont les musulmans et les non-musulmans peuvent ensemble maintenir la diversité de pensée.

Pendant la foire d'empoigne à propos des caricatures, Caroline Fourest a suivi les discussions sur mon site Internet et remarqué que je défendais la liberté d'expression en m'appuyant sur le Coran lui-même. Cette athée m'a demandé de se joindre à elle, ainsi qu'à Salman Rushdie, Ayaan Hirsi Ali, Bernard-Henri Lévy et sept autres intellectuels en signant ce qui est devenu le Manifeste des 12. Il dit :

> Après avoir vaincu le fascisme, le nazisme et le stalinisme, le monde fait face à une nouvelle menace globale de type totalitaire : l'islamisme. Nous, écrivains, journalistes, intellectuels, appelons à la résistance au totalitarisme religieux et à la promotion de la liberté, de l'égalité des chances et de la laïcité pour tous.
>
> Les événements récents, survenus à la suite de la publication de dessins sur Mahomet dans des journaux européens, ont mis en évidence la nécessité de la lutte pour ces valeurs universelles. Cette lutte ne se gagnera pas par les armes, mais sur le terrain des idées. Il ne s'agit pas d'un choc

des civilisations ou d'un antagonisme Occident-Orient, mais d'une lutte globale qui oppose les démocrates aux théocrates. Comme tous les totalitarismes, l'islamisme se nourrit de la peur et de la frustration. Les prédicateurs de haine misent sur ces sentiments pour former les bataillons grâce auxquels ils imposeront un monde encore liberticide et inégalitaire. Mais nous le disons haut et fort : rien, pas même le désespoir, ne justifie de choisir l'obscurantisme, le totalitarisme et la haine. L'islamisme est une idéologie réactionnaire qui tue l'égalité, la liberté et la laïcité partout où il passe. Son succès ne peut aboutir qu'à un monde d'injustices et de domination : celle des hommes sur les femmes et celle des intégristes sur les autres. Nous devons au contraire assurer l'accès aux droits universels aux populations opprimées ou discriminées.

Nous refusons le « relativisme culturel » consistant à accepter que les hommes et les femmes de culture musulmane soient privés du droit à l'égalité, à la liberté et à la laïcité au nom du respect des cultures et des traditions.

Nous refusons de renoncer à l'esprit critique par peur d'encourager l'« islamophobie », concept malheureux qui confond critique de l'islam en tant que religion et stigmatisation des croyants.

Nous plaidons pour l'universalisation de la liberté d'expression, afin que l'esprit critique puisse s'exercer sur tous les continents, envers tous les abus et tous les dogmes. Nous lançons un appel aux démocrates et aux esprits libres de tous les pays pour que notre siècle soit celui de la lumière et non de l'obscurantisme.

J'adore le message de ce manifeste qui appelle les « esprits libres de tous les pays » à rejeter le « choc des civilisations » pour une ligne de combat plus pertinente : celle entre démocrates et théocrates. J'ai moins aimé le fait que la plupart des signataires soient des athées confirmés. Étais-je leur croyante confirmée de service ? Ce « de service » m'a tourmenté et j'ai, pendant cinq minutes, donné libre cours à mon ressentiment. Puis je me suis moquée de moi-même. On m'avait offert un cadeau sur un plateau d'argent. En tant que musulmane croyante, je pouvais montrer qu'un « esprit critique », l'« égalité des chances » et la « laïcité » ne sont nullement l'apanage des athées.

Je pourrais utiliser le manifeste pour expliquer aux sceptiques, musulmans ou journalistes, les raisons pour lesquelles la laïcité et la foi peuvent être défendues en même temps. Il n'y a que dans les sociétés laïques que la diversité peut se développer, car leurs valeurs ouvrent pour nous tous un espace où pratiquer, ou pas, notre religion, selon ce que requiert notre conscience personnelle. Les théocraties – y compris celles qui se veulent rationalistes comme l'Allemagne nazie et la Corée du Nord – marginalisent la conscience personnelle et engendrent l'hypocrisie. La laïcité crée des opportunités pour explorer de multiples perspectives, suscitant une confrontation féconde des consciences. Elle met ma sincérité de croyante à l'épreuve, quant au fait de laisser le dernier mot à Dieu. Dans ce qu'elle a de mieux, la laïcité est bonne pour la foi et mauvaise pour le dogme.

Mais quand les pratiquants de la « foi » deviennent dogmatiques, comme les islamo-tribalistes tendent à l'être, les laïcs ont raison d'agir par le biais de dispositions législatives. La laïcité sert à garantir qu'aucune religion n'impose sa loi et n'écrase les libertés de ceux qui ont choisi de ne pas croire, ou de ceux qui ont choisi des interprétations que les dirigeants des communautés religieuses voudraient censurer. Sur le chemin élargi de l'islam, il n'y a pas de conflit entre foi et valeurs laïques, parce que celles-ci transparaissent dans l'enseignement du Coran qui rejette la contrainte. Partout où vit la diversité, l'esprit de la laïcité est une composante indispensable du contrat social.

Le Manifeste des 12 s'est propagé comme un virus. Ummah.com, un site islamiste basé en Grande-Bretagne, a alors publié une menace de mort brute de décoffrage contre les signataires : « Excellent : cela facilitera le meurtre de ces *kouffar*... maintenant que nous avons établi le "Who's who" des cibles à abattre. Prenez votre temps mais assurez-vous qu'ils partent bientôt – oh, et n'attendez pas de fatwa, ce n'est vraiment pas nécessaire ici.» Parce que cet article émanait d'une source qui attire plus que quelques radicaux, Fourest et moi devions nous regrouper. Notre combat avait maintenant besoin d'un témoignage de solidarité de personnes venant des quatre coins du monde, qui déclareraient ouvertement que les menaces de mort ne refroidiraient pas leur conscience.

Nous avons commencé à rédiger une pétition qui disait : « Je souhaite exprimer mon soutien sans équivoque aux douze signataires et mon indignation devant l'attaque qu'ils subissent de la part des mouvements islamistes. Avec les 12, je résiste fermement à ce mouvement réactionnaire. Je les rejoins dans leur appel à résister au totalitarisme religieux et à promouvoir la liberté, l'égalité des chances, les droits de l'homme et la laïcité pour tous.» Nous avons demandé aux signataires non seulement de signer de leur nom mais aussi d'indiquer leur ville ou pays. Fourest et moi nous doutions que cette demande supplémentaire pourrait limiter le nombre de signatures. Un échange équitable, puisque l'exercice avait pour but d'augmenter les raisons d'espérer de ceux qui souhaitaient prendre position. Maintenant ils devaient savoir comment faire, mais ils devaient aussi être conscients que militer pour le progrès signifie plus qu'un simple griffonnage au bas d'une feuille. Si certains ne voulaient pas aller aussi loin, la liberté leur garantissait ce droit – une ironie à laquelle, espérions-nous, les indécis réfléchiraient.

Pour s'assurer que les *musulmans* entendent notre appel à la laïcité, mon site Internet hébergea la pétition. Jusqu'à présent, figurent parmi les milliers de signataires des musulmans d'Arabie Saoudite, de Chine, d'Iran, de France, d'Afghanistan, de Nouvelle-Zélande, de Turquie, d'Inde, de Cisjordanie, des Pays-Bas, de Malaisie, d'Australie, de Syrie, d'Afrique du Sud, d'Algérie, des États-Unis, du Nigeria, du Canada et du Pakistan. Le Manifeste des 12 ne s'était pas trompé : les esprits libres doivent se réapproprier l'islam. Les démocrates du monde entier ne peuvent pas laisser les théocrates de tous bords nous intimider. La civilisation est, a toujours été et doit continuer à être une entreprise partagée.

L'expérience m'a appris que la sagesse peut surgir d'épisodes chauffés à blanc comme le drame danois. Pour trouver notre chemin à travers la sagesse, nous ne devons pas nous laisser entraîner dans les machinations et les cris des représentants de communautés. Pour prendre au sérieux la diversité, nous devons arrêter de conférer autant de pouvoir aux suspects habituels. Donnons la parole, comme le fait la pétition, aux suspects *inhabituels*. Les non autorisés, les non officiels, les non établis. Ce sont eux qui mèneront les musulmans comme les multiculturalistes au-delà d'une diversité artificielle faite d'apparences, vers une diversité de pensée infiniment plus nécessaire.

*

Chère Irshad,

Finalement, mon inquiétude s'est révélée fondée. La maison d'édition a manqué de cran. Le comité de lecture s'est laissé intimider et duper par leur « professeur émérité »... Le prétendu universitaire a condamné et décrié votre travail – « non académique », « discutable », « controversé », « haineux » – sans apporter le moindre argument. Il (il est plus probable que ce soit un « il ») m'insulta en m'accusant d'être membre d'une secte. Ceux qui connaissent ma personne et mon travail savent bien que je suis un esprit libre...

Edip Yuksel, un musulman turco-américain, m'a envoyé cet e-mail en décembre 2006. Son éditeur, Palgrave Macmillan, venait juste de l'abandonner sur son projet, *Quran : A Reformist Translation* (« Le Coran, une traduction réformiste). Depuis la signature du contrat avec l'éditeur en 2004, Yuksel et ses coauteurs avaient travaillé sur une traduction qu'ils ont décrite comme « un message de Dieu à l'adresse de ceux qui préfèrent la raison à une foi aveugle ». Palgrave Macmillan étant maison d'édition universitaire, le manuscrit devait être lu par divers universitaires. Il semble que, sur les bases d'un avis de lecture négatif (le seul qu'un éditeur cite à Yuksel dans une correspondance privée), le livre ait été enterré.

D'autres universitaires avaient approuvé le projet de Yuksel. Reza Aslan, auteur de *No god but God* (« Pas un dieu, mais Dieu »), en avait parlé comme d'une « traduction audacieuse et belle qui rappelle au moment opportun à tous les croyants que le Coran n'est pas une écriture statique, mais un texte en évolution constante, qui respire et qui vit... ». Les professeurs féministes ont apporté leur encouragement. J'ai moi-même salué cet effort sans déclarer que l'interprétation était « correcte ». Mais le seul universitaire qui comptait a transformé mon soutien en une attaque contre le projet. « C'est comme si une maison d'édition médiévale rejetait le livre de Martin Luther après avoir consulté un évêque catholique », s'irritait Yuksel. On doit se demander si Palgrave Macmillan a pris peur suite à l'onde de choc provoquée par les caricatures de Mahomet. Malgré tout, l'éditeur a montré que les non-musulmans jouent un rôle central dans la réforme de l'islam – ou dans son absence.

Sa décision a privé les lecteurs potentiels de cette traduction d'une présentation des interprétations libérales du Coran. Par exemple, pour les djihadistes, la question de la décapitation n'est pas du tout une question, mais un droit accordé par Dieu. Ce n'est cependant pas le cas selon *Quran : A Reformist Translation*, qui suggère deux manières de traiter des prisonniers : libérez-les ou, si ce n'est qu'une belle promesse politique, relâchez-les après avoir obtenu une rançon pour leur agression à votre égard. Cela pourrait ressembler à de l'extorsion, mais c'est un net progrès par rapport à la boucherie qui a cours dans la plupart des zones de guerre actuelles.

En parlant de rançons, les gouvernements musulmans devraient-ils lever une taxe sur les non-musulmans ? Même au plus haut niveau de tolérance au sein de la civilisation islamique, les minorités religieuses ont dû payer une surtaxe spéciale, ou *jizya*, à leurs suzerains musulmans. Mais la traduction de Yuksel et de ses collègues assimile *jizya* à des « réparations », qui renvoient à leur situation d'avant-guerre, et non à une taxation perpétuelle. Et seulement si les musulmans sont attaqués les premiers. Se sentir insulté compte-t-il comme attaque ? Non. Un commentaire récurrent de la traduction est : « Nous n'avons pas le droit de tuer ou de punir qui que ce soit sous prétexte qu'il s'est moqué des révélations ou signes de Dieu. Tout comportement agressif contre ces personnes va à l'encontre de la loi de Dieu qui reconnaît la liberté de choix, d'opinion et d'expression. » Ça a été un tel choc que l'universitaire musulman a répugné à continuer sa lecture.

Impatients de publier leur travail dans un climat de méfiance croissante entre musulmans et non-musulmans, Yuksel et ses coauteurs se sont autopubliés aux États-Unis. Leur traduction peut également être téléchargée, gratuitement, à partir de la page d'accueil de mon site Internet. C'est exactement ce qu'a fait Julie, une Américaine musulmane. Elle m'envoie cet e-mail : « Je me suis convertie il y a 7 ans. Les grands principes de la foi étaient attractifs, mais j'ai rapidement appris que mes opinions n'étaient pas acceptées par les musulmans traditionnels. Je me suis demandé si j'étais réellement musulmane. Maintenant j'ai de quoi lire pour m'aider à interpréter le Coran. » L'excitation de Julie à l'idée de penser par elle-même – avec des conseils qu'elle peut comprendre – est un appel à la démocratisation de l'*ijtihad*. Elle montre aux dirigeants musulmans que l'islam n'est pas un pacte entre eux et le croyant : c'est une alliance entre Dieu et le croyant. Quand les musulmans seront au cœur de cette relation, nous nous préoccuperons moins d'insulter les autorités des communautés.

Et nous inciterons les non-musulmans à attendre mieux de ceux qui s'imaginent parler au nom de l'islam. En juin 2006, la police canadienne a arrêté des jeunes musulmans pour avoir fomenté un attentat contre le Parlement et le Premier ministre, qu'ils avaient l'intention de décapiter. Les Toronto 17 (bientôt au nombre de 18) ont nommé leur campagne Opération Badr, en hommage à la bataille de Badr, la première victoire militaire décisive du Prophète Mahomet. La police savait que le symbolisme religieux motivait la violence des Toronto 17. Cependant, à sa première conférence de presse sur ces arrestations, la police n'a pas parlé d'« islam » ou de « musulmans ». Lors de leur seconde conférence de presse, une fois rejoints par un groupe de dirigeants musulmans, les policiers se sont en fait vantés d'avoir évité de prononcer ces mots. Il s'avère que les avocats de la police ne les auraient pas laissés prononcer ces mots en public, aussi ont-ils dû parler de sensibilité – sensibilité envers l'islam, représenté par un noyau d'hommes et de femmes qui se seraient sentis insultés et auraient probablement demandé réparation si la vérité était venue à se savoir.

Existe-t-il une vérité qui aurait à se savoir encore et encore ? Les religions pas plus que les cultures ne parlent pour elles-mêmes. Les individus s'expriment au nom des religions. Les individus s'expriment au nom des cultures. Et ils sont faillibles. Par conséquent, on devrait les interroger sur leurs responsabilités – davantage encore quand nous parlons de sécurité publique. Analyser permet de comprendre, édulcorer non. Les religieux devraient trouver légitime d'en arriver à analyser l'islam, parce que ce n'est pas le Divin que l'on interroge, mais les interprétations mortelles et le jugement humain. Selon ce point de vue, quand les musulmans tolèrent que leurs sentiments soient insultés, ils laissent l'analyse finale à Allah, comme le Coran l'exige.

*

Je ne dis pas que le combat contre la discrimination devrait être laissé à Dieu. J'affirme qu'être offensé n'est pas synonyme de discrimination. On peut être offensé par l'obligation d'accepter les mêmes critères que n'importe qui d'autre. Au Forum économique mondial de janvier 2006, juste avant l'affaire des caricatures danoises, j'ai assisté à une session sur le droit religieux aux États-Unis. Un caricaturiste faisait la satire de l'un des plus influents pasteurs chrétiens en Amérique, Pat Robertson. Dans le public, gloussant avec le reste d'entre nous, il y avait le chef du Conseil musulman de Grande-Bretagne, Iqbal Sacranie. Mais son petit sourire satisfait s'est transformé en moue au premier coup d'œil sur une caricature qui ridiculisait les religieux musulmans. Le même traitement peut être source d'offense, mais cela n'est pas synonyme d'oppression, encore moins d'islamophobie.

Yasmin Alibhai-Brown, avocate obstinée des droits des Palestiniens, critique véhémente de la guerre en Irak et présidente des British Muslims for Secular Democracy, parle plus durement que moi de l'utilisation et de l'abus de l'islamophobie. Elle a dit à l'antenne de l'émission *Are Muslims Hated?* (« Les musulmans sont-ils détestés ? ») :

> En Grande-Bretagne, je n'irais jamais jusqu'à nier que les musulmans ont eu des moments difficiles et en connaissent encore. Mais je pense qu'il serait malhonnête de ma part de ne pas dire que bien trop souvent, l'islamophobie sert de prétexte pour exercer un chantage sur la société... La communauté qui réussit le moins bien dans ce pays, en termes de scolarité, d'études, de professions et ainsi de suite... ce sont majoritairement des musulmans. Quand vous parlez aux gens des raisons pour lesquelles il en est ainsi, la seule raison qu'ils vous donnent, la seule, c'est l'islamophobie.
>
> Euh, euh. Ce n'est pas à cause de l'islamophobie que des parents retirent de l'école de brillantes jeunes filles de 14 ans pour les marier à des illettrés. La fille devra à son tour élever la génération suivante, à qui l'on refusera encore non seulement l'éducation, mais la valeur de

l'éducation. L'islamophobie devient une étiquette bien pratique, une feuille de vigne, une raison tellement confortable pour les musulmans dès qu'ils doivent examiner pourquoi ils ne sont pas là où ils doivent être.

L'honnêteté d'Alibhai-Brown insulte-t-elle certains musulmans ordinaires ? Franchement oui. Les oppresse-t-elle ? Absolument pas. Les musulmans contre-culturels comme elle aident à vaincre l'islamophobie en démythifiant l'islam vu comme un monolithe. Les voix contre-culturelles démasquent les visages du courage moral au sein de l'islam : les musulmans qui reconnaissent les dysfonctionnements de leur communauté au lieu de rejeter systématiquement la faute sur les États-Unis, Israël, le christianisme, le matérialisme, MTV, KFC et les éternels punching-balls cachères, « les juifs ». Les musulmans contre-culturels torpillent l'hypothèse faite par Lise. Cette Québecoise m'a contactée durant la crise des caricatures pour me dire : « Je suis très contente que le Canada ne publie pas ces caricatures. Nous n'avons pas besoin de la réaction islamique. »

D'accord. Nous n'avons pas besoin de *la* réaction islamique. Ou, en tenant compte des différences de langue, d'*une* réaction islamique. Nous avons besoin de *beaucoup* de réactions islamiques, parmi lesquelles des applaudissements, le dégoût, le rejet, l'embarras, la protestation non violente et des éclats de rire. Comme nous pouvons le constater d'après les lettres que j'ai publiées, les musulmans ont toute une palette d'opinions. C'est juste qu'ils ne les expriment pas ouvertement. À nous la faute. Si nous voulons vraiment dissiper les stéréotypes blessants sur l'islam, alors c'est aux musulmans de permettre aux opinions indécentes et souvent offensantes de fleurir au sein de nos communautés. C'est aux musulmans de ne pas avoir honte de passer pour quelqu'un qui se déteste. C'est aux musulmans d'arrêter de se comporter comme des missiles, et donc de donner aux sectaires de tout poil matière à les cataloguer tous comme des terroristes.

185

Une étape essentielle pour mettre en avant notre diversité : éviter l'argument bidon de qui « représente » ou pas. L'essayiste Ian Buruma parle du racket que les représentants d'une communauté tentent d'imposer. Dans son essai *The Freedom to Offend* (« La liberté d'offenser »), Buruma observe que

> les dirigeants de minorités sont un peu comme les patrons de gangs. Les syndicats du crime, organisés selon des lignes ethniques, déclarent souvent représenter les intérêts des récents immigrés qui n'ont personne vers qui se tourner dans un pays qui ne leur est pas familier. Mais est-ce que la seconde ou troisième génération d'Italo-Américains ou de Sino-Anglais voudrait être représentée par la Mafia ou les Triades chinoises ?

Les dirigeants musulmans ordinaires ressemblent-ils à des gangsters ? Pas tous, mais trop de musulmans réformateurs s'aplatissent devant eux. Ce qui signale aux non-musulmans – des politiques aux éditeurs en passant par les officiers de police – que « mettre en pratique » la diversité, c'est apaiser un cartel de porte-parole de l'islam. Mais c'est une parodie de diversité. La peur ressentie par les musulmans réformateurs y contribue. Si nous n'aidons pas ces trouillards à devenir des individus matures, alors nous deviendrons les instruments des islamo-tribalistes – et de leur islamophobie.

*

Une remarque maintenant pour les non-musulmans, particulièrement pour les apprentis citoyens de la mondialisation. Terrifiés à l'idée de passer pour de stupides provinciaux, beaucoup d'entre vous se sentent obligés de « respecter » l'islam. Je mets « respecter » entre guillemets parce que, en m'écrivant, c'est le mot que souvent vous choisissez. C'est aussi un mot qui semble vous pétrifier. David, étudiant à l'université d'York à Toronto, m'écrit cet e-mail :

Je suis diplômé des sciences politiques, spécialiste du Moyen-Orient. Je vous écris au cours d'une pause dans mon cours sur « L'islam à travers le temps » et je vous demande conseil sur la manière de garder en vie le débat... La grande majorité de ce cours est composée de musulmans. Mais la grande majorité de ces musulmans semble assister à ce cours pour s'assurer qu'ils sont présentés correctement et que l'islam est traité avec tout le respect qui lui est dû... J'espère que vous pouvez me soumettre quelques stratégies pour poser mes questions sans devoir m'inquiéter de déclencher le tumulte général (ce qui semble arriver à chaque cours ou presque) et/ou sans manquer de respect.

Imaginons que je suis l'étudiante musulmane exigeant le respect. David a parfaitement le droit de me dire : « Les religions et les cultures ne parlent pas, alors que les individus s'expriment en leur nom. Quand moi, David, j'interroge vos croyances, j'interroge la manière dont vous définissez les idées, et non pas la manière dont Dieu le fait. Vos propres textes ne le cachent pas : seul Dieu connaît la signification suprême de tout ce que les musulmans professent. Je ne suis pas Dieu et vous non plus. Aussi pouvons-nous avancer, avec mes questions vous concernant et celles que vous me destinez. »

« Respectez-moi, moi et pas seulement ma religion », pourrais-je rétorquer à David. L'ayant moi-même entendu quantité de fois, je comprends maintenant que ce « Respectez-moi » est le moyen idéal pour rameuter les chiens de garde du racisme et signifie en réalité « Ne me défiez pas ». Mais l'indifférence est l'antithèse du respect. George Steiner, universitaire et écrivain, épingle ce que je veux dire : « Vous honorez une personne en lui demandant un effort. » Ce genre d'honneur témoigne d'une confiance en l'aptitude de l'individu.

Alors, avec la conscience tranquille, David peut répondre : « Soyez assurée, Irshad, que je vous respecte. En discutant avec vous, je respecte votre esprit, votre âme et votre être. Si je doutais que vous soyez dotée de tout cela, je ne dépenserais pas autant d'énergie. Mais si vous restez toujours sur la défensive, vous suggérez que vous êtes un automate facilement déstabilisé par les questions. Comment pouvez-vous vous respecter ? »

En choisissant la clarté contre la délicatesse, David pourrait bien provoquer le chahut qu'il avait espéré éviter. Parfait. Un amour de l'humanité sensé est toujours une bonne raison pour remuer le pot rance de l'indifférence. Ce sera un mémorable instant d'enseignement pour lequel les frais de scolarité vaudront (presque) chaque centime déboursé. Même ainsi, David ne devrait pas se trouver mêlé à de sombres images d'insurrection contre lui. Plus d'un étudiant musulman poussera des soupirs de soulagement en écoutant quelqu'un dire tout haut ce qu'il n'ose pas exprimer. Après avoir regardé *Faith Without Fear*, Layla a écrit : « J'ai pleuré parce que je pensais être seule avec mes questions et mes frustrations, face aux mollahs qui ont interprété le Coran pour contrôler les populations... J'aime que vous demandiez à l'Occident de nous défier. Cela nous fera grandir. JE DEVIENDRAI UNE MEILLEURE MUSULMANE, CE QUI À SON TOUR VEUT DIRE UN MEILLEUR ÊTRE HUMAIN. »

Layla aurait dû dîner avec Josée, une Acadienne francophone qui déborde de questions et met sur le gril ceux qui voudraient bannir de la réalité les questions. Elle me raconte ses vacances à la mer au Canada :

> L'été dernier, j'ai vu un grand nombre de femmes porter le *hijab*. Il y avait parmi elles une fille de l'âge de la mienne, 9 ans. Cela m'a dérangée. Non pas parce que je ne suis pas d'accord avec l'expression de sa foi, *au contraire*, je le fais moi-même. Cela m'a dérangée parce qu'il y a toujours ce doute au fond de mon esprit : « Est-ce vraiment un choix ? » Mais quand je vous ai entendue à la télé, j'ai compris que ce qui me dérange le plus est de ne pas me sentir assez libre pour simplement POSER ces questions.

Ce qui me fait peur aussi, c'est d'entendre des musulmans (ou n'importe quel croyant) me dire que je n'ai pas l'autorité pour discuter de religion. Quand une personne dit ça à une autre, cela agrandit le fossé entre les cultures, parce que la personne qui essaie de comprendre est soudainement dans l'incapacité de poser sa question. C'est aussi donner à un certain groupe d'individus le pouvoir d'expliquer et d'interpréter les textes religieux comme bon leur semble. Lentement, les musulmans deviennent EUX et nous sommes le groupe appelé NOUS. L'histoire a montré qu'EUX est la cause de tous les problèmes et doit être remplacé par NOUS. Il nous faut plus de gens assez courageux pour poser les vraies questions. Nous n'avons pas besoin de réponses dans l'immédiat, mais les questions sont une nécessité !

Josée et Layla viennent de réaliser un travail d'universitaires empreint de nobles sentiments. Elles nous ont prévenus que la peur des questions n'étouffe pas seulement la croissance des individus, cela fait surgir des soupçons sur l'Autre qui peuvent proliférer en quelque chose de bien pire. Où est alors notre heureuse diversité ? Au fond du terrier de lapin relativiste. Je propose que nous en fassions l'expérience avec un rival du relativisme.

*

Pluralisme. En tant que pluraliste, je vis heureuse avec une multitude de points de vue et de vérités, mais je ne me transformerai jamais en relativiste, quelqu'un qui s'entiche de n'importe quoi parce qu'il ne défend rien. Contrairement au relativiste, le pluraliste déballe les questions qu'il a sur le cœur. Il émet des jugements, pleinement conscient que ceux-ci sont provisoires, et ce d'autant plus s'il donne le dernier mot à Dieu. Mais avec ou sans Dieu, le pluraliste juge avec conviction, puisque ses conclusions sont suspendues à la possibilité d'entendre de nouveaux arguments plus persuasifs. D'où l'importance d'exercer sa liberté de parole.

189

Gouvernée par le pluralisme, voici comment je gère ce qui préoccupe Josée : le *hijab*. J'ai choisi de ne pas en porter un, mais si une autre femme décide du contraire pour elle-même, je ne l'arrêterai pas. En revanche, j'exprimerai mon opinion : porter le *hijab* fait d'elle le porte-drapeau des aspects les plus chauvins de la culture tribale arabe. Loin de la protéger contre la maladie occidentale de la sexualisation de la poitrine (entre autres parties du corps), elle fétichise *tout* son corps.

« Il ne s'agit pas de ça ! retentit la réponse de celle qui porte le *hijab*. Il s'agit de modestie ! » En théorie, sûrement. Mais comme le souligne sur ma page Facebook, au cours d'un débat avec un musulman, un étudiant qui s'est spécialisé dans l'étude des conflits : « Vous vous trompez tristement si vous pensez que les femmes portant le *hijab*, le *niqab* et/ou la *burqa* ne sont pas jugées sur leur apparence. » L'étudiant a sondé certains de ses amis musulmans :

Je leur ai demandé si, quand une femme porte le *hijab*, ils étaient intéressés par celle qui avait le plus beau visage. Tous m'ont répondu « Oui ». Je leur ai demandé si, quand une femme porte le *niqab*, ils trouvaient plus belle celle qui avait les plus beaux yeux. Ils m'ont tous répondu « Oui ». Je les ai ensuite interrogés sur les femmes vêtues d'une *burqa*. Laquelle les attire le plus ? La réponse a bien sûr été : la femme avec la plus belle silhouette.

Quelle que soit la manière dont une femme se couvre, elle est toujours jugée sur son apparence. Rencontrez-vous beaucoup de femmes du Moyen-Orient ? Elles sont très dures les unes envers les autres dès qu'il s'agit de ce à quoi elles ressemblent sous leur voile.

Les musulmans interrogés n'ont pas répondu.

Ma position provisoire sur le *hijab* : il s'agit d'un emblème de fausse modestie. Cependant, en tant que pluraliste, je suis disposée à changer d'opinion. Apportez-moi la preuve que les hommes ne regardent pas bouche bée les femmes qui se couvrent.

Certaines femmes me disent que choisir le *hijab*, c'est un argument politique et non spirituel : « Si, pauvre de moi, je fais pitié à l'Occident libéré, alors laissons lui voir que je choisis mon oppression ! » Mais en faisant du *hijab* un outil de propagande politique plutôt qu'un témoignage personnel de foi, ces femmes deviennent des exhibitionnistes. Si je me montre offensante ici, c'est que moi aussi je suis offensée. Je suis offensée par la superficialité du combat contre les préjugés de l'Occident sur les femmes musulmanes, combat qui use de préjugés arabes sur les femmes. En tant que modèles de politiques « progressistes », ces femmes sont une insulte au progrès. Le vrai progrès ne se drape pas dans des définitions contestables de l'honneur : il remet en question ces définitions.

Ces femmes, en choisissant de porter le *hijab*, montrent qu'elles veulent être appréciées pour leur esprit, aussi les pluralistes devraient-ils les honorer par des questions. *En quoi votre argument politique diffère-t-il de celui des jeunes féministes occidentales qui portent en pendentif le lapin de* Playboy *pour réclamer l'indépendance des femmes ? Ou des Afro-Américains qui tatouent le mot « nègre » sur leur peau pour montrer à l'homme blanc qu'ils sont fiers de leurs chaînes ? Ne faites pas vôtre le vocabulaire de quelqu'un d'autre au lieu de puiser dans votre imagination pour créer vos propres définitions ? Finalement, en quoi défendez-vous les femmes musulmanes qui ne jouissent pas encore des mêmes droits que vous – celui, au minimum, de choisir ?*

Mes sœurs, vous qui portez le *hijab*, je n'attends rien de vous que je n'attendrais de moi ou des autres. Réfléchissez à ma réponse à Anonyme, rendu furieux par la lecture d'un éditorial que j'ai écrit après qu'un islamo-tribaliste eut fatalement tiré sur Theo Van Gogh, le réalisateur et commentateur néerlandais. Anonyme m'avait vilipendée :

Vous donnez l'impression que [Van Gogh] a juste été tué pour sa critique de l'islam. Pourquoi avez-vous passé sous silence le fait que sa « critique » était extrêmement offensante, même pour certains non-musulmans, qui ont trouvé son sale film totalement méprisant à l'égard des sentiments musulmans ? Ou bien le meurtre de Van Gogh était-il une bonne occasion de l'utiliser à vos propres fins, et ce peu importe le nombre de faits occultés ?

Les attaques de Van Gogh ont laissé beaucoup de musulmans avec un sentiment d'humiliation. Mais Van Gogh a dit les mêmes horreurs sur les juifs et les chrétiens – et ils ont refréné leur envie de l'égorger. Soutiendriez-vous qu'ils auraient dû le tuer ? Dans ce cas, les musulmanes systématiquement humiliées par les hommes musulmans ont-elles le droit de les assassiner ? Si ce n'est pas le cas, pourquoi deux poids, deux mesures ?

Pas de réponse.

*

Amis libéraux, vous pourriez estimer que le simple acte de juger n'est pas un acte libéral, ce qui serait en soi un jugement indigne. Les choses les plus indignes, quand se développe la criminalité, y compris le meurtre d'honneur, ont grand besoin de clarté morale. L'hypothétique sécurité du relativisme fait partie des faux-fuyants les plus tragiques de notre époque, parce qu'elle promeut la passivité en réponse à l'abus de pouvoir. Pire, une telle passivité se fait passer pour de l'activisme. C'est un mensonge qu'aucune conscience libérale ne devrait tolérer.

Dans *Moral Clarity : A Guide for Grown-Up Idealists* (« La clarté morale : un guide pour des idéalistes matures »), la philosophe libérale Susan Neiman cite l'exemple du Prophète Abraham. Quand Dieu révèle ses projets de décimer les villes de Sodome et Gomorrhe – Sa punition pour les péchés de quelques-uns –, Abraham pose des questions à voix haute. « Le juge de toute la terre ne fera-t-il pas ce qui est juste ? » (Genèse, 18 : 25). À travers une conversation imprégnée de courage moral, le prophète convainc le Tout-Puissant d'être moins dur qu'Il n'en avait l'intention. En en appelant à la compassion divine, Abraham fait davantage que sauver des vies : il épargne des gens qui ne sont pas les « siens », ce qui atteste de l'universalité des droits de l'homme.

Souvenez-vous en lorsque vous interrogerez les musulmans et non-musulmans qui se prennent pour les messies du multiculturalisme. Ce seront ceux qui dégaineront : « Abstenez-vous du moindre commentaire parce que vous ne nous représentez pas. » Empruntez votre réponse au prophète du judaïsme, du christianisme et de l'islam, et rétorquez-leur : *Pourquoi me cataloguez-vous ? Vous me dites que je ne peux pas me joindre à la plus publique des conversations publiques parce que je ne suis pas musulman(e). En effet, vous me réduisez à mes données ethniques au lieu de nous identifier à des valeurs universelles. On ne devrait pas procéder à un catalogage racial des musulmans. Pourquoi, alors, l'accepte-t-on pour les non-musulmans ?*

Si vous obtenez une réponse fuyante, poursuivez avec ces questions : *Réalisez-vous ce que vous dites en insistant sur le fait que je ne peux pas faire de commentaire parce que je ne vous « représente » pas ? Vous êtes en train de dire que des civils ne peuvent pas poser de questions sur les violations des droits de l'homme à Abou Ghraib ou à Guantánamo parce qu'ils n'appartiennent pas à la culture des militaires. Vous dites que les gens qui se tuent à la tâche ne peuvent pas demander la transparence de la part de Wall Street parce qu'ils n'appartiennent pas à la culture de la banque. Vous dites que les musulmans du Moyen-Orient n'ont pas le droit de juger la politique étrangère américaine parce qu'ils ne sont pas « de » culture américaine. Vous croyez à ces foutaises ? Moi non. Alors pourquoi devrais-je croire à ces mêmes foutaises quand elles viennent d'un autre groupe, le vôtre ?*

Quel que soit le mordant du langage, je ne suis pas assez naïve pour croire que les pluralistes vont de sitôt débaucher des relativistes. Susie Linfield, professeur de journalisme à l'université de New York, écrit : « J'enseigne la critique, et je l'enseigne à des étudiants qui souvent n'aiment pas juger, même s'ils veulent devenir critiques. » De tels étudiants, remarque-t-elle, ont « hérité de leurs aînés » l'idée que « ne pas juger pourrait, en quelque sorte, signifier être "juste" ou "bon", alors que, pour moi, c'est tout simplement renoncer à sa propre autonomie. Ce faisant, on a peu de chances de se montrer juste ou bon ». Le terrier du lapin relativiste dévore même ceux qui ont pour vocation professionnelle de distinguer le bien du mal.

C'est un appel qui s'adresse aux individus ordinaires. Layla et Josée, David et Awais, Mohammed et Lise – leurs interactions quotidiennes devront donner un sens à la diversité, question après question. Si cela ressemble à un dur labeur, c'est peut-être tout ce que nous avons. L'historien Charles Mackay voyait dans les individus le seul rempart à la folie de masse. Selon lui, les gens « deviennent fous en troupeaux, alors qu'ils ne recouvrent leurs sens que lentement, et un par un ». Question après question. À force de courage moral.

*

En m'opposant à la censure, je ne veux pas dire qu'absolument n'importe quoi sur terre devrait être exposé à la lumière du soleil, ou à sa chaleur. Dans ces pages, j'ai censuré le nom de l'étudiant en droit de la Charia à l'université Al-Azhar qui se réclame comme moi de l'*ijtihad* comme pensée critique. Il dénonce l'interdiction des questions dans sa faculté. Il menace de son poing métaphorique la chasse aux juifs et le voile imposé aux femmes. Il proclame même son soutien aux gays et aux lesbiennes. Vu l'environnement atavique dans lequel il étudie, révéler son nom l'exposerait à des représailles. C'est également pour cette raison que j'ai signé un contrat avec mes traducteurs arabe et farsi stipulant que je ne révélerai jamais leur identité.

Cependant, dans la plupart des contextes, nous devrions faire preuve d'audace, malgré ce qui pourrait ressembler à une menace imminente. Mon traducteur ourdou, Tahir Aslam Gora, a choisi d'apparaître publiquement. Un message troublant a alors atterri dans sa boîte de réception de la part d'un « Musulman chiite progressiste » :

> Arrête ça, salaud... On n'est pas des talibans, mais toi et Irshad, vous êtes sur notre liste de personnes à tuer. SOUVIENS-TOI qu'on t'observe... On continuera de t'observer et un jour, on t'aura. DERNIÈRE CHOSE : demande à l'éditeur pakistanais de retirer le livre du commerce. On prend contact avec l'*ulma* [le clergé] et le gouvernement pour arrêter *qabli qatal masanfa* [une femme écrivain qui devrait être mise à mort].

Les libraires pakistanais ont vidé leurs étagères de la traduction ourdoue, aussi a-t-elle paru sur mon site Internet. Aucun mal, aucune faute. Encore mieux, Gora reste merveilleusement vivant et ne pliera pas. Il était d'accord sur le fait que je devais publier la menace sur mon site, comme un témoignage de cc qui peut être surmonté quand nous reconnaissons que certaines choses sont tout simplement plus importantes que la peur.

Mais aucun de nous n'avait anticipé l'appel à la censure qui suivit. Zahra a écrit :

> Sur votre site Internet, j'ai vu la menace de mort du « Musulman chiite progressiste ». Je vous demande s'il vous plaît de retirer les signatures de « Musulmans » en colère. Je suis moi-même chiite et j'ai le sentiment que si quelqu'un lit cet e-mail et voit « Chiite », d'autres chiites seront perçus de la même façon. Et, à une plus grande échelle, tous les musulmans.

Ma réponse à Zahra :

> *Je trouve révélateur que vous dépensiez votre énergie à me demander d'expurger mon site de cette menace de mort. À la*

place, vous pourriez écrire, par mon entremise, un e-mail à celui qui a lancé cette menace, en expliquant pourquoi, selon vous, un « Musulman chiite progressiste » ne peut pas être progressiste, chiite ou musulman tout en incitant au meurtre. Cela ne vous vient-il pas à l'esprit que ce serait une réponse bien plus pertinente que de me supplier d'expurger mon site ? Pourquoi votre conscience est-elle plus troublée par ce que je fais que par ce que mon apprenti assassin ferait s'il (ou elle) en avait l'occasion ? Pourquoi préférez-vous escamoter toute image négative de l'islam plutôt que de comprendre les raisons de celle-ci ?

En février 2008, j'ai finalement eu la confirmation que les musulmans étaient parfaitement capables de désapprouver les menaces de mort. Sur Al Jazeera International, David Frost m'a interviewée sur la réconciliation de l'islam avec la liberté d'expression. Mes remarques ont provoqué un débat enfiévré sur YouTube. « Senadin » a aussitôt posté : « Tuez cette pute, immédiatement. » Il n'a pas fallu longtemps à « WarGuardian18 » pour se jeter à l'eau : « Comment osez-vous, mes frères et sœurs, appeler à tuer quelqu'un ! Honte à vous ! »

Mais la surprise est venue de YouTube lui-même, où la menace de mort est apparue, puis s'est abruptement évaporée. J'aurais autorisé les propriétaires de YouTube à remettre en ligne la menace, écartant toute responsabilité de leur part quant aux éventuelles conséquences me concernant. N'importe quel commentaire – pour ou contre la liberté dans l'islam, pour ou contre le retour de l'*ijtihad*, pour ou contre la survie d'Irshad – contient de précieux indices sur l'état d'esprit des jeunes musulmans. En détruisant les aspects les plus brutaux du débat, nous devenons délibérément aveugles à ce à quoi nous nous opposons en tentant de réformer les mentalités musulmanes. Akbar Ladak, un jeune musulman indien, le dit franchement : « Vous ne pouvez pas obtenir une réforme sans débat, et vous ne pouvez pas avoir de débat sans liberté de parole. » Les avocats de YouTube risqueraient d'accueillir cet argument avec un éclat de rire collectif. Si oui, ce n'est qu'une indication de plus que ce sont les individus, et non les institutions, qui devront faire vivre ce principe.

*

Un professeur de l'université de Londres m'a avertie que placer les principes au-dessus de la politesse n'apporterait rien de bon. « Si vous êtes capable de prédire que tel acte heurtera les sensibilités, m'a-t-il conseillé, alors ne le faites pas. » Avec tous ses beaux diplômes, cet homme a un univers moral étriqué. Sa politesse préemptive vaccine les gens contre les préjugés non dits, mais elle exclut également toute possibilité de vaincre les préjugés exprimés.

Si elle avait suivi le conseil de ce professeur, Hissa Hilal d'Arabie Saoudite n'aurait pas récité un poème à l'émission de télévision panarabique *Poète des millions*, accusant les religieux musulmans de « terroriser les gens et de s'attaquer à quiconque recherchait la paix ». Elle n'aurait pas décrit les terroristes kamikazes comme des « barbares en pensée et en actes, haineux et aveugles, portant la mort comme un vêtement et la couvrant d'une ceinture d'explosifs ». Elle savait sûrement que ses accusations « heurteraient les sensibilités ». Les diffamations dont elle a été ensuite l'objet sur Internet l'ont confirmé. Mais des millions de musulmans n'en ont pas moins assisté à un courage moral en action. Elle est devenue la première femme à arriver au dernier round de l'émission.

S'ils avaient suivi le conseil borné du professeur, l'équipe de tournage de *Slumdog Millionaire* aurait cessé de tourner, ou n'aurait jamais commencé. Ces jours-ci, pas une semaine ne se passe en Inde sans qu'il y ait des poursuites judiciaires ou des attaques lancées par des groupes se plaignant d'être « mal représentés ». Le Comité de réveil du peuple hindou a essayé d'interdire *Slumdog*, en partie à cause d'une scène dans laquelle une fille hindoue tombe amoureuse d'un garçon musulman. Est-ce que Danny Boyle, le réalisateur de *Slumdog*, a besoin d'apprendre à monsieur le professeur qu'offenser les fondamentalistes hindous en montrant des scènes de pluralisme diaboliquement divertissantes pourrait bien être la chose la plus utile à faire ?

S'il avait accepté l'enseignement de ce professeur, Elie Wiesel ne se serait pas fait l'avocat de l'intervention dans le génocide bosniaque. En 1993, en tant que jeune journaliste, je me souviens d'avoir souffert de l'indifférence générale à la souffrance des musulmans de l'ex-Yougoslavie. J'ai ensuite entendu parler de l'audace de Wiesel devant le président Bill Clinton. L'Holocaust Memorial Museum américain venait d'ouvrir ses portes, et Wiesel, survivant de l'Holocauste et prix Nobel de la paix, a rejoint Clinton sur scène. Wiesel en a appelé au président pour que quelque chose – n'importe quoi – soit entrepris pour venir en aide aux musulmans pris pour cibles en Bosnie. Profiter de cette tribune sacrée a suscité la colère de certains juifs. Mais il a dit à ses détracteurs que « quand des hommes agonisent, quand des innocents sont victimes de viols et de tortures, quand des villes sont transformées en cimetières, les juifs n'ont pas le droit de garder le silence ». Deux ans plus tard, les États-Unis se sont impliqués dans une mission des Nations unies pour venir en aide aux musulmans de Bosnie et empêcher davantage de massacres – une politique qui a pour origine la volonté de Wiesel d'offenser.

Anticiper les bouleversements, c'est anticiper l'émergence des Galilée, Gandhi et Ghaffar Khan d'aujourd'hui, que ce soit des femmes au foyer, des réalisateurs ou des pacificateurs.

Après que le professeur m'eut dit que je devrais éviter de heurter les sensibilités sans raison, il a laissé échapper ce cri du cœur : « Je compatis avec la rage meurtrière des musulmans. » Boum ! Cette déclaration m'a frappée de plein fouet parce qu'elle témoigne d'un fait que personne n'admet : même quand nous pensons penser, nous obéissons à des sentiments. Plus nous confondons sentiment et pensée, plus la culture de l'offense est solidement enracinée. « Je me sens offensé » devient alors l'argument massue qui clôt d'avance toute discussion. Si vous pensez que je parle de la manière dont les musulmans ont réagi aux caricatures danoises, vous n'avez que partiellement raison. Les débats fiévreux sur les constructions de mosquées à travers l'Amérique pourraient bien être la nouvelle guerre des caricatures.

Les activistes anti-mosquée surenchérissent constamment à coup de slogans vides de sens, mais les multiculturalistes sont tout autant dans l'émotionnel. Certains multiculturalistes se sentent tellement offensés par les escadrons anti-mosquée que par réaction ils sont conduits à soutenir les mosquées – sans réflexion véritable sur ce qu'ils soutiennent précisément. Bob m'a envoyé cet e-mail : « Ici, au Tennessee, nous avons été témoins de quelques réactions plutôt moches à un projet d'extension d'une communauté musulmane. J'ai trouvé les habitants du coin intolérants. Aussi, en un geste de tolérance, j'ai fait un don pour la construction de la mosquée. »

Avant de donner un centime, Bob aurait dû demander à l'imam : *Où sera l'entrée des hommes ?* C'est une manière discrète de savoir si cette nouvelle mosquée reproduira la ségrégation, et donc si l'aversion de Bob pour tout comportement intolérant finira par tolérer un comportement intolérant. Je ne dis pas que Bob devrait lier son sort aux manifestants anti-mosquée. Je dis qu'il ne devrait pas leur donner le pouvoir de diriger son cerveau en piratant son cœur. Il devrait penser par lui-même, malgré sa sympathie pour les musulmans. Autrement dit, si vous êtes offensé, analysez davantage les problèmes. C'est ainsi que des opportunités inattendues peuvent se présenter d'elles-mêmes en faveur d'une diversité qui ait du sens, c'est-à-dire d'une diversité de pensées.

Qu'en est-il de l'ancêtre de tous les projets de mosquée sur le sol des États-Unis : Park 51, ce centre islamique de plusieurs étages qui doit être érigé à New York tout près de Ground Zero ? Laissez-moi être claire sur mes propres émotions. Je suis offensée par sa proximité avec le cimetière du 11 Septembre. Je suis aussi offensée que l'imam Feisal Rauf, le religieux qui a été à un moment à la tête du projet, ait eu une attitude aussi grossière, indigne d'un homme de dialogue. Il a rejeté les accusations d'insensibilité, bien qu'il ait prononcé les mêmes au sujet des caricatures danoises du Prophète Mahomet. En février 2006, l'imam s'est déclaré « consterné » par ces dessins, disant de leur publication à travers l'Europe que c'était « un complot délibéré » et « gratuit ». Dans les semaines qui ont suivi, presque aucun journal américain n'a publié les caricatures. Trois ans plus tard, la plupart des Américains le croient coupable de complot délibéré. Pas une seule fois l'imam et les siens n'ont reconnu que les sentiments de ces Américains « consternés » égalaient les leurs et ceux d'autres musulmans durant la débâcle des caricatures. Au contraire, l'imam a même écrit un ouvrage sur l'islamophobie. Cela m'a fait sortir de mes gonds.

Malgré toutes ces offenses, j'ai pris du recul et je me suis calmée. Des questions se sont présentées. Nos échecs ne nous embourbent-ils pas davantage dans notre propre agitation ? Une impasse stérile consacre-t-elle autre chose que la culture de l'offense ? En me posant la question, j'ai découvert quelque chose de plus constructif que la colère : la responsabilité. Grâce au projet provocateur de Park 51, la nation regardera attentivement ce qui se passera à l'intérieur. Les Américains ont l'occasion de se montrer clairs sur l'Islam pratiqué sur ce site controversé. Ce qui revient à poser les questions héritées de l'humanisme. *La piscine sera-t-elle divisée entre hommes et femmes à toute heure du jour ou de la nuit ? Les femmes pourront-elles mener la prière de la congrégation n'importe quel jour de la semaine ? Juifs et chrétiens, autres peuples du Livre, pourront-ils utiliser ce sanctuaire de prière pour leurs services religieux tout comme les musulmans partagent l'espace de prière avec les chrétiens et les juifs au Pentagone ? Qu'y enseignera-t-on sur les homosexuels ?*

Virtu Ferries Ltd
Jean De la Valette

VAT-REG: MT11258511 VAT EX : EX9 1997
SYSREF : 00154285
CLIENT : CASH

CASH SALE

CASH SALE   No : 15366342
DATE & TIME : 27/06/2013 23:20:19

DESC/CODE   QTY VAT   AMOUNT

AMICA LA PATATINA
8006714002503   1 E   1.50

            SUB TOTAL E   0.00
            SUB TOTAL R   0.00
            SUB TOTAL E   1.50

    TOTAL   EUR 1.50

CASH   :   EUR   1.50
TOTAL PAID   :   EUR   1.50
TOTAL CHANGE :   EUR   0.00

www.shireburnsoftware.com

Les agnostiques ? Les polythéistes ? Les athées ? Les apostats ? Et : où peut-on s'inscrire pour réserver des places pour une conférence de Salman Rushdie au Park 51 ? Ces questions ne sont pas gratuites. Je reste hantée par les trois cents musulmans qui ont entonné « Mort à Rushdie » le 10 septembre 2001. Ils se sont rassemblés devant un théâtre à Houston pour protester contre une visite de l'auteur. Un musulman a raconté aux reporters : « La fatwa reste valide même si le gouvernement iranien ne la soutient plus. » Un autre a fait la grimace : « Nous n'avons pas oublié, ni lui ni son acte démoniaque. » Cet homme est membre du Centre d'éducation islamique de Houston. Éducation ou endoctrinement ? La question mérite une réponse honnête. À travers un engagement qui insiste sur de telles questions, les musulmans et les non-musulmans peuvent très bien faire en sorte que Ground Zero héberge l'islam le plus ouvert, le plus démocratique et le plus moderne que nous ayons jamais vu. Je pense que ce serait un hommage approprié aux victimes du 11 Septembre. Ce serait une revanche sur la culture d'Al-Qaida. Sur la culture de moindre pensée qu'est celle de l'offense.

*

Martin Luther King aurait sans doute été le premier à poser des questions perspicaces aux musulmans modérés comme l'imam Rauf. Aujourd'hui dans l'islam, les modérés se comportent comme les chrétiens si diplomates des années 1960 qui, derrière les rideaux tirés, ne pouvaient pas supporter les activistes anti-ségrégationnistes. Quand les chrétiens modérés ont fait la tête à propos des troubles dont King était prétendument l'instigateur, voici ce qu'il a répliqué :

Nous ne faisons que remonter à la surface une tension cachée qui existait déjà. Nous la révélons au grand jour, là où on peut l'observer et s'en occuper. Comme un furoncle qui ne pourra jamais être soigné aussi longtemps qu'il sera caché, mais qui doit pourtant s'ouvrir avec toute sa laideur aux médecines naturelles de l'air et de la lumière, l'injustice peut de la même manière être exposée, avec toute la tension que sa révélation générera, à la lumière de la conscience humaine...

La conviction de King : en des temps de crise morale, la modération est une excuse bidon.

Depuis le 11 Septembre, les musulmans modérés portent l'uniforme des « gentils ». Et beaucoup sont en fait des gars affables. Mais être gentil, bien que ce soit un tremplin émotionnellement utile vers le dialogue, n'est d'aucune utilité pour atteindre les vraies étapes du chemin élargi de l'islam. Partout où les abus de pouvoir sont légion, déraciner la corruption n'est jamais un acte de modération, c'est un acte d'amour et de profond engagement.

Dans le prochain chapitre, je parlerai d'une femme blanche de Géorgie qui a forcé les modérés du Sud à voir que la ségrégation raciale nécessitait plus qu'une mort lente. Elle a aidé King à adopter « la manière extrême » comme « la bonne manière ». Cette femme représentait les Blancs et les Noirs, les Nordistes et les Sudistes, avec des valeurs humaines transcendantes. Suivons sa voie. Demandez aux musulmans modérés de faire preuve de courage moral, et ce faisant, nous le développerons en nous-mêmes.

CHAPITRE 6

En des temps de crise morale, la modération est une excuse bidon

Où est l'amour ?

C'est la Saint-Valentin. Je suis entourée de musulmanes modérées alliées à une féministe non musulmane, à l'université de l'Illinois de Chicago. Elles ont bravé le pire blizzard de l'hiver pour être là, et je leur en suis reconnaissante. Pour autant, je leur montre les dents.

Nous discutons de l'urgence de mettre un terme à la lapidation, pulvérisation de femmes et d'hommes par des pierres de la taille d'un poing, un équivalent au XXIe siècle des bûchers. Amnesty International décrit la lapidation comme une « punition grotesque » pour la transgression de l'honneur de la communauté. C'est « spécifiquement conçu pour augmenter la souffrance des victimes ». En d'autres termes, votre souffrance ne commence qu'une fois que vous êtes placé dans une fosse fraîchement creusée dans la terre. Ou plutôt : la lapidation couronne toute une pyramide de préjugés.

Particulièrement si vous êtes une femme, rapporte Amnesty. Presque partout en Iran, par exemple,

devant la loi et les tribunaux, il n'y a pas égalité de traitement entre les hommes et les femmes. Celles-ci sont aussi particulièrement vulnérables aux procès injustes, car du fait d'un taux d'illettrisme plus élevé, elles sont susceptibles de signer des aveux pour des crimes qu'elles n'ont pas commis. Malgré cette sinistre réalité, les défenseurs des droits de l'homme en Iran pensent que la presse internationale peut aider à faire cesser les lapidations. De courageux efforts sont entrepris, notamment avec la campagne « Stop Stoning Forever » (« Arrêtons pour toujours la lapidation »), qui a déjà permis de sauver cinq personnes... et d'obtenir un sursis pour une autre condamnation... depuis son lancement en octobre 2006.

Malgré en interne des grincements de dents sur ce qu'il convient de faire de la culture de l'honneur, Amnesty International demande à l'Iran d'« abolir immédiatement » la lapidation.

Mais pas les musulmanes modérées et diplômées de l'université qui m'entourent. Ni même leur alliée féministe. Toutes insistent sur le fait qu'un moratoire – une suspension *provisoire* – suffira. Aux États-Unis, elles ne seront jamais confrontées aux foules qui lapident, aussi peuvent-elles se permettre une certaine désinvolture. Comment gâcher un privilège... J'essaie une tactique différente : « Imaginez que votre sœur soit condamnée à la lapidation. Contrairement à une interdiction, un vague moratoire peut être levé à tout moment. Cela suffit-il quand c'est votre sœur la victime ?

— Et voilà, vous personnalisez encore le problème, grogne l'une des étudiantes, dont le commentaire me confirme qu'elle réside dans un lointain monde théorique.

— Personnaliser ? Personnaliser ? Non, je l'humanise », ai-je répliqué.

Alors que nous nous apprêtons à suivre des chemins différents, une autre étudiante, dont la conscience semble s'agiter, me demande : « Qu'attendez-vous de nous ? »

Je lui réponds : « Que vous montriez l'exemple. »

J'aurais souhaité me rappeler l'histoire de Joseph Darby, le soldat américain qui a dénoncé la torture à Abou Ghraib. À 24 ans, Darby aurait pu être un camarade de classe de ces femmes, mais il n'a pas eu besoin de la sagesse de l'âge pour savoir ce qui comptait le plus. Comme sa mère a raconté aux journalistes, son fils « ne pouvait plus supporter les atrocités sur lesquelles il était tombé par hasard.

Il n'arrêtait pas de penser : et si c'était ma mère, ma grand-mère, mon frère ou ma femme ? ». Je doute que mes détractrices auraient accusé ce militaire de « personnaliser » la torture sévissant dans l'armée américaine.

Encore une fois, rester là à ne rien faire devant la dure réalité de la torture – que ce soit lapider de supposées femmes adultères ou brancher des prisonniers à des électrodes – n'est pas une attitude rare. Les musulmans modérés se comportent comme beaucoup de soldats américains et leur président. En réponse aux révélations des abus d'Abou Ghraib, le président George W. Bush a minimisé ces derniers en les qualifiant d'« anormaux ». Mais Darby, qui s'était senti en marge de la société la plus grande partie de sa vie, a manifesté de l'empathie. Il a assisté à une grave crise morale, résisté à des menaces de mort et continué à dénoncer ces pratiques avec tout autant de véhémence. Il montre l'exemple.

En mai 2004, le président s'est excusé pour les abus « odieux » dont ont souffert certains prisonniers irakiens. Et en octobre de la même année, le Congrès américain a loué Joseph Darby pour son courage moral exemplaire. « La nécessité d'agir en accord avec sa conscience, au risque de sacrifier sa carrière et de perdre l'estime de ses collègues pour faire triompher ce qui est juste, est particulièrement importante de nos jours », disait la résolution. Un jeune réserviste a compris – et fait comprendre à l'Amérique officielle – ce que les musulmans modérés et leurs défenseurs « progressistes » tardent encore à voir.

Leçon n° 6 : *En des temps de crise morale, la modération est une excuse bidon.*

*

Tariq Ramadan, l'universitaire musulman peut-être le plus en vue d'Europe, prône un moratoire sur la lapidation parce que, « en condamnant, vous n'allez rien changer ». Son alternative à la demande d'une interdiction permanente : une délibération parmi les juristes. Mais puisque le Coran ne mentionne jamais la lapidation des femmes, au nom du Ciel, sur quoi y a-t-il à délibérer ? La réponse, je présume, serait qu'une délibération parmi la plupart des aînés mâles apporterait de la crédibilité à la conclusion. Mais comment savoir s'ils vont aboutir à une conclusion rationnelle sur la lapidation ? Ces aînés, comme tous ceux au pouvoir dans n'importe quel système, ne pourraient-ils pas laisser des considérations géopolitiques amplifier leurs émotions – et polluer leur analyse des enseignements de l'islam ?

C'est après tout ainsi que Yusuf al-Qaradawi, un théologien vivant au Qatar, en est venu à approuver les attentats-suicides contre les civils israéliens. Le Coran s'oppose expressément au suicide, quel que soit le prétexte, et implore les combattants musulmans d'avoir pitié des non-combattants. Mais Al-Qaradawi pense que « la société israélienne est militaire par nature », faisant par défaut un soldat de chaque citoyen. Par conséquent, faire sauter des civils devient une malheureuse « nécessité » et « la nécessité autorise les choses interdites ». Les fracas de la politique remplacent la conscience du Coran. Et pas seulement pour Al-Qaradawi. Ses opinions ont gagné une masse critique de théologiens musulmans. Quand on arrive à dire que les interdictions des Écritures sont finalement permises, pour des raisons évidentes d'opportunisme, pourquoi devrais-je croire qu'un débat parmi des juristes mettra fin à la lapidation des femmes ou des hommes ? Comment le moratoire de Ramadan assure-t-il l'intégrité de l'islam ? Qui est maintenant l'idéaliste ?

Si je cite Tarik Ramadan, ce n'est que pour souligner que c'est par inadvertance qu'il révèle la crise morale qui sévit de nos jours parmi les musulmans modérés. Et pour preuve, certains commentateurs le décrivent comme un crypto-islamiste, et non comme un modéré. Ramadan est le petit-fils de Hassan al-Banna, fondateur des Frères musulmans, l'équivalent égyptien de l'Afrikaner Broederbond, la fraternité protestante secrète qui, par ses interprétations racistes de la Bible, a légitimé l'apartheid en Afrique du Sud. Les deux fraternités, organisées comme des sectes, partageaient une vision manichéenne du combat contre la souillure en leur sein, les juifs étant l'élément contaminant pour les Frères musulmans, les Noirs pour l'Afrikaner Broederbond. Dans leurs âges d'or respectifs, toutes deux ont fait de la violence un désinfectant.

J'ai déjà mentionné l'archevêque Beyers Naudé, ami de Desmond Tutu, dont la famille a fondé la Broederbond. Adulte, Naudé a rejeté les opinions de son père. Quand Ramadan a récemment été invité à renoncer aux sympathies totalitaires de son grand-père, il a usé de faux-fuyants. Il a parlé du contexte qui a poussé Al-Banna – soit la traduction exacte – à rallier la cause nazie contre les sionistes européens. Il a également demandé les « vraies citations » des déclarations arabes de son grand-père, sans dire ce qui serait assez vrai ou exact pour lui inspirer le courage moral d'un Beyers Naudé. Une telle attitude incite à qualifier Ramadan d'islamiste. Mais selon les critères actuels des musulmans, c'est un modéré. C'est en cela que réside le plus gros problème.

Laissez-moi planter le décor. Pendant des années, l'administration Bush a interdit à Ramadan de venir aux États-Unis, arguant – sans le prouver – qu'il était en lien avec des réseaux terroristes. Au début de l'année 2010, le Département d'État d'Hillary Clinton a finalement fourni à Ramadan le visa d'entrée tant désiré. Quelques jours plus tard, il a participé à un échange de points de vue au Cooper Union de New York, le lieu où un président républicain plein d'espoir nommé Abraham Lincoln a soulevé la colère d'influents Sudistes en s'exprimant fermement contre l'esclavage. Sous le même toit, Ramadan a cherché à construire des passerelles en promouvant un avenir commun à l'Occident et à l'Orient.

Vers la fin de la soirée, il a fait remarquer avec désinvolture à un autre invité que les musulmans « ordinaires » seraient « ce que vous appelez orthodoxe ». À ce sujet, Ramadan a parfaitement raison. Il y a de nos jours peu de différences entre les musulmans modérés et orthodoxes. Mais pour moi, une telle déclaration n'a rien d'un aparté fortuit. C'est une pièce importante du puzzle qui explique pourquoi les modérés de l'islam font si souvent obstacle aux valeurs démocratiques libérales : si la plupart des musulmans sont modérés, alors la modération est ordinaire, et si l'ordinaire est orthodoxe, alors un musulman modéré est orthodoxe.

Dans toute religion, le sectarisme, le dogmatisme et la peur caractérisent l'orthodoxie. Beyers Naudé nous rappelle les injustices criantes du christianisme littéral. Le judaïsme littéral a engendré une colonisation illégale et un rabbinat israélien qui rejette les demandes de divorce des femmes. Mais dans le christianisme et le judaïsme contemporains, les modérés formulent des doléances sur le sectarisme, le dogmatisme et la peur qui gouvernent leurs frères orthodoxes. Dans l'islam d'aujourd'hui, c'est le contraire : le sectarisme, le dogmatisme et la peur entachent même le comportement des modérés.

*

La Fondation Quilliam, un groupe de réflexion anti-terroriste créé par d'anciens djihadistes en Grande-Bretagne, montre, dans sa publication *Pulling Together to End Terror* (« Tous ensemble pour en finir avec la terreur »), à quel point les dirigeants des musulmans traditionnels sont dans le déni. Voici un exemple de choix : « La Fondation islamique, un think tank basé à Leicester, continue à publier les travaux d'idéologues islamistes, y compris ceux du journaliste pakistanais Mawdudi... » Cela mérite d'examiner ce que ce dernier défend et comment cela affecte votre monde et le mien.

Les universitaires comparent souvent Syed Abul A'la Mawdudi à Hassan al-Banna. Mawdudi a fondé au Pakistan l'équivalent des Frères musulmans, un parti religieux puritain appelé Jamaat-e-Islami. J'insiste sur « puritain ».

Son dogme considère une secte minoritaire dans l'islam, les Ahmadis, comme des infidèles et donc des *kafirs*. À ce jour, les Ahmadis sont l'objet de moqueries de la part des musulmans modérés en Occident et de persécutions au Pakistan. En mai 2010, les talibans pakistanais ont massacré près de cent fidèles ahmadis dans deux mosquées.

Puisque nous parlons des *kafirs*, quiconque choisit de quitter l'islam est, selon Mawdudi, « un fléau permanent qui se propage parmi la population et une source de peur, la peur que les membres sains d'une société, jusqu'aux derniers, soient eux aussi imprégnés de son poison... Mieux vaut le punir de mort et ainsi mettre un terme à sa propre souffrance et à celle de la société ». Étrangement similaire au motif qui se cache derrière les crimes d'honneur de femmes, n'est-ce pas ?

Les quartiers défavorisés de Grande-Bretagne sont certes inondés par les discours de Mawdudi, mais j'ai aussi croisé des distributeurs de tracts dans le centre-ville de Toronto. Sa propagande circule même dans le temple du « vivre et laisser vivre » de New York, Greenwich Village. J'ai joué les passants curieux dans les deux cas et demandé : « S'agit-il du courant ordinaire de l'islam ? » À chaque fois, on m'a répondu oui. Dans ce cas, les musulmans ordinaires auraient matière à poser des questions. Parce que le livre de Mawdudi, *Towards Understanding Islam* (« Vers la compréhension de l'Islam »), que je me suis procuré à Greenwich Village, prêche ce qui suit comme étant le « Djihad » :

> Dans la langue de la Loi Divine [que les acolytes de Mawdudi appliqueraient ici-bas], ce mot est spécifiquement employé pour la guerre qui est menée au nom de Dieu contre ceux qui perpétuent l'oppression en tant qu'ennemis de l'islam. Ce sacrifice suprême relève de la responsabilité de tous les musulmans. Celui qui s'y soustrait est un pécheur. Chaque preuve qu'il pourrait produire pour justifier sa foi est douteuse. Ce n'est qu'un hypocrite qui échoue au test de sincérité : tous ses actes

de dévotion sont des impostures, des démonstrations de foi vides et sans valeur.

Mesdames et messieurs, rencontrez Dieu. Ou pas.
Les prosélytes de Greenwich Village – de vrais idiots du village – peuvent ne pas avoir conscience de la radicalité à l'œuvre dans l'islam ordinaire de Mawdudi, mais Faisal Shahzad en sait quelque chose. C'est le jeune musulman naturalisé américain qui a essayé de faire sauter une voiture à Times Square, à New York, en mai 2010. Pourquoi un apparent modèle d'intégration, épousant les aléas du rêve américain, a-t-il fait une chose pareille ? En représailles contre les bombardements américains des talibans au Pakistan, nous ont immédiatement signalé les médias. Plus tard, cependant, Shahzad a confessé d'autres sources d'inspiration. Parmi elles : Mawdudi.

*

« Que nous est-il arrivé ? » implore Saira, une de mes lectrices de Toronto.

Pourquoi tant de musulmans utilisent-ils leur potentiel pour détruire ce que nous a donné notre Dieu bon et miséricordieux ? Cela aide-t-il quelqu'un quand un terroriste kamikaze meurt en laissant sa famille derrière ? Pourquoi mettre tant d'énergie à dévaster et tuer au lieu de chercher à améliorer sa vie ? Pourquoi nous autres musulmans modérés ne nous opposons-nous pas avec plus de force à toute cette folie qui se déchaîne au nom de l'« islam » ?

Saira nous donne elle-même un début de réponse :

Oui, des injustices ont été commises, pays contre pays, aucun doute à ce sujet. Mais allons-nous continuer à nourrir ce ressentiment et cette haine le restant de nos jours, au lieu d'œuvrer pour les générations futures ?

Rarement suis-je tombée sur un appel si vibrant à remplacer la rancœur par une attitude tournée vers l'avenir. Saira a touché du doigt un obstacle manifeste à ce changement de comportement : l'identité de groupe. Les musulmans modérés sont tellement obnubilés par le colonialisme occidental qu'ils ne voient plus les impérialistes *de l'intérieur* de l'islam. C'est la recette idéale pour obtenir de grandes lignes de défense contre l'Autre et de faibles espérances pour soi-même. Retour aux jeunes musulmanes qui m'ont bousculée à Chicago. Il leur serait impossible d'en venir à condamner franchement la mort par lapidation, parce que le Viagra de l'identité de groupe a fait son effet et a maintenu leurs défenses mobilisées.

Les musulmans modérés tombent tout le temps dans ce piège. Pourrait-on qualifier de modéré un avocat du dialogue interconfessionnel ? Si oui, laissez-moi vous raconter autre chose sur le musulman du New Jersey qui voulait me censurer. Non seulement il a dressé la liste des phrases à couper de *Musulmane mais libre*, mais il m'a aussi demandé d'insérer une analyse différente du mal qui afflige les musulmans. Je conclus dans mon livre que ce n'est ni l'Amérique ni Israël, mais − pour la plus grande part − nous autres musulmans. Sa correction : « L'occupation militaire américaine de terres musulmanes est la vraie raison. » Il corrige la page où je soutiens que l'adhésion des musulmans à l'islam du VIIe siècle « nous tue » par : « Le fondamentalisme judéo-chrétien tue le monde. » Encore une fois, ces défenses contre l'Autre laissent peu d'espérances pour nous-mêmes.

D'après le spécialiste de l'université de Columbia Akeel Bilgrami, en restant « campés sur leurs propres défenses », les musulmans modérés deviennent des pions dociles pour les musulmans fondamentalistes. Pensez à Mawdudi. Ou à Khomeiny. Ou même à Idi Amin Dada, qui fit régner sur l'Ouganda sa dictature militaire. Un lecteur nommé Adnan m'a envoyé un e-mail : « Continuez d'être le factotum de l'arrogance et de l'hostilité anglo-saxonnes…

Quel dommage qu'Idi Amin Dada ne vous ait pas ache-vées, vous et votre famille. » Pourquoi Adnan soutient-il Idi Amin Dada, qui a massacré des dizaines de milliers d'autres musulmans ? Parce que Idi Amin Dada se moque de l'homme blanc. Adnan s'est laissé prendre en otage par une souffrance aveugle et grinçante contre une seule ver-sion d'inhumanité impériale, la version « anglo-saxonne ». Le boucher de couleur a un sauf-conduit.

Akeel Bilgrami met les hautes défenses des musulmans modérés sur le compte de la peur et critiquer d'autres musul-mans « équivaudrait à se rendre », l'ultime abdication de l'honneur du groupe en faveur de cet Occident dédaigneux. Mais, clarifie Bilgrami avec astuce, l'inverse est aussi vrai : le triomphe absolu des colonisateurs réside dans l'habi-tude qu'ont les musulmans de nier leurs dysfonctionne-ments internes et d'en rejeter la faute sur autrui. Le déni et le rejet ôtent aux musulmans toute aptitude à l'intro-spection et par conséquent toute possibilité d'être libres. Ce faisant, les musulmans modérés étranglent la modéra-tion même à laquelle ils prétendent se consacrer.

Les musulmans d'Europe de l'Est renforcent l'argument de Bilgrami. Durant l'occupation nazie, des villages entiers de musulmans en Albanie ont abrité des juifs. Le Pre-mier ministre d'Albanie, Mehdi Frashëri, a donné un ordre secret aux autres croyants : « Tous les enfants juifs dor-miront avec vos enfants, tous mangeront la même nourri-ture, tous vivront comme une seule famille. » Frashëri était un Becktachi, membre d'une secte de l'islam persécutée par Mustafa Kemal Atatürk, le fondateur de la République de Turquie. Au début des années 1920, Atatürk expulse les Becktachis, qui établissent leur nouvelle base à Tirana, en Albanie. Vingt ans plus tard, les Becktachis d'Albanie organisent un mouvement clandestin pour cacher les juifs, non seulement des nazis d'Hitler, mais aussi des fascistes de Mussolini. Le traumatisme turc aurait pu rendre mes-quins les musulmans becktachis, ils en ont décidé autre-ment. Même aujourd'hui, après des décennies de répression communiste, un dirigeant becktachi en Albanie refuse de laisser l'injustice contre son peuple miner son aptitude à faire preuve d'humanité. Il fait valoir que « Dieu est dans chaque pore et chaque cellule, par conséquent nous sommes tous les enfants de Dieu. Il ne peut y avoir d'infidèles ». Tous les villageois musulmans n'ont pas fermement soutenu les citoyens juifs et les réfugiés. Elida Bicaku rappelle que certains dans sa ville ont cédé à leur peur des Allemands et des Italiens, demandant aux juifs de s'en aller. Aussi son grand-père, « ardent musulman », et son père ont-ils quitté le village pour vivre avec les juifs dans les montagnes. Leur courage moral devenait nécessaire, alors même que le code de l'honneur albanais insistait pourtant sur la responsabilité envers l'Autre. Ce qui montre, encore une fois, que les cultures ne font pas de choix, contrairement aux individus.

Safwan, un de mes lecteurs marocains, présente l'idée avec passion à des musulmans ordinaires. « Nous ne sommes des victimes que si nous le désirons », a-t-il publié sur un tchat pour modérés.

> Oui, les États-Unis et l'Occident ont [commis] et commettent quelques actes injustes et hypocrites, mais qu'en est-il de nous ? Qu'en est-il de notre conception de l'islam, d'une société « musulmane », de nos « valeurs musulmanes » ? Avons-nous la clé de la connaissance et de la vertu simplement parce que nous sommes musulmans ? Et qu'est-ce que l'islam ? Le pratiquons-nous de la bonne manière ? Quelle est la bonne manière ? Devons-nous prêcher aux autres ? Posez-vous d'abord ces questions. C'est ce que l'*ijtihad* préconise, un questionnement de nos valeurs et pratiques en tant qu'individus rationnels.

Comme pour compléter la pensée de Safwan, Bilgrami presse les génies modérés de se rendre à l'évidence : un programme réactionnaire, exécuté au nom de l'islam, « est quelque chose que nous avons, sans critique ni discernement, embrassé par défaitisme, lui permettant souvent de dominer nos actions politiques, et cela ne nous mène à

rien ». Les modérés devraient apprendre à dire que c'est
« à nous de travailler en vue de [notre] réforme... ».

*

Si vous voulez une modération significative dans l'islam, alors réclamez plus de cours au pays qui a la plus
grande majorité musulmane au monde : l'Indonésie. (Le
prophète Mahomet recommandait aux musulmans d'aller
aussi loin que la Chine pour apprendre. L'*ijtihad* qui est
en moi réinterprète « Chine » comme « Indonésie ». Même
fuseau horaire.)

En avril 2008, je me suis envolée vers Jakarta pour
le lancement de mon livre et de mon film à la bibliothèque nationale. Des centaines d'étudiants sont venus,
parmi lesquels des islamistes et des transsexuels. Ils ont
exprimé le fond de leur pensée. Ils n'étaient pas d'accord. Entre les échanges verbaux, des guitaristes jouaient
paisiblement de leur instrument, des poètes déclamaient
leurs vers et des danseurs soulevaient leurs talons java-
nais. Personne ne retenait la tension. Ils la traitaient
comme une nécessité de la démocratie – la marque d'une
vraie modération.

Autant que je sache, chacun a quitté les lieux sain et sauf.
Y compris le plus bruyant des transsexuels, qui a fièrement
annoncé devant les islamistes que, depuis son opération,
elle avait combattu pour le droit de porter le *hijab*. Elle a
gagné ce combat. Nous avons respectueusement contesté les
interprétations de chacun sur le voile, et c'est comme ça
que ça devrait se passer dans une société pluraliste. Nous
pouvions librement échanger avec chacun, nous l'avons
fait avec civilité et l'ancien « il » pouvait être une « elle »,
avec une sécurité relative et une intégrité inébranlable dans
une nation majoritairement musulmane et gouvernée par
une constitution laïque. Face à tant de diversité, j'ai eu la
tête (elle était découverte) qui tournait.

Les Indonésiens auraient pu se noyer dans les bains acides

214

du ressentiment pour avoir été colonisés. De 1800 à 1942, la plupart d'entre eux vivaient sous une certaine forme de domination néerlandaise, à laquelle ont succédé environ cinquante ans d'une dictature menée par leurs propres hommes forts. En 1998, une période de démocratie expérimentale – ou *reformasi* – a commencé. Les islamo-tribalistes se sont accrochés à leurs nouvelles libertés ; ça les a occupés, comme leurs bienfaiteurs saoudiens. Aujourd'hui, l'archipel indonésien de dix-sept mille îles et de centaines d'ethnies lutte contre l'impérialisme culturel saoudien. Les bannières islamistes pendent à des perches difficilement plantées dans le sol. Un afflux d'argent a payé les muscles supplémentaires – l'endurance est le message. Ici aussi, les islamistes essaient de rendre hors-la-loi les Ahmadis. Et les restrictions sur l'habillement des femmes grandissent, particulièrement dans les villes où les touristes de la péninsule arabique se rassemblent. À Aceh, une province qui ne s'est jamais pleinement intégrée à l'État indonésien laïc, les politiciens ont voté une loi en 2009 pour autoriser la lapidation. En 2010, deux femmes, « prises » à vendre du riz à un étal sur les heures de jeûne du Ramadan, se sont retrouvées soumises à une bastonnade devant des centaines de spectateurs.

Mais beaucoup d'Indonésiens constatent également que le nœud coulant saoudien, se resserrant, doit être combattu, et leur société civile répond à cette dernière version du colonialisme. Durant mon séjour, Hindun Annisa a enseigné à un immense auditoire d'étudiants que « lorsque les théologiens parlent de l'histoire islamique, ils parlent de l'histoire arabe ». Les étudiants ont immédiatement compris. Annisa m'a accompagnée plus tard à un *pesantren*, un pensionnat islamique, où une joie manifeste, un terrain de basket-ball improvisé (orné d'un panneau des Chicago Bulls) et mes conversations avec les filles m'ont dépeint une fresque de la foi musulmane.

La mère d'Annisa dirige le pensionnat. Alors que nous parlions, je ne pouvais m'empêcher de penser qu'elle et sa fille incarnaient les valeurs de R. A. Kartini, pionnière du droit des femmes indonésiennes du début du XXe siècle. Kartini a emprunté des concepts aux féministes européennes et les a adaptés aux conditions de son peuple. En avril, l'Indonésie célèbre officiellement les Journées Kartini. J'ai calé mon séjour pour assister à cet événement, qui témoigne à la télévision nationale et dans la presse d'une affection pour Kartini qui ressemble à l'hommage national américain à Martin Luther King. Dans les deux cas, le pouvoir transformateur de la transcendance est acclamé au détriment des habitudes avilissantes du victimisme.

Si les musulmans modérés du reste du monde se consacrent à cette transformation – du victimisme de groupe à l'action individuelle –, ils contribueront sérieusement à débarrasser les pratiques de l'islam de toute forme de corruption. Mais sans ce changement intérieur, leur modération ne sera modérée qu'en théorie. En réalité, le modéré sur la défensive légitimera le militant. Alors en attendant, l'idéal islamique de modération doit être accompli par les modérés réformateurs eux-mêmes. Un mot d'avertissement : en émettant des réserves sur la modération musulmane de nos jours, préparez-vous à être catalogué comme un extrémiste comparable à Oussama Ben Laden. Un mot d'encouragement : quand ce sera le cas, vous vous trouverez en une compagnie bien plus honorable que celle d'Oussama Ben Laden.

« Je dois admettre que j'ai été au départ déçu d'être ainsi catalogué », a dit Martin Luther King aux « modérés blancs » qui jugeaient extrémistes ses actes non violents. Les modérés voulaient ralentir le train de la ségrégation – édicter un moratoire, si vous voulez – plutôt que de l'arrêter sur ses rails. « Une compréhension superficielle de la part de gens de bonne volonté est plus frustrante qu'une incompréhension totale de la part de gens de mauvaise volonté », pensait King. Mais il est allé plus loin dans sa réflexion sur le sujet et :

[J'ai] obtenu un certain contentement à être considéré comme un extrémiste. Jésus n'était-il pas un extrémiste de l'amour ? « Aimez vos ennemis, bénissez ceux qui vous maudissent, faites du bien à ceux qui vous détestent, priez pour ceux qui se servent de vous avec mépris et vous persécutent. » Amos n'était-il pas un extrémiste de la justice ? « Que la justice suive son cours comme une rivière et que la vertu soit un courant en perpétuelle circulation. » Paul n'était-il pas un extrémiste de l'évangile chrétien ? « Je porte dans mon corps la marque du Seigneur Jésus. » Martin Luther n'était-il pas un extrémiste ? « Ici je résiste ; je ne peux pas faire autrement, que Dieu me vienne en aide. » Et John Bunyan ? « Je préfère rester en prison jusqu'à la fin de mes jours plutôt que de voir ma conscience se transformer en boucherie. » Et Abraham Lincoln ? « Cette nation ne peut pas survivre mi-esclave mi-libre. » Et Thomas Jefferson ? « Nous tenons pour des évidences ces vérités selon lesquelles tous les hommes naissent égaux. » Aussi la question n'est-elle pas de savoir si nous serons des extrémistes, mais quel genre d'extrémistes nous ferons. Serons-nous des extrémistes de haine ou d'amour ?

King aurait pu parler aux musulmans d'aujourd'hui quand il soulignait que « la nation et le monde ont un besoin urgent d'extrémistes créatifs ». Les extrémistes destructeurs n'ont pas besoin de poser leur candidature.

*

Je veux vous faire rencontrer l'une des extrémistes créatives qui a laissé à King une impression indélébile. Lillian Smith, une Blanche de Géorgie, a écrit le roman qui a été le best-seller de 1944, *Strange Fruit*. (Son titre, forgé dans le New York des années 1930 par un professeur de lycée juif et popularisé par la chanson de Billie Holiday, fait référence aux Noirs lynchés pendus aux arbres.) Je suis tombée pour la première fois sur Smith dans la *Lettre de la prison de Birmingham* de King. Il citait une poignée de Sudistes blancs qui « ont saisi le sens de cette révolution sociale et s'y sont engagés ». Parmi les noms d'hommes et de femmes dont j'avais déjà entendu parler, il y avait une femme à qui King faisait allusion et que je ne connaissais pas : Lillian Smith. Je me suis donc renseignée à son sujet.

En 1956, des années avant que King n'encourage les modérés blancs à devenir des « extrémistes créatifs », Smith a donné cette idée aux activistes des droits civiques des Noirs à Montgomery, en Alabama. En « montrant que la manière extrême peut être la bonne, c'est-à-dire celle qui est créative, et qu'en des temps éprouvants il s'agit même de la seule envisageable, vous aidez aussi le Sud blanc à trouver sa voie », expliquait-elle. Smith ne pratiquait pas le « noblesse oblige », ni la pitié bienveillante, mais la libération mutuelle. Dès qu'elle prenait la parole, elle donnait des arguments en faveur des droits civiques des Noirs qui libéreraient les oppresseurs blancs de leurs propres peurs paralysantes. Mais les autres libéraux restaient réticents quant à la nécessité de se frotter à la culture de l'honneur sudiste et aux ségrégationnistes qui s'en réclamaient.

En 1944, une génération avant les manifestations des droits civiques, Smith a rédigé une lettre ouverte. Son titre : « Aux libéraux blancs ». Elle y déclarait que la ségrégation représentait :

> une menace pour la santé de notre culture et de nos âmes. La ségrégation comme mode de vie – ou devrions-nous dire *mode de mort* – est une schizophrénie culturelle, ressemblant étrangement à la schizophrénie de la personnalité. C'est effrayant de remarquer les symptômes de la paranoïa chez ceux qui, parmi nous, se cramponnent à la ségrégation : violence, refus de la critique, défenses stéréotypées, incapacité à concilier leur trop grande estime de soi avec la sensibilité des autres, répugnance à accepter et à se tourner vers les nouvelles idées, désir profond de se dérober à

tout ce qu'il est difficile d'affronter, à tout ce qui exige-
rait de leur part une plus grande maturité...

Nous qui ne pouvons croire en la ségrégation comme mode
de vie devons parler ainsi. Nous devons briser la conspiration du silence qui nous tient si fort sous son emprise
que ça en est devenu un tabou. Nous devons dire pourquoi la ségrégation est insupportable pour l'esprit humain.
Nous devons en quelque sorte trouver le courage de dire
cela à voix haute. Parce que, de quelque façon que nous
rationalisions notre silence, c'est la peur qui nous fait taire
aujourd'hui. Seul un refus généralisé de la croyance en la
ségrégation et tout ce qu'elle implique arrachera ce mode
de vie à ses racines. Chacun de nous le sait dans son cœur.
Au Commencement était le Verbe et aujourd'hui le Verbe
est puissant. Rester silencieux alors que les démagogues,
ceux qui haïssent les nègres, les racistes, les malades men-
taux, réaffirment très haut leur foi en la ségrégation et le
lynchage spirituel que leur mode de vie inflige, c'est trahir tout ce qui est bon, créatif et sain dans les valeurs
humaines.

Le courage moral de Smith aida à briser les murs d'une
culture sudiste déconsidérée par l'honneur de groupe, une
culture dont les élites préservaient la ségrégation en invoquant
la tradition. Cela ne vous rappelle-t-il pas quelque chose ?
Elle a dénoncé l'incapacité de cette modération d'opérette
à répondre à la crise morale. Elle songeait : « Que veulent
dire les gens quand ils emploient ce mot flou, "modération" ? Qu'est-ce qui rend ce mot si hypnotique ? » Elle a
reproché aux libéraux de « se consacrer davantage à être
modérés qu'à répondre à la crise. Ils conduisent au beau
milieu de la route avec les yeux fermés et vous savez ce
qu'il arrive quand vous faites ça ». Vous vous tuez au
volant. Ou vous en tuez d'autres. Smith a écrit : « Les
magazines à large diffusion ont peur d'"offenser les ségrégationnistes blancs". Et c'est très triste : voir notre peuple,
notre fierté, des gens libres avoir peur de s'exprimer et

d'agir selon leur conscience. » Cela ne vous rappelle-t-il pas quelque chose ?

Par-dessus tout, Smith a dénoncé le relativisme. Comparant les voleurs invétérés à ceux qui sont habituellement honnêtes, elle a demandé : « Sont-ils tous également nuisibles ? Ou également bons ? Ceux qui pensent ainsi ont abandonné tout concept de moralité et de santé mentale dans les affaires humaines. » Elle a ensuite lancé un avertissement contre le triple effet du relativisme :

> Alors que les modérés gardent le silence, les mauvais extrémistes aboient à pleins poumons. Et à cause de cela, il est difficile à un jeune Sudiste blanc d'entendre quelque parole bonne et créative. Parce qu'il voit si peu de courage, si peu de bravoure parmi ses aînés, il perd la foi en un mode de vie bon, créatif et courageux. Un homme blanc m'a dit récemment : « Je risquerais n'importe quoi pour quelque chose en quoi je crois. Je pense simplement ne plus croire en grand-chose. »

C'est pourquoi Smith a tiré tant d'optimisme des activistes noirs. Elle leur assurait : « Vous donnez de l'espoir aux jeunes Sudistes blancs. »

> Vous en persuadez certains qu'il existe quelque chose qui vaille la peine d'y croire. Vous stimulez leur imagination et leur cœur, pas simplement parce que vous êtes courageux et prenez des risques, mais parce que vous savez que seuls comptent les moyens employés. Ils doivent être les bons, chargés de vérité et de dignité, d'amour et de sagesse.

Pour résumer : « C'est ainsi que l'acte créatif fonctionne : il vient en aide non seulement à vous mais aussi (et surtout) à autrui. » On peut croire Smith sans réserve. En 1960, les étudiants afro-américains ont organisé leur première manifestation à Greensboro, en Caroline du Nord. Les sources d'inspiration qu'ils citaient ? Le sociologue Gunnar Myrdal,

Mahatma Gandhi – et Lillian Smith. Elle n'attendait pas des étudiants un idéalisme puéril, mais une responsabilité personnelle. Smith a insisté tout au long de son combat sur le fait que, pour montrer l'exemple, les Noirs devaient « se débarrasser de *leur* méfiance envers les Blancs, de *leur* besoin de haïr les autres, de *leur* besoin de se sentir persécutés ». Elle voyait le mouvement des droits civiques modernes comme une mission humaine.

Même au crépuscule de sa vie, Smith se projetait encore dans le futur. En 1963, elle suggérait : « Notre gros problème, ce n'est pas les droits civiques, mais la manière de faire tenir dans un tout les pièces éparpillées de l'expérience humaine, la manière de réunir esprit mythique et esprit rationnel... » Réconcilier le mythe et la raison : cela m'apparaît le but suprême dans une époque où prolifèrent dogmes culturels, religieux et idéologiques. Cette époque est la nôtre.

*

De la même manière que Lillian Smith et Martin Luther King l'ont demandé aux Sudistes modérés, musulmans et non-musulmans doivent relever nos espérances au sujet des modérés autodéclarés de l'islam. Il nous faut pour cela avoir le courage moral de leur poser des questions : *Vous qui fustigez l'Occident, répudiez-vous également les ségrégationnistes de l'islam – ceux qui divisent l'humanité entre les* kafirs *et tout le reste ?*

Si vous condamnez le Ku Klux Klan, alors vous ne devriez avoir aucune hésitation à faire la même chose avec les talibans. En fait, ce sont des répliques assez fidèles des lyncheurs avec couteau et corde qui terrorisaient l'Amérique de Jim Crow[1]. L'historien Taylor Branch esquisse cette scène du torride été 1946 en Géorgie :

---

1. Référence à la chanson populaire *Jump Jim Crow*, qui a donné son nom aux lois Jim Crow instaurant la ségrégation raciale dans le sud des États-Unis de 1876 à 1965.

Les lyncheurs ont assassiné pas moins de six vétérans noirs en seulement trois semaines… L'un de ces six vétérans est mort quand un groupe d'hommes à capuche l'a fait sortir, lui, sa femme et un autre couple de Noirs, d'une voiture près de Monroe, les ont alignés devant un fossé et ont procédé à un tir qui a laissé selon un rapport d'autopsie pas moins de 180 impacts de balles dans l'un des quatre corps. À la suite de quoi, les enquêteurs de Monroe ont déploré que « même les meilleurs habitants de la ville ne parleraient jamais de cela… ».

Comparez cette terreur à ce que Farhat Taj a écrit sur les talibans pakistanais en mai 2010 :

Ce n'est pas la première fois que les talibans coupent des mains. Par le passé, des dizaines de fois, ils ont amputé des hommes, fouetté des gens et pendu des cadavres à des arbres. La semaine dernière, ils ont littéralement fait sauter deux supposés espions en leur attachant des explosifs avant de les déclencher – dans un espace public. Bien sûr, cela a pour effet d'instiller la terreur chez la population locale, qui évidemment n'a d'autre choix que d'assister à tout cela en silence.

« Washington a contribué à la création des talibans », me disent constamment les musulmans modérés comme si cela mettait fin à la conversation. Oui, Washington a joué un rôle dans l'émergence de cette engeance et à cause de cette bourde colossale, la guerre froide n'est pas finie. Mais cette réalité désolante dispense-t-elle les musulmans modérés de discréditer le dogme sur lequel les talibans prospèrent ? Pas le moins du monde. Puisque les colonisateurs des musulmans rendent fous les modérés, voici de quoi les encourager à donner de la voix contre les talibans : Washington ne dirige pas la zone tribale où règne la peur que décrit Farhat Taj. Celle-ci confirme que la zone est « *de facto* sous le contrôle des talibans et d'étrangers d'Al-Qaida ». Étrangers – sortez d'ici. *Les modérés dénonceront-ils les intrus de toute origine – ou seulement ceux qui viennent d'Occident ?* Une autre question que nous devons tous poser au nom d'une paix durable.

*

Les talibans ne font qu'inaugurer une longue liste de ségrégationnistes de l'islam. Nous ne pouvons pas laisser les modérés ignorer les milices génocidaires du Darfour, au Soudan, dont l'expertise en matière de nettoyage ethnique et d'esclavagisme en remontrerait aux fils de bonne famille sudistes de la Géorgie d'avant guerre. Un extrémiste destructeur comme Ben Laden reproche aux « Croisés envahisseurs » de fortifier les défenses des modérés, mais Mona Eltahawy, la perspicace musulmane réformatrice que j'ai présentée au chapitre 2, n'est pas dupe des supercheries de Ben Laden. Elle raconte : « Des musulmans tuent d'autres musulmans au Darfour. Ce n'est pas à cause de l'occupation israélienne ou d'une invasion menée par les États-Unis... » Eltahawy, une journaliste qui parcourt la planète encore plus que je ne le fais, a recueilli des histoires tout autour du monde, formant une mosaïque qui fait autorité. Elle conclut : « La triste réalité est qu'il y a aujourd'hui davantage de musulmans mourant des mains de musulmans que par les actes des Israéliens, des Américains ou de tout autre ennemi reconnu – que cela soit dû aux attentats-suicides quasi hebdomadaires au Pakistan, aux combats entre Palestiniens ou à la violence sectaire en Irak. »
Trois chercheurs ont corroboré sa conclusion en décembre 2009. En passant en revue les sources d'information en arabe, ils ont trouvé qu'entre 2004 et 2008, 85 % des victimes d'Al-Qaida étaient des musulmans, avec un pic à 98 % entre 2006 et 2008. Dans un rapport pour le Combating Terrorism Center à West Point, ils ont également réfuté l'hypothèse communément admise selon laquelle les

musulmans ne se font massacrer que dans les zones que l'Amérique a envahies. L'analyse montre qu'« en dehors des zones de guerre en Afghanistan et en Irak, 99 % des victimes d'Al-Qaida ne sont pas occidentales en 2007, 96 % en 2008 ». En d'autres termes, Al-Qaida n'a pas besoin de la barbarie des États-Unis pour infliger la sienne aux musulmans.

Pourquoi ne devrions-nous pas attendre des modérés qu'ils se lèvent avec autant de ferveur pour les civils blessés par la violence des musulmans que pour ceux touchés par la violence de l'Occident ? Les vies des musulmans ne comptent-elles pas autant quand elles sont éliminées par d'autres musulmans ? Devons-nous jauger la valeur des êtres humains à l'aune de celui qui les extermine ? Cependant, informer les modérés du danger que représentent les étrangers d'Al-Qaida (ou du fait qu'ils transforment des musulmans en chair à pâtée), n'aboutira pas forcément vers une discussion honnête. La connaissance ne garantit pas la rationalité. Pour relier mythe et raison, nous devons ouvrir nos *cœurs* en plus de nos esprits.

Une étudiante européenne en a récemment fait l'expérience. Elle a publié un message sur mon forum Facebook :

J'aimerais avoir un conseil de votre part. Le syndicat étudiant de notre université va être jumelé avec l'Université islamique de Gaza. Je suis très hostile à cela, vu que l'université de Gaza reçoit un soutien tant financier que moral d'organisations terroristes, dont les leaders évoquent la nécessité de tuer tous les juifs, les chrétiens et même les musulmans modérés... Je ne sais pas quoi faire, puisque tous les Européens avec lesquels j'ai parlé n'y ont simplement rien compris ! Je sais que le référendum sera approuvé – nous n'avons aucune chance –, mais je veux me battre jusqu'au bout.

Voici ce que je sais : s'il s'agit de Gaza, alors il est certain que le Hamas pioche dans la caisse. Et parmi toutes les raisons de combattre le Hamas, il y a sans doute avant tout le fait que sa charte admette l'esclavage dans l'islam. (Elle raconte aux esclaves des musulmans qu'ils peuvent combattre les sionistes sans la permission de leurs maîtres. Le Hamas, par conséquent, tolère l'esclavage des musulmans tout en réclamant que ces derniers s'émancipent des non-musulmans.) Le romantisme de certains étudiants européens aurait pu saisir là une occasion d'exprimer un sentiment de solidarité avec les musulmans, que l'on voit souvent en victimes et non en auteurs de l'impérialisme. Aussi voici le conseil que j'ai donné à mon amie sur Facebook :

> *Demandez aux partisans du référendum s'il est vraiment « anti-impérialiste » de se jumeler à une université qui reçoit des fonds de ceux qui seraient prêts à tuer des musulmans modérés. Utilisez le langage de l'anti-colonialisme pour montrer que ce qu'ils font va à l'encontre de leur rhétorique des droits de l'homme. Vous en trouverez beaucoup à être d'accord avec vous, et cela pourrait en inciter certains à se faire entendre, car vous-même exprimez vos préoccupations dans un langage – celui de l'anti-impérialisme – qu'ils comprennent.*

Trois jours plus tard, elle a publié le contre-argument des sceptiques : « Ils disent qu'ils le font pour les étudiants de l'université de Gaza et pas pour le Hamas, ignorant à quel point (dans la plupart des cas) ils sont étroitement liés. » Trois semaines après, l'étudiante écrivait de nouveau sur le forum : « Après une semaine très difficile (où j'ai même été traitée de nazie), NOUS AVONS GAGNÉ ! Et comme vous l'avez dit, beaucoup de gens se sont identifiés à nous. Une Pakistanaise est venue me voir et m'a dit qu'elle avait voté NON... J'étais sidérée. J'ai beaucoup appris. »

*

Nous en sommes arrivés à un point où nous attendons plus de la part des modérés. Mais élargir le chemin de l'islam exige que nous soyons plus nombreux à poser des questions sur la religion elle-même – pas seulement sur la culture tribale qui a colonisé les esprits musulmans contemporains.

Comme je l'ai mentionné plus tôt, sur le tournage de *Faith Without Fear*, j'ai interviewé l'ancien garde du corps d'Oussama Ben Laden. Ahmed Nasser, originaire du Yémen, a subi l'entreprise de « déprogrammation » mentale tant vantée par son gouvernement et les autorités l'ont présenté comme un terroriste repenti. Mais avec un grand sourire et sans cacher son intention d'entraîner son fils de 5 ans pour faire de lui un bon martyr, Nasser avouait rester convaincu de la nécessité de la violence. « Le djihad était pratiqué par le prophète lui-même ainsi que par ses compagnons, m'a-t-il expliqué. Certains d'entre eux sont morts en martyrs. Aussi le prophète et ses compagnons sont-ils nos modèles. »

Dans une vidéo filmée avant les attentats du métro londonien de 2005, Mohammad Sidique Khan déclarait : « Notre religion est l'islam – obéir au seul vrai Dieu, Allah, et suivre les pas du dernier prophète et messager, Mahomet... C'est cela qui nous dicte nos positions éthiques. » Khan a fait cette déclaration avant de prononcer une seule syllabe sur les politiques étrangères de l'Occident.

Mohammed Bouyeri, le musulman originaire des Pays-Bas qui a abattu Theo Van Gogh, a stoïquement avoué qu'il avait agi selon ses convictions religieuses. Il savait que ses balles tueraient sa victime, mais il a aussi très vite sorti une lame pour décapiter le corps. Brandir la lame décrétait de nouveau la guerre tribale du VIIe siècle. Même la note griffonnée en néerlandais que Bouyeri a gravée au couteau à même le corps de Van Gogh avait les rythmes caractéristiques de la poésie arabe.

Les musulmans modérés ont blêmi à l'idée d'explorer le rôle de la religion dans les conflits terroristes. Ils déplorent la violence commise au nom de l'islam, mais répètent par réflexe que « l'islam n'a rien à voir avec tout ça ». Dans leur déni, les musulmans modérés s'exonèrent de tout travail

d'interprétation, disant en réalité aux terroristes d'honneur :
« Vous avez remporté le morceau, les gars. Nous n'allons
pas revenir vers vous avec des réinterprétations audacieuses
et concurrentes. Parce que si nous le faisions, nous accep-
terions que la religion ait quelque chose à voir avec toute
cette violence. Puisque l'islam est parfait, nous ne pouvons
pas aller dans cette direction. »

L'islam est ce qu'en font les musulmans. Tout comme
les chrétiens et les juifs ont réinterprété les passages pro-
blématiques de leurs Écritures pour les siècles nouveaux,
les musulmans doivent faire de même. Il ne s'agit pas
de réécrire le Coran, il s'agit de mettre à jour les interprétations des mots utilisés. Les islamo-tribalistes peuvent
décréter que leurs interprétations sont les seules qui soient
vraies, leur arrogance ne respecte pas le rappel sans ambi-
guïté du Coran que Dieu seul détient toute la vérité. Cette
arrogance en dupe pourtant trop parmi nous en leur faisant croire qu'une seule interprétation tient debout. Pour
ces deux raisons, la réinterprétation est une noble tentative – d'autant plus que certains versets sont cités dans le
but d'entretenir une folie meurtrière.

Dans l'état actuel des choses, les modérés mettent tout
au plus « en contexte » les versets coraniques gênants,
en en donnant une interprétation héritée du tribalisme du
VIIe siècle. Dans un documentaire qui est passé à la télévision britannique, Tariq Ramadan s'assoit avec des musulmans pour discuter d'un verset coranique cité par bon
nombre de ceux qui considèrent l'islam comme une religion de haine : « Tuez les païens où que vous les trouviez,
capturez-les, assiégez-les » (9 : 5). Les musulmans examinant ce passage, nous raconte Ramadan, « mettent peu de
temps à se rendre compte que ces mots ne devraient pas
être cités hors contexte ». Comme le dit l'un d'entre eux :
« Si nous lisons le verset précédent, nous pouvons voir
immédiatement que la position est défensive. Le verset nous
dit "Combattez ceux qui vous combattent dans le chemin
d'Allah". Aussi est-il nécessaire d'avoir été attaqué et par

conséquent d'être une victime en premier lieu. » Ramadan approuve. Il nous explique que « ces versets évoquent le moment particulier qui précède la bataille menaçant les survivants de la première communauté musulmane. Cela ne peut être vu comme une autorisation générale à tuer tous les non-musulmans ».

Mais comment son analyse se différencie-t-elle de ce que déclarent les terroristes ? Au Yémen, Ahmed Nasser a insisté devant moi sur le fait que les guerres de l'impérialisme occidental ont victimisé l'*ummah* du XXIe siècle, c'est pourquoi « je me suis engagé à protéger les musulmans partout sur terre ». Nous avons déjà entendu cette histoire. La réponse de Ramadan concernant la position de Nasser ? « Le message du Coran est assez clair : c'est mal de tuer des civils. » Là aussi, nous avons déjà entendu cette histoire. Cela n'a pas exactement influencé Yusuf al-Qaradawi, le théologien qui a décidé – sous les applaudissements de ses pairs – que les musulmans pouvaient légitimement prendre pour cibles des civils israéliens. Pas plus que l'intérêt que Ramadan porte aux civils n'a ému Nasser. Il le retourne en disant que les femmes et enfants musulmans sont des civils qui ont besoin de se défendre contre les forces infidèles. Par conséquent, comme la communauté musulmane du VIIe siècle l'a fait, « combattez ceux qui vous combattent dans le chemin d'Allah ».

Ce verset peut être réinterprété. Nous pourrions reconnaître qu'il y a aujourd'hui plus de musulmans mutilés, emprisonnés, torturés et assassinés par les leurs que par n'importe qui d'autre. Afin de « combattre ceux qui vous combattent sur le chemin d'Allah », les musulmans devraient repousser les plans de colonisation des autres musulmans et faire preuve de solidarité avec l'*ummah*. C'est ce dont auraient dû entendre parler Mohammad Sidique Khan, Faisal Shahzad et d'autres djihadistes anti-impérialistes. La violence de musulmans contre leurs coreligionnaires est la colonne vertébrale d'une histoire qui dégonfle la propagande djihadiste. C'est une contre-histoire qui rend justice à un Dieu aimant. Les musulmans modérés doivent la partager avec les hommes et les femmes de leurs communautés. C'est ce que nous attendons d'eux.

Les modérés pourraient recalibrer leur boussole morale d'une autre façon (au moins). Ne vous contentez pas de fulminer à propos des non-musulmans : faites la lumière sur les musulmans qui démontrent que la réforme interne est elle-même anti-impérialiste. Racontez l'histoire d'Abdul Ghaffar Khan. Enseignez à vos enfants celle de Rana Husseini, la journaliste jordanienne qui fait sauter le couvercle des crimes d'honneur dans sa société. Soyez fier de l'initiative « Stop Stoning Forever ». Parlez autour de vous de la Campagne du million de signatures pour l'égalité des femmes iraniennes. Et remarquez que chacun de ces combattants de la liberté a choisi la non-violence. Les réformateurs iraniens nous rappellent les choix qui se présentent aux anti-impérialistes − où qu'ils vivent. Vous avez probablement entendu parler de Neda Agha-Soltan, 27 ans, souvent appelée simplement par son prénom, morte dans les rues de Téhéran en protestant contre les élections truquées de son pays en 2009. Son assassinat, orchestré par l'État iranien, a fait le tour du monde, diffusé sur des sites de vidéo en ligne. Le meurtre de Neda est presque instantanément parvenu à symboliser l'injustice subie par les patriotes iraniens. Mais les décisions qu'elle a prises en coulisse montrent qu'elle a agi à une plus grande échelle. La foi et l'intelligence de Neda l'ont conduite à étudier la philosophie islamique à l'université d'Azad. Après deux trimestres, elle abandonne. Sa sœur se rappelle que Neda « avait l'habitude de dire que le Dieu enseigné dans ces universités était différent de celui qu'elle vénérait. "Ce n'est pas mon Dieu. Celui que je vénère est un Dieu compatissant et aimant" ».

Au premier anniversaire des protestations, j'ai lu des articles sur d'autres exemples de résistance quotidienne en Iran. Le *New York Times* a ainsi rapporté : « Le fils d'un éminent fonctionnaire a raconté à un ami qu'il n'accepterait plus jamais d'argent de son père parce que ce dernier travaillait pour le gouvernement, que le fils considérait comme corrompu. » L'histoire se terminait ainsi :

Alors que beaucoup de gens sont déçus [que le régime ait survécu], d'autres disent que l'année de souffrance et de sacrifice porte ses fruits. Un étudiant en médecine âgé de 20 ans a dit : « Les gens ont vraiment obtenu quelque chose, un certain degré d'indépendance individuelle. Ils ont commencé à décider par eux-mêmes qu'ils sortiraient protester et suivre l'actualité. Ça s'est produit pour tout le monde. À des moments différents de leurs vies, ils perdent patience et il est peu probable désormais qu'ils se déclarent prêts à supporter ce qu'ils toléraient par le passé. »

Tous ces acteurs combattent les abus de pouvoir au sein de l'islam en assumant leur propre responsabilité dans cette tentative d'amendement moral. Ils ne se tiennent pas là à attendre alors que des juristes musulmans, aussi susceptibles de mener des politiques crapuleuses que les décideurs américains ou israéliens, émettent des verdicts sur le comportement de tout le monde. Ils prennent sur eux de refaçonner l'islam dans sa pratique. Leur résistance est tout sauf passive.

*

Franchement, je ne suis pas certaine que tous les versets du Coran qui appellent au combat puissent être réinterprétés pour notre siècle. Mais peut-être que chacun de ces passages n'a pas besoin d'être activement repensé si les versets pluralistes du Coran peuvent être diffusés à une masse critique de musulmans. Personne ne peut savoir tant que nous ne sommes pas plus nombreux à essayer. Mais ce dont je suis certaine, c'est que la trahison des modérés ne va pas nourrir la foi de musulmans assoiffés de liberté.

Après les attentats de Londres en 2005, j'ai remercié à la radio les musulmans ordinaires pour leurs condoléances aux victimes et leur condamnation des criminels. Mais, ai-je continué, « trop d'imams seraient plutôt tentés de nier le rôle que pourrait avoir le Coran dans cette pagaille ». J'ai choisi l'exemple de l'imam Feisal Abdul Rauf, l'éminent religieux de New York. Dans mon commentaire, je n'ai pas cité son nom, craignant que ma démonstration ne soit affaiblie par des accusations d'attaque personnelle. Disant de l'imam qu'il était « gentil » et « correct », j'ai ensuite disséqué les communiqués de presse qu'il avait publiés après les attaques. Il déclarait que selon le Coran, « quiconque tue un être humain est considéré comme le meurtrier de l'humanité tout entière » (5 : 32).

J'ai objecté : « Pas tout à fait. Le verset dit : "Quiconque tue un être humain, *sauf en punition d'un meurtre ou d'une autre infamie sur terre*, est considéré comme le meurtrier de l'humanité tout entière." » Pour les djihadistes de Londres, ai-je poursuivi, l'« infamie sur terre » décrit les empreintes que laissent les bottes des soldats américains sur le sol irakien. Ce passage coranique, par ailleurs humain, offre à tous les djihadistes une porte de secours qui débute par « sauf ». J'ai demandé : que devons-nous faire de cette lacune ? À l'époque, je n'ai pas suggéré que l'« infamie sur terre » pouvait décrire les actions d'Al-Qaida et des talibans. Dans mon commentaire, j'ai formulé ça comme une « prochaine étape » : les musulmans modérés devraient se joindre aux juifs et aux chrétiens modérés « en reconnaissant la mauvaise part de tous nos textes... Soyons honnêtes entre nous, même quand nous luttons pour nous montrer justes envers chacun ».

La semaine suivante, une connaissance musulmane m'a envoyé un e-mail. Irritée par le fait que j'en « avais après les musulmans modérés », elle m'a sèchement conseillé de « laver mon linge sale en famille ». Je rapporte cette anecdote pour une seule raison. En tant que musulmane sûre de ma foi, je peux gérer les idéologues de l'identité qui

231

ont bien appris leur leçon, mais qu'en est-il du musulman dont la foi ne tient qu'à un fil ? Ces accusations éculées sont-elles ce qu'on peut attendre de mieux de quelqu'un de candide ?

Je pense à Saba, une étudiante douée d'un vrai sens moral qui me soumet une énigme :

> En tant que responsable des relations publiques de notre Association des étudiants musulmans (AEM), j'ai l'occasion de discuter avec beaucoup de gens au sujet de l'islam, particulièrement des conceptions erronées que les non-musulmans peuvent avoir... Malheureusement, ma plus grande préoccupation concerne maintenant les conceptions erronées des musulmans eux-mêmes. Après avoir plaisanté avec quelques types de l'AEM, je me suis exclamée à voix haute : « Eh bien, mon opinion compte autant que la vôtre », ce à quoi l'un de mes amis a répondu : « Pas selon la Sunna. » Il faisait bien sûr référence à la nécessité de remplacer un témoin de sexe masculin par deux témoins de sexe féminin (Coran, 2 : 282).
>
> Sans tenir compte de ce que cette phrase a pu signifier dans le contexte de La Mecque du VIIe siècle, il est clair que pour beaucoup d'hommes elle signifie que la voix d'une femme est en fait inférieure à celle d'un homme... Comment suis-je censée contrecarrer cette image négative des femmes quand notre propre doctrine semble soutenir l'idée qu'elles sont faibles et soumises ?

De froides allégations de trahison retarderont les idées fraîches que Saba pourrait injecter dans l'islam tel qu'on peut le vivre. Le manque de scrupule moral des militants profane un Dieu miséricordieux, mais le manque de courage moral des modérés également. Nous ne devons pas nous limiter à ces choix étriqués : manque de scrupule contre manque de nerf. La foi sait se montrer généreuse.

*

Pour défier la sournoise politique à l'œuvre derrière la modération, nous devons avoir davantage conscience et nous méfier de trois tendances qui s'expriment dans toute conversation sur l'islam.

Premièrement, à chaque fois qu'un activiste musulman commet un acte d'extrémisme en invoquant la religion, les modérés rétorquent « Ce n'est pas l'islam ». En novembre 2009, le Major Nidal Malik Hasan a ouvert le feu sur ses camarades de l'armée américaine à Fort Hood, au Texas. Il a crié *Allah ou Akbar* – « Dieu est grand » – quand il s'est mis à tirer. Asra Nomani, une musulmane contre-culturelle, dit publiquement à propos des retombées dérangeantes : « Voici le mantra des organisations musulmanes : "Le Major Hasan ne représente pas l'islam." Eh bien, tout ça ne tient pas compte du fait que – bien sûr que si – le Major Hasan a suivi une interprétation de l'Islam qui prévaut dans la communauté. C'est un fait. » Quand les modérés fuient cette réalité, ils éveillent des soupçons sur l'islam, qui réalisent la prophétie selon laquelle toutes les questions destinées aux modérés ne peuvent être que le fruit du sectarisme. Nous devons rappeler aux modérés une vérité simple : vous ne pouvez pas avoir de conversations constructives si vous fuyez.

Parfois, ce rappel marche vraiment. En avril 2007, j'assistais à un événement pour la Semaine de conscience islamique à l'université Simmons près de Boston. Un couple marié a fait la présentation à côté du père de la femme. Après cela, un étudiant musulman dans le public a demandé à la présentatrice pourquoi il y avait tant de silence autour du crime de lapidation. Elle a répondu : « Je pense qu'il y est utopique de croire que les musulmans peuvent s'exprimer.

— Ce n'est pas utopique. C'est notre responsabilité, a répliqué l'étudiant.

— Alors, l'une des choses les plus importantes que nous pouvons faire est de prier, a suggéré la présentatrice.

— C'est charmant de prier, mais votre réponse est une énorme échappatoire. »

Le père de l'intervenante s'est plaint : « Nous autres modérés n'avons jamais l'attention des médias. » Peut-être embarrassée par l'illogisme de son père, ou peut-être poussée vers un espace de maturité morale, la présentatrice a admis : « Nous devons cesser de faire des reproches aux autres avant de regarder en nous-mêmes. » Son mari, faisant écho à l'appel du Coran à la responsabilité individuelle, a ajouté : « Nous devons nous amender. »

Falak, l'une de mes lectrices, donne raison à ma foi en de plus hautes espérances pour les modérés. Elle m'a envoyé cet e-mail :

> J'ai été élevée en bonne musulmane au Moyen-Orient, puis j'ai déménagé au Canada où j'ai épousé un Canadien non musulman. À force de pratiquer l'islam au quotidien et d'écouter les habituels diplômés parler du « diable » occidental, je me suis mise à débiter les mêmes phrases toutes faites que beaucoup de musulmans de l'ère post-11 Septembre : ce sont des fanatiques (pas de vrais musulmans) qui se sont éloignés du droit chemin... Vous savez ce que j'ai compris depuis ? Que c'étaient des musulmans religieux et éduqués avec des passés de privilégiés qui avaient agi ainsi. Ils ont trouvé quelque chose quelque part qui les absolvait de l'acte de tuer.

Falak a promis de « transmettre à ses filles une foi plus équilibrée ».

La deuxième tendance à propos de laquelle il faut rester vigilant : nous partageons généralement l'idée que la plus grande responsabilité que doivent les musulmans est de dénoncer la violence, point barre. Mais il y a beaucoup plus à faire. Dans le sillage de la fusillade de Fort Hood, le Council on American-Islamic Relations (CAIR), qui représente la tendance la plus répandue de l'islam, a publié un communiqué de presse déclarant : « Nous condamnons cet acte lâche et demandons que les auteurs soient punis par la loi. Aucune idéologie politique ou religieuse ne pourra jamais justifier ou excuser une telle violence, gratuite et sans discernement.» La condamnation du CAIR est un premier pas. Mais le CAIR devrait reconnaître qu'une certaine interprétation de l'islam pourrait faire pencher la balance en faveur du Major Hasan, et si c'est le cas, alors les musulmans doivent s'engager dans la voie d'une réinterprétation.

Quelques mois après son enquête, le procureur général Eric Holder s'est assis devant les membres du Congrès. Comme le public, il savait alors que le Major Hasan allait sur des sites islamistes et communiquait avec un imam radical yéménite-américain, qui faisait l'apologie de la haine. Holder a répondu à des questions répétées sur le rôle de l'islamisme dans la fusillade, mais il ne pouvait s'autoriser à considérer un tel rôle. « Qu'attendiez-vous ? » se moqueront certains lecteurs. J'attends plus. Parce que Holder lui-même prétend attendre plus, au moins du débat américain sur la race. Il est célèbre pour décrire ses concitoyens comme « une nation de lâches », pour esquisser un dialogue difficile sur les questions raciales, et il a raison. Mais quand vient le débat sur l'islam, Holder refait les bonnes vieilles erreurs. Il devrait – et nous devrions – faire de nouvelles erreurs.

Ai-je perdu complètement la tête ? Les enjeux ne sont-ils pas trop apocalyptiques pour risquer d'autres mauvais pas ? Pas si les enjeux impliquent une paix nécessaire. En octobre 2006, « les autorités et les universitaires » musulmans modérés ont rédigé une lettre ouverte à leurs homologues chrétiens. Intitulée « Un langage commun entre vous et nous », la lettre parle avec enthousiasme de réconciliation, mais établit une condition importante pour que les chrétiens méritent l'amour des musulmans : ne déclenchez pas une guerre contre l'islam. Cela semble raisonnable au premier abord, mais quand vous y réfléchissez...

Tout geste, y compris un geste humanitaire, peut être interprété comme hostile à l'islam selon le programme politique de celui qui en fait l'interprétation. L'intervention de l'OTAN pour mettre un terme au génocide au Soudan, pays majoritairement musulman, reviendrait-elle à déclencher la guerre à l'islam ? Les djihadistes pourraient faire en sorte que ce soit le cas. Ils pourraient ensuite citer la logique de la guerre contre l'islam pour justifier leur terrorisme, laissant les musulmans modérés reprocher à la politique étrangère de l'Occident de produire des terroristes. C'est ahurissant, et prévisible. En jouant sur ces termes, les penseurs musulmans modérés valident cette logique militante. Et en ne les interrogeant pas assidûment sur ce sujet, les penseurs chrétiens leur retournent la faveur. J'ai lu leur réponse à cette lettre, elle s'efforce de ressembler à un éloge de l'harmonie, ignorant presque l'idée bancale à la base du concept de paix proposé par les musulmans.

En révélant le caractère confus de ce dialogue, je vise l'honnêteté et la clarté, toutes deux présentes dans les dernières questions que je recommande lors de discussions sur l'islam avec des modérés. Les questions ressemblent à ça : *Je ne me pose pas de questions sur la théorie de l'islam, que je crois magnifique, mais je me pose des questions sur sa pratique. Quel élément de l'islam, quand il est suivi dans le monde réel et imparfait, mène à la souffrance et pourquoi ?* C'est une question conçue pour couper court à la troisième tendance : les modérés parlent de l'islam dans l'absolu. Cette tendance engendre des banalités comme « L'islam est paix. » Quand les sceptiques entendent ce cliché, ils le prennent souvent comme un signe de la duplicité des musulmans. Mais le fait est que beaucoup de modérés croient sincèrement que l'islam est paix. Ce qu'ils disent, c'est : « Islam *signifie* paix. » Ce qu'ils ne disent pas, c'est : « Ce n'est pas parce qu'un mot veut dire quelque chose que la réalité s'alignera forcément dessus. »

Avec un clin d'œil et un sourire, je rappelle aux modérés hargneux qui viennent m'écouter qu'« Irshad signifie conseil. Mais vous êtes clairement convaincus qu'en examinant le problème au sein de l'islam aujourd'hui, je me fourvoie. De même, islam signifie paix, alors que nous avons la preuve que souvent ce n'est pas le cas. Alors qu'en est-il ? Le sens d'un mot, est-ce vraiment tout ce qui compte ? Si oui, vous devriez admettre que je suis bénie par les conseils de Dieu. Sinon, vous devriez admettre qu'il peut y avoir certains aspects de la pratique de l'islam que nous devons adapter au XXIᵉ siècle. » Les grincheux ne se lèvent pas, contrairement à leurs sourcils. Et les dialogues intérieurs suivent leur chemin, utiles préludes à des échanges entre les gens.

Je viens juste d'énumérer trois tendances dont il faut tenir compte avant de les repousser, en gardant à l'esprit qu'aimer et honorer les autres, c'est avoir foi dans leur aptitude à grandir. Les êtres humains, cependant, sont crédules dès qu'il s'agit d'émotions. La peur peut nous induire en erreur et nous pousser à décider que ces questions ne font qu'aggraver les problèmes, particulièrement dans un environnement déjà polarisé. C'est pourquoi les questions que je pose – et que je vous demande de poser – rejettent la division artificielle entre l'islam et l'Occident. Mes questions réimaginent le débat public pour que musulmans et non-musulmans puissent trouver dans les valeurs humaines un but commun. Comme l'a écrit l'universitaire réformiste Khaled Abou El Fadl : « La pensée musulmane est restée soit pro-occidentale, soit anti-occidentale, au lieu de se concentrer sur une question bien plus importante : la pensée musulmane est-elle, dans le monde moderne, pro-humaine ou anti-humaine ? »

Pour être pro-humains, nous devrons nous défaire de l'illusion de neutralité. Lillian Smith enseignait que dans un contexte de pratiques monstrueuses telles que le lynchage ou la lapidation, il est belliqueux de prendre gentiment ses distances. La neutralité renforce la brutalité et jette sous les bus les réformateurs honnêtes envers Dieu.

*

Mlle Lillian devait entrer en cachette sur le campus d'une université du sud des États-Unis, du fait de son impopularité parmi les Blancs. Mais, durant tout son combat contre les cris des brûleurs de croix, les « voix chantantes » des politiciens ségrégationnistes et les « gentilles cruautés masquées » des modérés, elle s'est proclamée « pro-sudiste ». Elle a conservé l'espoir qu'« il y a, sous tous nos problèmes et notre cécité, un bon Sud en pleine croissance, des gens créatifs qui commencent à s'élever au-dessus de leurs vieilles défenses et en finissent avec le monde dans lequel ils vivent... Oui, je suis pro-sudiste ».

De même, je suis pro-islam. Dans *Al-Fatiha*, l'« Ouverture » du Coran et la prière emblématique de tous les musulmans, ceux qui ont fait fausse route sont décrits avec les mots utilisés ailleurs pour dépeindre ceux qui ont perdu tout espoir. Par conséquent, espérer, c'est croire en la grâce d'Allah (Sa permission, Sa protection et Son amour), pour persévérer dans l'effort et aspirer non seulement à mon amendement mais aussi à celui des autres. Ce qui signifie que, puisque j'emprunte le chemin élargi de l'islam, même les menaces de mort viennent nourrir ma liberté créative. Anonyme m'envoie cet e-mail :

Les roses sont rouges
Son sang l'est davantage.
Dieu veut sa MORT
Et nous la Lui promettons.

Ma réponse :

Je viens juste de discuter avec Dieu ;
Il ne se rappelle pas vous avoir demandé de me tuer.
Peut-être L'avez-vous mal entendu
Quand Il a dit : Hmm... La blesser ?

Non, abruti, a-t-Il clarifié,
Ce n'est pas la bonne manière ;
Pensez et agissez,
Sinon pas la peine de prier.

238

Car j'ai donné à mes créatures un don
On l'appelle libre arbitre.
Vous pouvez ne pas être d'accord
Mais ce n'est pas à vous de tuer.

Anonyme a répondu :

Alors quand mes frères explosent,
Ils font usage de leur libre arbitre.
Vous pouvez le réfuter,
Mais, hé, ce n'est pas à vous de tuer.
Compris, SALOPE ?

La suite que j'ai donnée à sa réponse :

Compris ? Pas encore.
Vous oubliez un fait :
Quand vos « frères » explosent,
Ils en tuent d'autres qu'eux.

S'ils ne faisaient que se blesser,
Je ne me plaindrais pas.
Mais ils volent le libre arbitre d'autres qu'eux
C'est un tout autre jeu.

Il est clair que ce sont des voleurs.
Je dois demander : Qu'êtes-vous ?
Un complice ? Un musulman ?
N'y a-t-il aucune ligne de démarcation ?

Anonyme de nouveau :

Joli poème, sale pute.
Mais il ne te sauvera pas.
Seul ALLAH le peut,
Et devine quoi ? Il te DÉTESTE.

239

Maintenant moi :

Est-ce Dieu qui me déteste ?
Ou est-ce toi ?
Ce n'est pas parce que les roses sont rouges
Que les violettes le sont aussi...
Compris, gangsta ?

Anonyme n'a pas répondu. Et je suis plus vivante que jamais.

CHAPITRE 7

L'absence de sens
est la vraie menace de mort

Une pom-pom-girl d'Al-Qaida et un conseiller en communication de George W. Bush partent en guerre. Lequel des deux le fait au nom de l'intégrité ? La réponse irrévérencieuse est : « Aucun », mais cela ne saurait être vrai. Je vais expliquer pourquoi grâce au défi que m'a lancé Amin. Ce musulman lisait le blog de Malika, consacré au « devoir » qu'a l'islam de détruire l'Occident. Jusqu'à récemment, Malika respectait consciencieusement les lois de son pays, la Belgique, et acceptait fièrement le dénigrement systématique dont sont l'objet ses croyances. Amin trouvait que Malika respectait les trois conditions du courage moral : opposer la vérité au pouvoir, le faire au sein de sa communauté et s'exprimer en son nom pour le bien commun. Alors, demande-t-il, cette blogueuse djihadiste n'est-elle pas un agent des valeurs que je défends ?

Dans ma réponse, je posais à Amin quelques questions. De quelles « vérités » cette femme parle-t-elle ? Elle fulmine contre l'ingérence occidentale mais passe sous silence le fait qu'au Pakistan, les militants sunnites utilisent les chiites comme cibles pour leurs exercices de tir. Qu'en Afghanistan, des seigneurs de la guerre, citant le Coran, violent de jeunes musulmanes. Qu'au Liban, les Palestiniens s'en tirent grâce à des petits boulots puisqu'ils n'ont pas le droit de devenir propriétaires, encore moins d'exercer un vrai métier. Qu'en Israël, les roquettes Katioucha lancées par le Hezbollah détruisent les maisons de musulmans arabes. Ajoutez donc ces vérités à celles de Malika ; alors, nous pourrons parler.

Par la suite, j'ai rappelé à Amin que le courage moral ne nécessite pas seulement de dire la vérité mais de la dire à ceux qui exigent une allégeance sans esprit critique. Dans une société ouverte, il n'est pas bien difficile de pérorer sur l'abominable Occident. Pour véritablement avoir du courage moral, Malika devrait montrer à ses comparses djihadistes comment les musulmans se mutilent les uns les autres.

Au final, pour quel « bien commun » Malika lutte-t-elle ? De façon évidente, il ne s'agit pas de la protection des musulmans à travers le monde. J'ai tendu une branche d'olivier à Amin. Bloguer sur des crimes commis entre musulmans n'est pas la seule façon qu'aurait Malika de servir le bien commun. Avec les 800 euros d'allocations-chômage qu'elle reçoit tous les mois de la part de l'État belge, elle pourrait le défendre autrement : elle pourrait donner une part de ses indemnités aux veuves de guerre irakiennes, qui touchent au maximum 30 euros par mois. Celles-ci accepteraient sans nul doute l'aide d'une sœur musulmane. J'ai ensuite ajouté que la responsabilité de Malika devient plus importante si l'on prend en compte ceci : de nombreuses femmes ont perdu leur mari par la faute des troupes occidentales, c'est un fait, mais aussi grâce aux insurgés musulmans en provenance de pays musulmans, les non-Irakiens qu'elle encourage sur son blog.

J'ai suggéré qu'elle tire des leçons de l'engagement de Scott McClellan, ancien porte-parole du président George W. Bush. Après avoir quitté son poste, McClellan a publié un livre (qui s'est très bien vendu) sur l'imposture qui infestait Washington. En juin 2008, il s'est engagé à reverser une partie de ses droits d'auteur à des familles de victimes irakiennes, auxquelles il disait avoir porté préjudice dans le cadre de la désinformation dont il avait été victime – et à laquelle il avait prêté la main – lorsqu'il était en poste. Ce jour-là, Scott McClellan a transcendé son appartenance à sa tribu pour faire preuve de courage moral.

Cet exemple prouve que, en dépit de ses hésitations et de ses silences passés, Malika peut faire de nouveaux choix dès maintenant. Chacun de nous le peut. Il n'est jamais trop tard et on n'en fait jamais trop. J'accepte que mes choix aient des conséquences, j'ai prise sur mon destin et je peux aider les autres à accomplir le leur.

Les musulmans ont sans doute besoin de cette dernière leçon pour faire le choix du courage moral, mais tous les citoyens des pays démocratiques en ont besoin aussi. Nous qui avons le droit d'être des individus sommes incroyablement chanceux. Cependant, tant que nous ne serons pas plus nombreux à exercer notre individualité et notre intégrité, notre chance sera purement fortuite, et pas fondamentale. Le pilote automatique a pris la place de la connaissance de soi et du questionnement. Nous savons ce qui assaille les sociétés qui abordent les contrées de la croyance aveugle.

Leçon n° 7 : *L'absence de sens est la vraie menace de mort.*

*

Quelle est la raison qui me pousse à consacrer ma vie à élargir le chemin de l'islam ? Plus précisément, pourquoi suis-je prête à mourir pour cette cause ? Cette entreprise casse-cou peut sembler hasardeuse, non seulement parce que je n'ai aucune certitude quant à sa réussite, mais aussi parce qu'il est impossible de prédire ce qu'il en résultera. Pensez à toutes les informations dont nous ne disposons pas encore. Alors que la Chine accède au statut de super-puissance, le penchant communautaire de sa culture va-t-il masquer, tronquer, s'articuler ou s'harmoniser avec l'individualité promue par les cultures occidentales ? Un nombre croissant de Chinoises ont recours à la reconstruction chirurgicale de l'hymen pour être présumées vierges lors de leur mariage. Le code de l'honneur arabe trouve sur ce point un allié. Alors que la Chine et ses valeurs se déploient on ne sait trop comment, le combat des musulmanes pour l'authenticité sexuelle va-t-il trébucher ? Ou bien cette dernière s'en trouvera-t-elle fortifiée ?

Sur un tout autre plan, la commission budgétaire du Congrès explique que d'ici la fin de ma vie, les intérêts de la dette américaine dépasseront la totalité du budget de la défense. Bonne ou mauvaise nouvelle pour recalibrer la politique extérieure des États-Unis ? Bonne ou mauvaise nouvelle pour chercher des alternatives au pétrole émirati ? Bonne ou mauvaise nouvelle pour combler les abîmes partisans et se consacrer à des priorités humaines ? Un peu de tout ça, je pense.

Quand le monde tel que je le connais donne l'impression de se désagréger, j'aime à me rassurer avec une certitude : j'ai une mission. Je l'ai choisie. Ce choix tire sa force de mon engagement personnel, qu'aucune manœuvre politique ne pourra ébranler. Et comme cette mission vise à rendre à ma société les libertés qu'elle m'a données, je suis certaine de l'adéquation de mes buts avec mes choix. Robert F. Kennedy les aurait qualifiés de « buts moraux suprêmes ». Ils reflètent « les réalités de la confiance, de la passion et de la foi humaines ; des forces qui sont, au bout du compte, plus fortes que tous les calculs de nos économistes et de nos généraux ».

Après l'assassinat de Martin Luther King, sa veuve a fait une remarque saisissante sur la valeur que son défunt mari attribuait à la vie. « Mon époux disait souvent aux enfants que si un homme n'était prêt à mourir pour aucune cause, alors il n'était pas fait pour vivre », rappelait Coretta Scott King. Si King exigeait tant de lui-même, c'est en partie du fait de son attachement chrétien à la vie éternelle. Mais dans sa volonté de mourir pour la justice, King s'inspirait aussi du mouvement féministe américain. Oubliez les années 1960, je fais allusion aux années 1830, lorsqu'une coterie de femmes chrétiennes décida de mettre en place une stratégie de lutte contre l'esclavage. « C'est une cause qui mérite qu'on meure pour elle », dit l'une d'elles à New York, lors de la première convention des femmes américaines contre l'esclavage. Chaque rencontre avec leurs opposants menaçait de se transformer en rixe, mais les femmes ont tenu bon. L'année suivante, à Philadelphie, des milliers d'hommes déferlèrent sur le lieu de leur rassemblement, brisant les vitres avant de mettre le feu au bâtiment. Gardez à l'esprit que ces femmes se sont regroupées non pas pour faire reconnaître aux hommes qu'elles sont leurs égales mais pour insister sur l'humanité complète et non négociable des Noirs. En vivant avec des buts moraux ultimes, et en se préparant à mourir pour ceux-ci, elles firent plus que donner corps à la campagne pour l'abolition de l'esclavage : elles découvrirent leur propre voix.

Et elles le firent en étendant le chemin du christianisme. Imaginez voter la résolution suivante : « Le temps est venu pour les femmes d'entrer dans la sphère que la Providence leur a assignée et de ne plus se satisfaire des coutumes corrompues et des limites circonscrites qu'une application perverse des Écritures a dessinées. » Coutumes corrompues. Application perverse des Écritures. Ne plus se satisfaire. C'est une résolution taillée sur mesure pour les réformateurs musulmans d'aujourd'hui.

Dans *Faith and Feminism* (« Foi et féminisme »), Helen LaKelly Hunt révèle : « Cette déclaration est le premier appel pour le droit des femmes en Amérique. » Ce n'était pas prémédité, mais c'est la façon dont fonctionne l'extrémisme créatif : en dérivant vers toujours plus de sens, pour toujours plus d'humanité. Une décennie seulement après leur convention, cinq des organisatrices promirent de tenir une conférence des droits de la femme. L'une d'elles, Elizabeth Cody Stanton, alla encore plus loin, en soulevant la question du droit de vote des femmes. Même ses alliées gloussaient : « Vas-y, tu peux toujours rêver ! » Et c'est ce qu'elle fit. Elizabeth Cody Stanton s'appuya sur Frederick Douglass, l'ancien esclave dont la foi dans les libertés individuelles s'étendait bien au-delà de son propre peuple. Douglas ne craignait pas de s'entendre dire qu'il devait rester à l'écart des affaires des femmes ; pas après le rôle joué par celles-ci dans l'abolition de l'esclavage des Noirs. Si les femmes pouvaient considérer que leur famille était toute l'humanité, il le pouvait aussi. Le courage moral que ces marginaux incarnaient a donné du sens à la démocratie, et aux devoirs qui lui sont inhérents.

Pour moi, ils symbolisent l'espoir de transcendance, la liberté de choisir une cause dépassant les opinions politiques de chacun. Votre conscience vous garantit cette liberté. Ne cherchez pas à obtenir la permission de votre famille, ou de votre culture, ou même de votre cerveau. « Nous sommes toujours connectés à l'inspiration, mais nous ne la percevons pas puisque nos esprits sont remplis de toutes sortes de pensées aléatoires », écrit Sultan Abdulhameed.

Si un but domine votre existence, votre esprit collecte des informations qui vous serviront à l'accomplir. S'il n'y a aucun but, votre esprit absorbe toutes sortes d'informations aléatoires et d'images de votre environnement... Quand l'esprit d'une personne est rempli d'une épaisse couche de déchets, alors elle n'est plus en mesure de percevoir les messages qui proviennent d'une perception plus profonde.

Notez bien qu'écouter sa conscience simplifie les choix, même si cela les multiplie.

J'entends déjà certains parmi vous me répondre : « Les terroristes obéissent aussi à leur conscience. Leurs choix ont des conséquences, et, vous, pensez-vous qu'ils aient jamais essayé d'aller plus loin dans leur raisonnement ? » Cependant, épouser la cause de l'extrémisme destructeur avec comme seule perspective la vie après la mort est une chose ; être un extrémiste créatif, qui se débat pour une vie de valeurs pérennes, en est une autre. « Créer une vie de valeurs pérennes nécessite un travail personnel, explique Abdulhameed. Cela implique de se forger sa propre opinion, de rationaliser le temps et de canaliser les ressources nécessaires à la poursuite de son but. » Pour résumer, cette idée ne saisit-elle pas ce qu'est Oussama Ben Laden ? Pas tant que ça. Ben Laden peut bien consacrer ses journées et ses dollars à la conduite d'un djihad violent, en tant qu'islamo-tribaliste, il s'inscrit néanmoins au sein d'une pensée de groupe – il ne s'écarte pas du troupeau. Inversement, le réformateur musulman Abdul Ghaffar Khan s'est détaché de l'instinct grégaire. Il a défendu la liberté de croyance – se forger sa propre opinion – et a poursuivi ce principe avec non-violence, démonstration même de ce qu'il défendait. Alors que Ben Laden élimine les choix individuels, Khan a vécu pour les étendre. Il a permis une vie de valeurs pérennes en mettant la transcendance à la portée des générations futures.

*

Ceci présuppose que les générations à venir ne renonceront pas au futur. Alors que de nombreux musulmans éprouvent des difficultés à exprimer leur individualité, beaucoup de non-musulmans ont du mal à s'en soucier assez pour l'exprimer. Ils se méprisent souvent eux-mêmes, leur liberté se dégradant en ce que Lillian Smith considérait comme le « néant ».

> Pourquoi sommes-nous si aveugles à chaque désastre, alors qu'il commence si lentement, avant de se précipiter sur nous ? Est-ce de la complaisance ? Mais quelle peut être la cause de cette complaisance, si irréelle, si dénuée de substance ? Pourquoi supprimons-nous l'anxiété, nions-nous le danger ? Pourquoi l'apathie quand nous avons besoin d'énergie morale ? Pourquoi des esprits flasques quand nous avons besoin d'une force d'acier ?

Smith se posait déjà la question de la perte d'influence de la démocratie libérale au profit de la démagogie communiste en 1963. En 1964, Abraham Maslow a publié *L'Accomplissement de soi*, une odyssée à travers le besoin humain de transcendance. Tout comme Smith, Maslow débordait de questions qui sont au centre de la santé des sociétés libres :

Quels sont les artistes ou écrivains renommés de nos jours qui essaient d'enseigner et d'inspirer la vertu ? Lequel d'entre eux pourrait même utiliser le mot « vertu » sans plaisanter ? Duquel pourrait s'inspirer un jeune homme idéaliste pour se construire ? Il ne trouve rien qui suggère que nous combattons *pour* une cause, et encore moins que mourrons pour elle.

Maslow et Smith auraient pu parler au nom d'Ed Husain, l'ancien djihadiste que j'ai cité au chapitre 4. Vous rappelez-vous la façon dont il est devenu un extrémiste destructeur ? Parmi les facteurs qui ne sont pas détectés : « Personne n'avait le courage de défendre la démocratie libérale », nous a-t-il dit des responsables de son université en Angleterre. Quand lui et sa petite bande de barbus « organisaient des événements contre les femmes et les homosexuels, pourquoi nos directeurs et nos professeurs de faculté ne venaient-ils pas nous défier ? ». Où étaient-ils ?

Dans le terrier du lapin relativiste.

Pour creuser un peu, nous ne devons pas avoir honte de parler librement de la transcendance et des choix qu'elle impose. Il vaut mieux, je pense, nous embarrasser avec des tas de questions sur le sens que de nous abaisser au « Néant ». Parce que le Néant n'est pas une chose bénigne. C'est une invitation à se moquer de la tolérance, un trou noir attirant les idéologies trop prudentes. Dans *Moral Clarity*, Susan Neiman confronte les enjeux : « Si notre besoin de trans-cendance n'est pas satisfait par les bons idéaux, nous ris-quons de nous tourner vers les mauvais. » C'est arrivé à pas mal d'entre nous. Mais les conséquences déplorables de leur choix peuvent être inversées, en attendant davan-tage de nous-mêmes et donc en faisant de nouveaux choix.

Au cours d'une de mes tournées de promotion, j'ai eu une conversation optimiste avec une journaliste néerlandaise. Et pourtant, dans l'e-mail qui faisait suite à notre rencontre, elle glissait vers un pessimisme débilitant : « La passivité est notre plus grand ennemi, disait-elle des Européens. Nous manquons de tout ce dont nous avons besoin pour résoudre nos problèmes : de courage, de détermination, d'action, de coopération, d'amour du progrès, d'imagination. Au moins, aussi longtemps que des personnes comme vous conservent leur liberté de parole, nous sommes intellectuellement en sécurité. » Ça m'a fait l'effet d'une douche foide : deux heures d'une conversation stimulante s'étaient tranformées en un hymne au défaitisme que cette Européenne vilipendait jusqu'alors. L'ironie n'enchante pas toujours.

Néanmoins, je ne peux pas faire d'elle – ou des Européens en général d'ailleurs – un cas à part. Je ne peux compter le nombre de fois où j'ai été incitée « à continuer », ne serait-ce que par ceux qui vous encouragent de leurs paroles tout en décrétant que leur propre action ne mène à rien. Ou, si cela a des conséquences, que le retour de bâton sera plus terrible que ce qu'ils sont capables de supporter. À la fin d'un dîner dans un New York déserté, une collègue s'est penchée vers moi et m'a murmuré : « Si je disais ce que tu dis, mes amis me lapideraient. » Elle savait déjà que ses choix pouvaient avoir des conséquences, mais elle anticipait le pire. Par-dessus le marché, elle a baissé le ton de sa voix comme si le monde entier était à l'écoute de ses peurs – dans un restaurant vide !

Pourquoi, alors même que nous bénéficions de notre liberté, sommes-nous si nombreux à sous-estimer nos capacités ? Les réponses sont peut-être dans le choix de nos mots, ces outils de tous les jours par lesquels nous façonnons nos rêves et nos désirs. Une étude de psychologie a révélé que sur les 558 mots anglais décrivant nos émotions, 62 % ont une connotation négative. Ils nous poussent au doute. (L'anglais est-il une langue moins positive que les autres ?) « À tous les niveaux, nous semblons avoir une tendance à nous concentrer sur le négatif », commentent Chip et Dan Heat, auteurs de *Switch : How to change things when change is hard* (« Le changement : comment changer les choses quand c'est difficile »). « Un groupe de psychologues a passé en revue 200 articles pour conclure que, en termes de comportement et de perception, la maxime "Le mal est plus fort que le bien" se vérifie systématiquement. » Un autre exemple : « Les personnes à qui l'on a montré des photos d'événements gais ou tristes ont passé plus de temps à regarder les photos tristes. » Il ne semblerait donc pas que nous ayons beaucoup le choix, si nous sommes ainsi prisonniers de notre « tendance » à la mélancolie. Mais cela reste un choix. Tendance ne signifie pas destin.

*

C'est là qu'intervient le changement. Nous sommes en mesure de choisir consciemment de nous préoccuper d'autre chose que des problèmes – c'est-à-dire de leurs solutions. Quand j'ai dit à de jeunes musulmans qu'aucun éditeur du monde arabe ne traduirait mon livre, ils ont été nombreux à me trouver une solution : le traduire moi-même et le mettre en ligne. D'innombrables téléchargements plus tard, j'apprécie plus que jamais une question que *Switch* recommande de se poser souvent : « Qu'est-ce qui marche ? Et comment en tirer parti au mieux ? » C'est une question qui nécessite de se focaliser un peu moins sur la montagne devant nous (le problème), et d'apprendre un peu plus de ceux qui, imparfaitement mais obstinément, en tirent parti pour avancer (la solution). Reyana, une lectrice de *Musulmane mais libre*, pourrait être la parfaite illustration de ce principe. « Je suis si heureuse que quelqu'un ait finalement le cran de tenir tête aux soi-disant universitaires et imams d'aujourd'hui », avouait-elle dans un e-mail.

J'en étais arrivée à un point où j'étais vraiment perdue, mais après avoir lu votre livre, j'ai de nouveau aimé l'islam et cru en lui. Je n'ai jamais vraiment compris les religions organisées. Depuis toute petite, on me répète qu'être une bonne personne ne suffit pas, qu'il y a plus de femmes en enfer que d'hommes.

(Comme si nous ne souffrions pas assez sur terre – je voudrais bien qu'un homme accouche, rien qu'une fois!) Ou que j'irais en enfer si je désobéissais à mon mari! Foutaises!

Parce que je suis une musulmane indépendante du XXIe siècle, j'ai toujours étouffé dans le carcan des règles et réglementations de l'islam institutionnel. Je suis maintenant engagée dans une démarche d'élimination de cette culture. Je ne me sens plus opprimée. Avant tout, je me sens libre, et c'est cet islam que je transmettrai à mes enfants. J'ai également beaucoup d'influence sur la manière dont mon mari perçoit l'islam.

Reyana ne s'enthousiasme pas seulement pour la façon d'apprendre à aimer l'islam en le débarrassant de la culture tribale, mais aussi parce que « quelqu'un » lui a prouvé que c'était possible. « Les idées n'influencent pas en profondeur les individus tant qu'on ne les enseigne que comme des idées ou des pensées », observe le psychologue et philosophe Erich Fromm. Au contraire, l'impact d'une idée augmente quand elle « s'incarne ». Reyana est l'illustration parfaite de l'intuition de Fromm. Depuis plusieurs années, et à peu près chaque jour, je reçois des signes prouvant que mon choix personnel de pratiquer le courage moral illumine ceux des autres :

Ma famille et moi sommes musulmans. Je suis professeur de littérature. Ma femme est médecin. Vos positions ont rendu ma vie plus facile, d'autant plus que depuis le 11 Septembre, je suis très ennuyé par ma religion d'adoption. Vous m'aidez à trouver ce que je dois dire à mes enfants. – Alamin

Je suis anthropologue et effectue actuellement des recherches sur les musulmanes vivant dans les bidonvilles de Calcutta, en Inde. Au cours de mon dernier voyage, j'ai montré à quelques femmes votre site Internet et elles ont commencé à lire *Musulmane mais libre* en ourdou. Une femme, Amina, s'occupe d'une petite association qui a ouvert une école gratuite pour les enfants, et elle a immédiatement incorporé votre travail à ses cours sur l'islam. Ses commentaires sur vos idées sont les suivants : « Ceci correspond exactement à ce que je disais ! » Maintenant, ils lisent et discutent de votre travail ensemble. – Lorena

Je dois avouer que je n'ai pas encore fini de lire votre livre, parce qu'au bout des cent premières pages, il m'est apparu que j'avais clairement une place au sein de l'islam. Alors, je me suis converti et j'ai appris le Coran. Je m'en étais détourné en Arabie Saoudite, alors que je n'étais qu'un enfant. L'*ijtihad* était la pièce manquante qui m'a ramené à la maison. Venez étancher votre soif de connaissances et allez en paix. – Davi

Je suis une musulmane née en Norvège... Adulte, j'ai déménagé à Londres pour étudier le marketing. J'ai décidé de ne jamais revenir dans l'enfer de ma famille, qui comprenait un père violent et une communauté qui me détestait au motif que j'avais un petit ami norvégien que je voyais tous les jours... Je suis revenue en Norvège au bout de deux ans, quand mon petit ami m'a demandée en mariage et que j'ai accepté. Maintenant, grâce à votre livre, je sens que l'islam est mon chemin et j'essaie de l'interpréter à ma façon. Mais vous savez quoi ? Je m'en fiche désormais. Le Coran nous encourage à trouver notre propre chemin. Dieu merci, je l'ai trouvé, et j'en suis très heureuse. – Fatima

Je suis pakistanais. À 18 ans, j'ai participé à des palabres, entouré de mes aînés. De ma vie, je n'avais jamais participé à plus grand rassemblement des hommes de ma famille étendue. Les discussions tournaient autour de la politique, de la situation critique des musulmans, de l'éducation, etc. Finalement, un de mes oncles m'a demandé ce que j'en pensais. J'ai ouvert la bouche pour dire : « Vous savez qui sont les plus grands ennemis de l'islam ? Les musulmans. » S'ensuivit un silence assourdissant. J'avais commis l'irréparable. De ce jour j'ai été catalogué « à surveiller » et soumis à des prêches continuels. Mes parents me contrôlent sans arrêt, où que je sois. Irshad, le simple fait de savoir que vous êtes en train de vous battre pour la bonne cause me fait me sentir plus vivant. – Khalid

J'ai toujours voulu créer une école pour les femmes et les enfants au Bangladesh. Votre livre m'inspire et me donne sérieusement envie de lancer ce projet. – Shamin

Ma petite amie est une chrétienne TRÈS croyante. Plus je me rapproche d'elle, et plus je m'aperçois que mes parents préféreraient en fin de compte me voir avec une musulmane, pas parce que [les musulmanes] sont plus intelligentes, mais parce qu'elles ont les mêmes références religieuses. Je souhaite vous remercier d'exprimer avec autant d'éloquence ce que de nombreux jeunes musulmans ont peur de dire... Je suis soulagé à l'idée de savoir qu'adopter un mode de pensée libéral sur l'islam n'est pas un crime. – Mohammad

J'habite en Malaisie et je viens de terminer votre livre. Quand j'étais plus jeune et que j'ai commencé à travailler, j'ai également senti que la pratique de l'islam avait besoin d'être réformée... Peut-être que le chemin vers le paradis est plus certain si nous améliorons notre relation à Dieu, ainsi qu'avec nos comparses, hommes et femmes. Votre voix en faveur de l'*ijtihad* et de la réforme encourage des gens comme moi, qui auparavant n'osaient pas exprimer tout haut leur opinion. – Azam

Je suis également *damnée* parce que j'incarne ces idées (c'est le terme qu'utilise Erich Fromm). Vous avez lu tout au long de ce livre les dénonciations dont je fais l'objet. En effet, que les gens tissent des liens entre eux peut aussi ouvrir des cœurs. Un lecteur du nom de Nas m'a un jour écrit :

J'ai passé les trente années de ma vie en Angleterre. Durant ce temps, j'ai défendu avec vigueur ma foi et ma culture contre les anti-Pakis qui contaminent la société anglaise. Mon mari a été le premier à me parler de vous – un traître parmi nous. Puis on m'a prêté votre livre, il y a environ un mois, pour que je sache ce à quoi nous autres dévots musulmans devons faire face. Le titre m'a rendue furieuse et la couverture m'a donné envie de vomir ; le portrait typique d'une présentatrice putassière de MTV se faisant passer pour une Blanche, le tout avec des références libérales aussi à la mode que politiquement correctes... Puis je me suis mise à lire.

J'ai par la suite consulté votre site Internet pour en savoir plus. Et j'ai lu. Les idées m'ont laissée bouche bée. La beauté de la vision de l'islam que vous proposez m'a arraché des larmes... Je trouve toujours aussi difficile de ne pas justifier instinctivement le comportement (souvent barbare) et les croyances des musulmans à l'encontre des Blancs infidèles, ou de ne pas essayer de rejeter notre responsabilité sur quelqu'un d'autre. Mais maintenant, je sais que, ce faisant, je ne fais que porter préjudice à notre foi et à la possibilité qu'elle puisse vivre en harmonie avec les autres grandes religions de la planète.

Plus important encore, alors que mon fils et ma fille grandissent et me posent des questions sur la vie, l'univers et tout le reste, je vais les encourager à ne pas se contenter de la lecture du Coran, mais à lire tous les livres sur lesquels ils pourront mettre la main. Pour rechercher, apprendre pour eux-mêmes et défier toutes les idées qui les précèdent. Et avant tout, pour penser.

*

Vous pouvez apprendre de Nas, Khalid, Reyana et des autres. Vivre les possibilités de changement est la manière la plus sûre de transmettre ces possibilités, que ce soit à vos enfants, à vos parents ou à votre époux. Vous ne vous posez pas en prophète, attendant d'Allah qu'il vous choisisse. Dieu a déjà instillé la foi en chacun de nous, en envoyant les hommes sur terre, dans un monde matériel où nous pouvons nous toucher et apprendre les uns des autres. Tous sont choisis ; quelques-uns parmi nous reconnaissent leurs choix et vivent selon ces derniers. Cet islam n'interroge pas notre foi en Allah. Il remplace la peur par la liberté en posant la question : « Que peux-tu faire pour qu'Allah ait foi en toi ? »

Guidés par notre gratitude envers Allah qui a foi en

nous, nous pouvons lui rendre la pareille, en ayant autant foi en nous qu'en Lui. Cela nous permet de choisir parmi la multitude d'ouvertures qui s'offrent à nous pour servir l'humanité. (N'est-ce pas une interprétation allégorique de *L'Ouverture*, premier chapitre du Coran ?) Le nombre d'ouvertures dépasse largement le nombre d'individus désireux de les emprunter. Alors, continuez ! Saisissez ces opportunités qui vous attendent. Personnifiez l'idéal. Vous en avez la permission, et même l'obligation.

Abdullahi An-Na'im, de l'université Emory, parle de cette obligation avec émotion. « Le courage moral ne devrait pas être aussi rare que le disait Bobby Kennedy, affirmait-il dans nos discussions de mars 2008. Je ne suis pas un martyr. Je veux vivre une vie belle, productive et créative. Pour cela, j'ai besoin que tout le monde autour de moi contribue à rendre tout courage moral inutile. Plus nous serons nombreux, moins important sera l'effort demandé à chacun pour faire de ce monde un lieu de paix et de bonheur. »

« Plus nous serons nombreux » : il ne parle pas ici de sacrifice suprême. Il parle de choix quotidiens qui contribuent à instaurer des habitudes de courage moral – des habitudes qui font que ces gestes ne s'apparentent pas du tout à de l'audace. Dans *Courageous Resistance*, des chercheurs ont montré que des hommes ordinaires ont cette capacité. Ils écrivent : « Au fil du temps, l'attitude des populations à l'égard des autorités, tout comme leurs orientations vis-à-vis des autres, deviennent habituelles et s'autorenforcent. Se défier d'une autorité illégitime et aider les autres participent de cette dynamique. Chaque action permet aux gens de progresser vers une défiance et une entraide supérieures. » À titre d'exemple, « ceux qui ont sauvé des personnes de l'Holocauste étaient des individus ordinaires qui avaient l'habitude de se soucier des autres et de s'en occuper ».

Mot clé : « habitude ». Comme l'affirme Richard J. Leider

dans *La Puissance de l'intention* : « Rien ne modèle plus nos vies que les questions que nous posons – ou refusons de poser – tout au long de celles-ci.» Ce que nous nous demandons, ou évitons de nous demander, se transforme finalement en une autre habitude, avec des répercussions. Laissez-moi vous montrer comment ma propre habitude de poser haut et fort des questions s'est souvent révélée utile, que ce soit pour des raisons pratiques ou spirituelles.

Fin 2007, je sentais venir une crise systémique, qui allait rapidement faire sombrer l'économie mondiale. Cette odeur provenait des détails techniques dont commençaient à m'abreuver mes conseillers en placements. Mes conseillers en placements financiers commençaient à me noyer sous des détails techniques. J'avais l'impression qu'ils ne comprenaient plus les produits qu'on leur avait demandé de vendre. Lors d'un rendez-vous, j'ai dit à mes conseillers que, même si je leur faisais confiance, je ne faisais plus confiance au système. Ils se sont mis à ricaner. L'un deux m'a assuré qu'ils bénéficiaient de « la meilleure information ». Son associé renchérit : « Le système est solide.» J'ai fait part de mes inquiétudes à leur supérieur, qui a fait assaut d'amabilités à mon égard plutôt que de répondre à mes questions. Étais-je devenue paranoïaque ? Je décidai de leur donner une dernière chance : « S'il vous plaît, expliquez-moi ce que vous essayez de me vendre dans un langage qui soit compréhensible pour un lycéen.» Ils n'ont pas réussi.

Au printemps 2008, alors que le tumulte financier commençait à faire du remous, j'ai repris rendez-vous, en les prévenant que nous aurions une discussion difficile. Après vous avoir posé des questions pendant des mois, et n'avoir reçu comme réponses que des ricanements et des numéros de charme, j'avais choisi de transférer mes avoirs ailleurs. L'habitude de poser des questions m'avait convaincue que tant les dogmes religieux que dogmes financiers pouvaient être remis en cause. Je ne considérais d'ailleurs pas cela comme une question de « courage ». C'était une question d'intégrité.

*

Mes questions n'auraient en rien empêché l'implosion du système financier mondial ; elles ont juste bien enquiquiné mes conseillers et m'ont fait remporter une petite victoire. Davantage de « petites victoires » peuvent être hautement significatives. En les décrivant comme des « éléments constitutifs », Karl Weick, psychologue à l'université de Cornell, utilise une analogie que n'importe quel lycéen pourrait comprendre : « Votre tâche consiste à compter mille feuilles de papier alors que vous êtes constamment interrompu. Chaque interruption vous fait perdre le fil de votre décompte et vous force à tout reprendre à zéro. Si vous comptez les mille feuilles en une seule fois, une interruption pourrait vous faire arriver, dans le pire des cas, à un total de 999.» Mais des petites victoires « sont comme des petites piles. Elles préservent les gains, elles ne peuvent pas se défaire [et] chacune nécessite moins d'efforts pour être exécutée...»

Dans l'absolu, les petites victoires nous donnent les éléments constitutifs de la confiance, ou de la foi, en nous-mêmes. Je peux contribuer à ce que les politiciens mettent en place une réforme financière en profondeur, mais je ne peux pas le contrôler. Nouriel Roubini, l'économiste de l'université de New York qui s'était attiré les quolibets en prédisant la crise, soupçonne que les hommes politiques américains ne s'attaqueront jamais à une vraie réforme parce qu'ils craignent de se faire traiter de communistes. Manquent-ils de caractère ? On peut le parier. Échappent-ils à votre contrôle ? Idem. Et la petite victoire ? Elle relève bien plus de votre contrôle. Quel conseiller en patrimoine oserait vous traiter de communiste pour la simple raison que vous lui posez des questions sur votre argent ? Et quand bien même ce serait le cas, on s'en moque bien... Et les enseignants sont de plus en plus nombreux à partager cet avis. D'après Garth Saloner, doyen de la Stanford University's

Graduate School of Business, les étudiants de MBA doivent apprendre à demander : « À qui profite la décision ? »

Tout cela ne vous rappelle-t-il rien ? Ça reprend quasiment ce qu'Unni Wikan, l'anthropologue norvégienne, nous apprend. Si le multiculturalisme nous incite à faire comme si de rien n'était à propos des crimes d'honneur, Wikan veut que vous demandiez : *Quand je respecte une coutume, quel en est l'impact sur les membres les plus faibles du groupe ?* Un travailleur social ne peut contrôler les politiques d'intégration du gouvernement de son pays, mais il peut se demander : *À qui profite le fait que je réintègre cette jeune fille musulmane dans sa famille, alors même qu'elle a fui la violence autorisée par leur culture ? En s'échappant de son foyer, n'est-elle pas en train de me dire qu'elle a choisi des valeurs différentes de celles de ses parents ? Si je la renvoie là où je pense qu'est sa « place », ne suis-je pas en train de transformer celle-ci en « propriété » ? Ne suis-je pas en train d'accroître le pouvoir de ceux qui se croient propriétaires de l'esprit de cette fille ? Leur identité est-elle la même chose que son intégrité ?* À travers de telles questions, une vie humaine pourrait être délivrée de ses liens – et d'une mort prématurée.

Karl Weick, le psychologue, voit dans les petites victoires des « expérimentations miniatures ». Vous ne pouvez pas directement générer de résultats, mais, comme un scientifique, vous pouvez créer des conditions favorables permettant d'aboutir à des résultats tangibles. On dit que la culture scientifique développe trois choses : « Le sens de l'étonnement individuel, la force de l'espoir, et la foi inébranlable, mais jamais aveugle, en un futur pour le monde. » Pour moi, ça s'apparente à de la spiritualité. « La plus belle et la plus profonde expérience que peut faire un homme est le sens du mystérieux, s'extasiait Albert Einstein. C'est le principe sous-jacent de la religion, tout comme des tentatives sérieuses dans les arts et la science. Celui qui n'a jamais fait cette expérience m'apparaît comme mort, ou du moins, aveugle. »

Récemment, le *New York Times* brossait le portrait d'un professeur de physique qui se déclarait « euphorique » à l'idée de remettre en cause une vérité gravée dans le marbre. « Pour moi, la gravité n'existe pas, affirmait Erik Verlinde. Nous savons depuis longtemps que la gravité n'existe pas. Il est grand temps de le crier haut et fort. » L'énormité de cette annonce n'a pas échappé au journaliste :

> Il est difficile d'imaginer un aspect plus fondamental et omniprésent dans la vie sur terre que la gravité. Nous la ressentons dès nos premiers pas, et notre première chute sur les fesses, jusqu'à l'affaissement terminal de la chair et des rêves. Mais si tout cela n'était qu'une illusion ? Une sorte de voile cosmique ? Ou un effet secondaire de quelque chose qui se passerait à des niveaux plus profonds de la réalité ?

Verlinde a créé l'occasion de poser cette question – et il l'a fait à partir d'une circonstance sur laquelle il n'avait aucun contrôle. Il avait été victime d'un vol à la fin de ses vacances dans le sud de la France. En attendant son nouveau passeport, Verlinde a profité de ce temps libre pour réfléchir à de nouvelles idées. Et c'est au troisième jour qu'il a pu dire « Eurêka ». « Mais qu'a-t-il bien pu boire ? plaisantait son frère Herman. C'est intéressant de voir comment la nécessité de changer vos plans peut vous amener à avoir des pensées différentes. » Mais seulement si vous vous autorisez cette possibilité. Verlinde s'est-il soucié de blasphémer contre les « anciens » de la physique ? « Je ne vois pas présentement en quoi je fais fausse route. C'est suffisant pour continuer », dit-il.

À l'heure des politiques identitaires, la Conscience du bouddhisme affiche son hérésie, en faisant de son exil une aventure. Chassé du Tibet par les Chinois, le Dalaï-lama se réjouissait : « Maintenant, nous sommes libres. » Son biographe, Pico Iyer, explique :

Il a pu apporter des réformes démocratiques et modernes au peuple tibétain, ce qu'il n'aurait pu faire aisément dans l'ancien Tibet. Lui et ses compatriotes ont pu apprendre de la science occidentale et des autres religions, et le leur rendre. Il a pu créer un Tibet nouveau – mondial et contemporain – à l'extérieur du Tibet. Les conditions mêmes que la plupart d'entre nous aurions vues comme une perte, une rupture et un confinement, il les a vues comme une opportunité.

Certes, le Dalaï-lama est plus éclairé que la majorité. Mais, amis musulmans, vous n'avez pas besoin de devenir un Mu-bou (musulman bouddhiste), ou un Bou-mu (je vous laisse deviner) pour avancer vers une signification personnelle. Vous pouvez juste déclarer *talaq* – « Je divorce » – aux patrouilleurs de l'authenticité musulmane.

Nourrissez-vous de la force de Taj Hargey, que nous avons rencontré au chapitre 2. Parmi ses crimes contre le conformisme, Hargey célèbre des mariages interconfessionnels pour les femmes musulmanes. Calomnié par les chantres de l'islam ordinaire en Angleterre, il a gagné un procès en diffamation en avril 2009. À la suite de quoi Hargey a publié un éditorial incendiaire dans le *Times* de Londres. « J'espère, écrivait-il, que mes déclarations publiques devant le tribunal vont enhardir les progressistes et les dissidents, et particulièrement inciter les femmes à réfléchir et à se mouiller. Nous avons besoin d'une réforme qui sauve l'islam des zélotes inspirés par l'étranger. » Mais Hargey nous met aussi en garde : « Parce que cette réforme en est encore à ses balbutiements, le clergé réactionnaire et ses défenseurs font tout ce qu'il leur est possible pour l'étrangler. » Là où d'autres musulmans réformateurs voient un cauchemar, Hargey y voit l'opportunité d'élargir le chemin de l'islam. Il m'aide à mieux apprécier le fait qu'en pensant par nous-mêmes, nous n'abandonnons pas pour autant la communauté : nous choisissons de nous exprimer plus honnêtement en son sein.

Embrasser l'*ijtihad* ne signifie par abandonner l'islam,

mais conserver son intégrité. La foi nous permet – en fait, elle nous implore – d'expérimenter. Le Coran est rempli d'ouvertures incitant à penser, raisonner, examiner, réfléchir, disséquer, et de nouveau penser, protégés par une vérité finale qui est celle de Dieu. D'où la liberté, le devoir et l'humilité à l'œuvre derrière nos questions. L'*ijtihad* est la foi, dans son aspect le plus complet.

Je sais que beaucoup d'entre nous ont peur de faire des erreurs, et que cette peur, étant une émotion négative, a plus de force que l'espoir. C'est pour ça que vous devez être conscients de l'amour de Dieu : pour choisir l'espoir. Comme je disais les recherches d'Umar Faruq Abd-Allah suggèrent que pour les premiers universitaires islamiques, « toute personne pratiquant l'*ijtihad* est récompensée quand elle se trompe, non pas du fait de cette erreur mais parce qu'elle obéit à Dieu en répondant à son commandement d'endurer le labeur du *ijtihad*. » (De nouveau, vous êtes libre de télécharger l'article complet d'Abd-Allah, « Innovation et créativité dans l'islam », sur mon site Internet.) Aussi longtemps que vos erreurs n'oppressent pas à leur tour les autres, vos efforts démontrent à Dieu qu'Il n'a pas perdu son temps avec vous. Avec une foi juste, chacun d'entre nous peut expérimenter.

*

Reprenons : qu'est-ce que « prier » ? Comme le note Sultan Abdulhameed : « Un fait remarquable est que le Coran ne recommande pas une forme de prière. Le Coran insiste sur le fait que les gens doivent prier mais évite systématiquement de prescrire une manière de le faire. » Malheureusement, « l'idée que la prière puisse être spontanée ou joyeuse » est devenue « presque hérétique ». Parlez-m'en !

Dans *Musulmane mais libre*, j'explique mon choix de communiquer avec Dieu en anglais, pas en arabe, et à travers un dialogue quotidien peu structuré, et non un rituel récité par cœur. Me connaissant bien mieux que ne le pourraient les règles d'un autre, la pratique que j'ai choisie restaure mon intimité avec Allah.

Alors même que s'ébruitait le fait que je ne suivais pas les cinq exercices quotidiens de prière sur le tapis, un autre mot a fait son apparition : *kafir*. Pour être honnête, difficile de trouver plus banal que moi. Abdullah m'a envoyé un e-mail : « Alors tu te dis musulmane, hein ? Par curiosité, tu pries combien de fois par jour ? » J'ai répondu : « dix, douze, parfois quinze fois. Et toi ? » Ne recevant pas de réponse, j'ai renvoyé mon e-mail. Peut-être Abdullah ne savait-il pas quoi en faire ? À en juger par le ton de son message, il s'attendait à ce que je fasse moins que les cinq prières traditionnelles par jour, et encore, si même je priais… Mais *plus* ?

Ma propre mère souscrit au mythe de la prière sérieuse qui ne se prête pas à l'expérimentation. Une scène de *Faith without Fear* montre ma mère en train de conduire alors que nous discutons de ce sujet. Nous approchons d'un panneau stop.

> Maman : Tu ne pries pas du tout.
> Moi : Non, ce n'est pas vrai. Je prie.
> Maman : Tu pries à ta façon.
> Moi : Je prie à ma façon. Exactement.
> Maman : Ouais, bon, tu sais quoi ? Regarde ces panneaux de signalisation. Tu pourrais dire : « Eh bien, je conduis à ma façon. » Mais il y a des règles dans la vie. Il y a un stop, et si tu ne t'arrêtes pas, la police t'attrape… « Oui, mais bon, il n'y avait pas de voitures », peux-tu dire. Et là, la police te répondra : « Je me moque de savoir s'il y a des voitures ou pas. C'est un stop, vous devez vous arrêter. » Et Dieu a ses lois, lui aussi.

Quant à exprimer de la gratitude, « ça n'a rien à voir avec la prière », corrige maman. Elle trouve rapidement une place dans un parking encombré, et elle sait pourquoi : « Allah récompense la *vraie* prière. »

Lors des projections, j'ai vu les musulmans se ragaillardir à la référence de ma mère au code de la route. Sa métaphore vient directement du manuel de Ronald Reagan sur la puissance de la rhétorique : utiliser votre environnement pour renforcer votre propos. Les musulmans ne se comportent en êtres humains que pour se pâmer devant ce style de communication. Mais d'après le Coran, ils n'ont pas à accepter un seul style de prière.

Dans un e-mail qui m'était destiné, une musulmane convertie s'appelant R.L. disait que, depuis huit ans, elle essayait de suivre les conventions. Cette « expérimentation », comme elle l'appelait,

m'a permis de voir où est ma foi, et où elle n'est pas. Je me suis de nombreuses fois identifiée à votre documentaire, particulièrement lors de votre discussion avec votre mère sur les prières intérieures. J'ai eu à de nombreuses reprises la même discussion avec ma fille. Elle a appris les « règles » de son père, et elle me demande tout le temps pourquoi je ne prie pas. Je lui ai répondu la même chose que ce que vous avez dit à votre mère. Et j'ai confiance dans mon opinion. Après huit années passées à réciter des mots dans une langue étrangère, à me prosterner pour accomplir la prière rituelle, je peux dire que ma seule proximité avec Dieu vient du fait d'avoir essayé de faire ce qu'il faut. Quand je me suis autorisé à faire ce que je sentais juste sans que cela soit imposé par les rituels d'un autre, j'ai finalement trouvé une vraie et inébranlable relation avec mon créateur... Le temps de la paix est venu, pour notre génération et celle de nos enfants.

Un adorateur du Coran développe la compréhension de R.L., selon laquelle la paix pour notre génération commence par la paix pour nous-mêmes. « En apprenant à bien prier, vous devez réformer votre point de vue sur ce qu'est Dieu, explique Sultan Abdulhameed. Si le mot Dieu crée chez vous de la peur, il est possible que vous prononciez votre prière avec peur. Elle produit ainsi davantage de peur en vous. »

263

Ma dernière prière en date : tous les matins, quand je ne suis pas en déplacement, je farfouille dans les étagères pleines à craquer de ma bibliothèque, tasse de café à la main, et j'attrape un livre au hasard. Habituellement, j'en lis les deux ou trois premières pages, puis quelques-unes au milieu. Durant les premières minutes flottantes de ma journée, je suis réveillée par des idées qui deviendront ensuite un prisme à travers lequel réfléchir. Aussi chaque matin apporte-t-il deux présents : de nouveaux points de vue et un rappel fort que, même si Dieu seul possède la vérité, les individus peuvent créer les occasions de l'atteindre. Je ne sais pas quelle sera la réaction de maman à cela, mais j'ai récupéré le tapis de prière de mon enfance et l'ai orienté vers les étagères. Je prends le commandement inaugural d'Allah au Prophète Mahomet – « Lis ! » – aussi bien comme un commandement à tous les croyants que comme un commandement de lire toutes les croyances. Quand je m'y soumets, dans des moments à la fois d'isolement et de silence, ma foi musulmane est plus sûre de ses fondements.

Nous sommes de plus en plus nombreux, partout dans le monde, à désirer faire l'expérience d'une foi juste. D'un « musulman anxieux et déprimé » de Grande-Bretagne, j'ai reçu une « approbation emplie de crainte. Approbation parce que vos questions se bousculent dans ma tête. Crainte parce que, en posant de telles questions, nous sommes peut-être en train d'abandonner notre religion ». Mais pourquoi le choix doit-il être entre garder ou perdre sa religion ? Pourquoi pas un troisième choix : transformer notre compréhension de la religion en nous réformant nous-mêmes ? Je ne le dirai jamais assez : aucune religion ne parle pour elle-même, ce sont ses pratiquants qui parlent en son nom. Pas seulement en paroles, mais aussi en actes. Pas seulement par l'action, mais aussi par l'inaction. Pas seulement par les choix faits, mais aussi par les choix auxquels on a renoncé.

Sarah, une lectrice née et élevée dans les Émirats arabes unis, demande : « Est-ce que je me considère comme pleinement musulmane ? Je ne sais pas. Une part non négligeable de ce que cela signifie pour moi provient de la "vérité" véhiculée par les pratiques culturelles, et non de mon propre sentiment du divin.» Elle est l'une des innombrables personnes, musulmanes ou non, qui se battent contre elles-mêmes pour greffer une identité fabriquée sur leur intégrité personnelle. Pas besoin. Si l'identité ne convient pas, réimaginez-la. C'est ce qu'a fait Fatema, la compatriote émiratie de Sarah rencontrée au chapitre 2. Et la foi de Fatema semble plus résiliente (et plus évocatrice aussi) que les orthodoxies peu sûres de ceux qui lui la traitent de *kafir*.

*

L'insécurité est avide de compagnie, aussi, si vous empruntez le chemin élargi de l'islam – ou de presque n'importe quelle religion –, des lanceurs de grenades verbales vous prendront pour cible. Leur système d'attaque est toujours le même : « Qui diable êtes-vous ? » Imran m'a envoyé un e-mail : « Je me considère comme un musulman modéré. Je suis un citoyen américain qui travaille pour le gouvernement. J'en sais peu sur ma foi, mais, et cela je le sais, c'est la meilleure par ici. J'ai entendu votre soi-disant message aux musulmans et la première chose qui m'est venue à l'esprit a été : "Qui diable êtes-vous ?" »

L'histoire de l'humanité regorge de couturières qui deviendront des Rosa Parks. Socrate, qui n'a jamais prétendu produire de réponses, a produit un élève du nom de Platon. Pas mal pour ce philosophe autodidacte. Baruch Spinoza a exercé une expérience durable sur les notions de liberté individuelle et de tolérance religieuse, même s'il a travaillé pendant des années comme tailleur de verre pour instruments d'optique. Einstein, universitaire, a peiné à déposer des brevets. Qui diable étaient-ils ?

Maintenant réfléchissez à Isabella Hardenberg, l'esclave américaine qui était enfermée dans la plantation de son maître et qui a changé son nom en Sojourner Truth (littéralement « Celle qui demeure dans la vérité »). Elle a gagné sa renommée à la fois en tant qu'abolitionniste et féministe, mais elle n'a jamais cessé d'esquiver les coups et les « Qui diable êtes-vous ? ». Un jour qu'on lui expliquait que la piqûre de ses discours équivalait à des morsures de puces, Sojourner répondit en mordant : « Si le Seigneur le veut, je ferai en sorte que les démangeaisons ne cessent pas de sitôt. » Une autre fois, elle désigna un pasteur chrétien qui tournait en ridicule les droits des femmes : « Ce petit homme en noir, là... Il dit que les femmes ne peuvent pas avoir autant de droits que les hommes, parce que le Christ n'était pas une femme ! D'où vient votre Christ ? » La foule s'emballa. « De Dieu et d'une femme. » Elle lança ensuite un coup d'œil méprisant au pasteur et éclata : « Les hommes n'ont rien à faire avec lui. »

L'arme du « Qui diable êtes-vous ? » est neutralisée à l'instant où vous chérissez votre individualité. La féministe chrétienne Helen LaKelly Hunt affirme : « Le courage [qu'a eu Sojourner] de revendiquer la place légitime que Dieu lui avait donnée commença quand elle déclara : "Je suis" – un *je* qui est son propre maître, qui se définit et s'affirme lui-même. » Quand vous êtes votre propre maître, vous pouvez être une multitude de choses à la fois, ce qui bénéficie ensuite aux communautés auxquelles vous vous identifiez parce que vous ajoutez vos nuances à la façon dont elles sont perçues. Vous agrandissez également ces communautés de l'intérieur en montrant qu'il y a plus d'une manière de leur appartenir.

Je ne peux imaginer meilleur exemple que celui de Rana Husseini. Dans les premières pages de ses Mémoires, *Murder in the Name of Honor* (« Le meurtre au nom de l'honneur »), Husseini annonce : « Je suis une musulmane arabe résolue à vivre dans une société saine, dont tous les membres sont égaux devant la justice, quels que soient leur rang, leur religion, leur race ou leur sexe. » Dans sa déclaration d'intention elle annonce aux critiques qu'elle n'a pas besoin d'être une « experte » en religion, en histoire ou toute autre chose que sa conscience. L'individualité de Husseini lui sert d'Étoile polaire.

Par-dessus tout, cette individualité vous aide à transcender vos propres dogmes, parce que votre sens du moi ne dépend pas d'une seule étiquette ou de la vérité supposément statique qu'elle représente. Sahan, l'un de mes lecteurs, prend cela à cœur : « En tant qu'homosexuel, arabe et musulman, il semble que j'aie été ma vie durant à contre-courant... Peut-être certains d'entre nous peuvent-ils voir plus avant et éclairer le chemin mieux que quelqu'un retranché dans la tradition. Peut-être sommes-nous forcés de contempler la norme de l'extérieur. »

Être en faveur de l'*ijtihad* ne me fait pas m'opposer à la tradition ; je m'oppose à ce repli identitaire qu'on observe chez ceux qui veulent choisir leur tribu, leur communauté, leur « nous ». Sur ce front, Sahan serait content d'entendre que nous avons des amis dans des lieux traditionnels. À une conférence en 2007, un religieux irakien m'a abordée après mon intervention. Il avait lu sur Internet la traduction arabe de mon livre. Alors que je m'attendais à une flagellation verbale, il a dit que le Dieu miséricordieux lui pardonnerait d'approuver une lesbienne et que le Dieu omnipotent avait dû me créer pour cette raison. Puis il a souri : « Le Tout-Puissant sait mieux que nous. » Une autre preuve que l'humilité peut accompagner l'individualité – ici, celle d'un mollah.

Cependant, de tels échanges seront rares et espacés tant que les grenades verbales ne cesseront pas de pleuvoir. Et en ce moment même, il en pleut. Je ressens non seulement l'attaque des musulmans conservateurs, mais aussi celle des conservateurs non musulmans, religieux et laïcs. Au cours des quelques minutes qui viennent de s'écouler, alors même que j'écrivais, une autre diatribe a atterri dans ma boîte de réception. Quelqu'un signant « Notre famille américaine, États-Unis » proclame : « L'islam pue. » Voici sa harangue :

« Allah » (inexistant) pue. Mo le faux prophète seigneur de guerre pue. Le Coran – une déclaration de guerre sans fin aux infidèles – pue. Compris ? Brava Wafa Sultan, Hirsi Ali, Brigitte Gabriel, Nonie Darwish et Bat Ye'or. Toi, Manji, tu n'es RIEN comparée à eux. Tu n'es qu'une adoratrice de la lune...

Je pardonne à ce lanceur de grenade. Voltaire, par exemple, s'est livré à des généralisations cinglantes sur les juifs, « tous nés avec la rage du fanatisme au cœur ». Si ce chantre de la rationalité européenne a pu se montrer être aussi irrationnel, il va de soi qu'un champion de la « famille américaine » le peut tout autant. Oui, j'attends mieux que cela, mais de moi-même avant tout. De là le besoin de pardonner.

Le moins pardonnable, c'est pour moi cette confusion de plus en plus répandue : certains de ceux qui veulent balayer l'islam de la carte supposent que leur programme soutient en fait les réformateurs musulmans. J'ai demandé à une « juive laïque », comme elle se qualifie sur mon forum Facebook, de donner son point de vue sur la réforme de l'islam. Elle a répondu : « Balancez tout à la poubelle. » Je lui ai dit qu'elle faisait partie du problème auquel elle avait l'impression d'être opposée. Cette femme utilise pour définir l'islam les mêmes termes dogmatiques que ceux employés par les musulmans extrémistes et destructeurs. Son « Qui diable êtes-vous ? » m'aurait mise dans la case « musulmane version light ». En sous-estimant le chemin élargi de l'islam, elle rend encore plus crédibles les islamo-tribalistes dopés aux stéroïdes.

D'autres s'adonnent à des jeux dont ils ont à peine conscience. Plus d'une fois, des chrétiens m'ont assuré que je n'étais pas une vraie musulmane parce que je recommandais la réforme, mais ces mêmes chrétiens condamnent les musulmans qui ne veulent pas se réformer. Leur lumineuse logique : vous êtes une fausse musulmane si vous réconciliez Allah, la liberté et l'amour, sinon vous êtes une musulmane diabolique. Seule ma divinité lunaire serait capable de s'y retrouver.

Jusque-là, je serai catégorique : ceux qui détestent l'islam ne sont pas les alliés des musulmans réformateurs. Imprégnées d'arrière-pensées, leurs grenades en explosant obligeront les musulmans réformateurs à battre en retraite. Mais qu'en est-il des menaces les plus sournoises de toutes ? Les grenades du « Qui diable êtes-vous ? » que lancent des musulmans sous la forme de cette sentence définitive : « Vous n'êtes pas une universitaire. » Badaboom ! Ou celle-ci, venant de la part de musulmans incapables de débattre avec les universitaires que vous citez tant : « Ce ne sont pas de *vrais* universitaires. » À en juger par mon expérience, ce genre de stratagèmes auxquels ont recours les musulmans réformateurs ne servent qu'à briser notre confiance. Mais cela aussi peut changer.

En Indonésie, lors de la promotion de mon livre, une femme du parti islamiste local s'est levée pour s'opposer à l'idée de démocratiser l'*ijtihad*. Si elle a besoin de se faire soigner les dents, arguait-elle, elle va chez le dentiste. Si elle a besoin d'une greffe du cœur, elle se tourne vers un chirurgien. Les musulmans ne sont pas qualifiés pour penser par eux-mêmes, c'est aux « docteurs de la foi », aux théologiens de manier pour nous le scalpel spirituel.

Un autre Indonésien a donné la meilleure réponse contre-culturelle que j'aie jamais entendue. Voici ce qu'il a expliqué à l'islamiste :

> La médecine a une expression : « Tout d'abord, ne pas faire de mal. » Quand des dentistes ou des médecins nuisent à leurs patients du fait d'un mauvais diagnostic, ils peuvent être poursuivis en justice pour faute professionnelle. Aussi, si vous voulez comparer les théologiens aux professionnels de la médecine, les musulmans devraient avoir le droit de poursuivre en justice ceux dont les conclusions font du mal aux gens. En fait, c'est ce que fait Irshad Manji en révélant à l'opinion publique internationale les dommages qu'ils provoquent.

Il a fait se tordre de rire la salle tout en la secouant. Et, habilement, j'ai relevé un nouveau péché : la faute professionnelle de mollah.

Un an plus tard, cette fois-ci en Inde, j'ai éprouvé ce sentiment de liberté qu'on a quand on n'est plus sur la défensive. Un réalisateur de film – et athée militant, ne tardai-je pas à remarquer – avait organisé une projection privée de *Faith Without Fear*. Deux minutes à peine après s'être pointé dans la soirée, il s'est mis à me parler de ma foi comme d'une cause perdue. À la fin de notre soirée houleuse, exténuée, j'ai haussé les épaules et dit : « Ma foi est mon intégrité. C'est important pour moi d'être capable de dormir la nuit. »

Il m'a taquiné : « Je suis très content que vous puissiez dormir la nuit. Ma question est : quand allez-vous vous réveiller ? »

J'éclatai d'un rire énorme. Son esprit vif-argent avait quelque chose d'envoûtant et mon épuisement maussade fit place à une soudaine exubérance. Nous nous sommes donné une accolade d'adieu pleine d'affection. Le jour suivant, j'ai assisté à la Fête hindoue des couleurs, Holi, avec cet athée, sa femme musulmane et, aussi loin que le regard portait, des couples mixtes.

*

Tout au long de ces pages, j'ai appelé à élever nos exigences. Le danger d'agir ainsi ne m'échappe pas : de plus hautes exigences peuvent déraper et se transformer en cuisantes déceptions, surtout quand nous attendons beaucoup des autres. En juin 2009, à Oslo, Tariq Ramadan et moi avons eu un débat désastreux sur la liberté d'expression et les droits de l'homme. Le ton était devenu si agressif que je ne pouvais pas non plus négliger *cela* en tant que problème. J'ai dit à mi-débat à Ramadan : « Quelque chose vous a menacé ce matin et je ne sais vraiment pas ce que c'est. »

« Les femmes », a-t-il répondu. Je soupçonne que Ramadan a pensé que je l'attaquais parce qu'il avait réclamé un simple moratoire sur la lapidation – une attitude pour laquelle il se croyait persécuté. Notre discussion dégénéra bientôt en lancer de couteaux. Chacun de nous s'est éclipsé en grimaçant.

Apercevant plus tard Ramadan qui déjeunait seul, j'ai tiré une chaise et lui ai dit regretter la manière dont notre débat s'était déroulé. Il a apprécié la main tendue, et nous avons conclu ce dialogue glacial en nous mettant d'accord sur un point : « Vous pouvez aimer les êtres humains ; vous n'êtes pas obligé d'aimer leurs pensées. » Un principe raisonnable, qui pourrait servir de slogan pour la réforme de n'importe quelle communauté : *Interroger les idées de chacun, ce n'est pas nier l'humanité de tous.* Qu'est-ce qui pourrait y avoir de moins compliqué ?

Mais qu'est-ce qui pourrait y avoir de plus ambitieux ? Vingt ans après la fatwa que Khomeiny a prononcée contre lui, Salman Rushdie m'a expliqué : « Le problème avec la peur, c'est qu'on ne peut pas la raisonner. Vous pouvez dire aux gens : "Voici soixante-dix-sept raisons de ne pas avoir peur", ils vous diront : "Ouais, mais j'ai encore peur." » Mais, au cours de la même conversation, il a prouvé que même au milieu d'un danger concret, les individus peuvent se montrer – et parfois se montrent – à la hauteur. Au paroxysme de la frénésie déclenchée par la fatwa, Rushdie a pu constater « l'incroyable courage de gens ordinaires » :

Il y avait des appels anonymes aux maisons d'édition ; on disait aux secrétaires : « Nous savons où vos enfants vont à l'école. » Des libraires se sont fait attaquer. Il y a eu la bombe artisanale... Et ces gens leur ont opposé une détermination sans faille, refusant de se laisser intimider. Aussi me suis-je trouvé confronté à une tempête d'hostilité et à un courage exemplaire. En fait, c'est ce dont je me souviens aujourd'hui avec le plus de force. La leçon que j'en tire, en termes simples, est la suivante : si nous agissons de la sorte, nous pouvons vaincre la menace.

La « menace » ne s'arrête pas au terrorisme ; la menace contre une vie libre se manifeste elle-même au quotidien dans nos peurs d'accumuler ces petites victoires qui engendrent les habitudes de courage moral. Dans chaque chapitre, j'ai proposé des stratégies, des tactiques et des ressources pour dépasser cette menace. Si vous présentez à vos parents la bénédiction du mariage interconfessionnel de l'imam Khaleel Mohammed, ou si vous faites du lobbying auprès de votre école (et de votre madrasa) pour qu'on enseigne l'histoire d'Abdul Ghaffar Khan, ou si vous écrivez à vos représentants politiques pour financer des campagnes contre les crimes d'honneur, ou si vous posez des questions spécifiques sur l'islam au cours d'une conversation à table, vous exercez votre liberté et développez celle des autres.

J'ai trois conseils supplémentaires pour vous faire emprunter le chemin du courage moral *dès maintenant*.

Premièrement, allez sur irshadmanji.com et signez la pétition pour la laïcité, en précisant votre ville et votre pays. « Le fait que cela doive être considéré comme un acte de courage est une réalité amère », m'a envoyé par e-mail un signataire. Depuis le lancement de la pétition, seule une poignée de personnes ont demandé à ce que leurs noms soient retirés. Un autre signataire a expliqué la valeur concrète de ce geste : « Cela rend le combat un petit peu plus réel pour quelqu'un comme moi, qui n'est pas sous les projecteurs à subir le feu des critiques. »

Ensuite, décidez ce pour quoi vous voulez vous battre envers et contre tout. Voici cinq questions directes pour savoir si vous croyez à quelque chose avec assez de passion pour risquer le retour de bâton qui va avec :

- Ce que j'aime dans ma communauté, c'est...
- Je suis en désaccord avec ma communauté sur...
- Si je dis ce que je pense, le pire qui puisse arriver est...
- Si je dis ce que je pense, le mieux qui puisse arriver est...
- Devrais-je dire ce que je pense ? J'ai décidé que...

Mes lecteurs ont répondu à ces questions, mais ils m'ont aussi laissée utiliser leurs réponses sur mon site Internet pour enseigner à mes étudiants la manière dont les gens dans le monde prennent le chemin du courage moral. Un Tunisien, par exemple, veut améliorer l'« esprit civique » dans son pays. Son engagement est plus urgent que jamais, maintenant que les Tunisiens se sont révoltés au nom de la démocratie et ont incité d'autres Arabes à suivre leur exemple. Une Américaine musulmane verrait bien sa communauté adopter « le concept amish de Rumspringa », qui autoriserait les jeunes à « expérimenter une fois la vie en dehors de l'islam et à choisir ensuite ce qui est le mieux pour eux ». Une juive israélienne « se démarque franchement » de sa famille de colons religieux et essaie de moins se taire en leur présence. Une militaire américaine adore sa liberté « avec une passion indescriptible » – à tel point qu'elle recherche l'égalité pour les soldats gays et lesbiennes dans les casernes et pas seulement dans la loi. Un blogueur de Grande-Bretagne souhaite changer ceux qui sont « bornés, ignorants [et] sans éthique » parmi les homosexuels comme lui. Une mère célibataire en Californie s'extasie : « Quand j'apprends, je suis vivante. C'est, pour moi qui suis retournée à l'école, le moment clé. » Fidèle à sa parole, elle a assisté à l'un des cours sur l'islam que je donne à l'université et est restée longtemps après la fin pour poser des questions. Depuis ce jour, elle rêve d'offrir les frais de scolarité aux femmes qui valorisent la « découverte de soi-même » plus que la « honte ».

Cet exercice clarifiera vos sources de sens. Plus vous vous connaîtrez, plus vous comprendrez ce qui définit votre honneur et plus vos choix sur la manière d'être utile au-delà de votre cas personnel deviendront conscients. Vous souvenez-vous de l'étudiant en droit de la Charia en Égypte, celui qui tente d'être un imam réformiste ? Il a exprimé cette intention en répondant aux cinq questions sur le courage moral.

Finalement, rechargez vos énergies contre-culturelles en

invitant vos amis à boire un thé chai fait maison. Pour vous soutenir dans votre chemin vers le courage moral, vous aurez besoin d'appuis. Comme le confirme Sultan Abdulhameed : « Il est essentiel d'être en compagnie d'amis patients qui vous encouragent quand vous faiblissez et qui se réjouissent quand vous réussissez, et non pas en compagnie de ceux qui critiquent vos efforts et vous jalousent quand ils vous voient grandir. » Cela nécessite de quitter sa tribu de naissance pour mûrir et de réunir l'équipe de son choix.

C'est à peu près ce qui est arrivé au milieu des années 1800, quand cinq Américains abolitionnistes ont pris le thé ensemble. Ils ont décidé de tirer parti de leurs victoires en manifestant pour l'égalité des femmes. Leur *tea party*, et toutes celles qui ont suivi, ont évolué en un « espace libre », un endroit où les réformateurs pouvaient parler sans craindre que leurs conversations soient surprises par leurs opposants. Au milieu des années 1900, les partisans des droits civiques ont reproduit ces espaces libres dans les caves des églises, où ils se réunissaient pour réfléchir ensemble et établir des plans d'action. John Lewis, maintenant membre du Congrès américain, dit que de tels espaces ont inculqué « des habitudes de libre parole » qui ont aidé à surmonter « toute une perception de soi organisée autour de la peur ».

Les musulmans et non-musulmans peuvent créer des espaces libres pour nourrir le courage moral de chacun – et cela avec du thé indien épicé appelé *chai*. Parfumé à la cardamome et à la cannelle, le chai semble rendre tous les défis plus faciles. Je parle par expérience : en écrivant ce livre, mes amis et collègues m'ont aidée à résoudre mes dilemmes grâce au chai. Voulant recréer en ligne ces opportunités, j'ai présenté à ma communauté Facebook l'idée de « tchats chai », des discussions en temps réel au cours desquelles ils pourraient me demander n'importe quoi pour faire avancer le courage moral. Et en planifiant ces tchats, une autre pensée a fait surface : je publierai ma recette de thé chai à la fin de ce livre pour que ses lecteurs puissent tenir des tchats chai avec leurs propres amis.

Sachant que mon emploi du temps ne me permettra pas de répondre à chaque nouvelle question provenant de mon site Internet, je vous incite à transformer vos clubs de lecture en espaces libres. Si vous et vos amis lecteurs apportez des idées pour faire avancer votre chemin vers le courage moral, je pourrai, via Skype, faire un saut dans votre espace libre pour apprendre de vous. Allez sur irshadmanji.com pour parler à mon équipe de cette possibilité.

Vous n'avez pas besoin de vous considérer comme un leader patenté ; dites-vous seulement que vous avez le droit et la capacité de grandir. Laissez-moi l'illustrer avec un dernier exemple. En mettant la touche finale à ce livre, j'ai appris que ma plus jeune sœur, Fatima, avait un cancer du sein. À ce moment-là, elle attendait son troisième enfant. Quarante-huit heures seulement avant le diagnostic, l'échographie lui montrait son bébé – sa forme, sa taille, ses bras et ses jambes. Personne n'aurait pu prévoir que le cancer ternirait sa joie.

Personne, sauf ma mère profondément croyante. Maman n'avait pas prévu ce que nous a raconté Fatima, mais elle a commencé à se tourmenter en se demandant si elle n'avait pas contrarié Dieu et amené le malheur sur sa fille. « Peut-être ai-je sauté trop de prières du matin », m'a-t-elle confié avec angoisse. Et cela de la part d'une femme dont les propres maux physiques lui rendent difficiles toutes les tâches qu'elle pouvait accomplir par le passé.

Mon anxiété a atteint un nouveau pic. Je m'inquiétais pour ma sœur aînée, Ishrat, dont la patience avec Fatima, maman et moi nous a tenues réunies. Je m'inquiétais pour ma mère, qui a fait de ses trois filles le centre de sa vie. La personnalité de maman irradie d'optimisme, mais j'en suis venue à l'envisager comme une forme de fatalisme sunnite. Sous son sourire plein de vivacité se cache l'implacable terreur de perdre l'une d'entre nous. C'est une mère, je sais. Cependant, je me suis hérissée quand elle a dit que Dieu avait pu la punir à travers le cancer de Fatima. Sa peur de Dieu a nourri son désespoir – et son désespoir n'augmentera pas les chances de survie de ma petite sœur. J'ai besoin que maman réalise qu'une approche différente de Dieu est possible. Quelle que soit la cause du cancer de Fatima, sa grossesse, l'environnement, ou quelque chose d'autre que la science finira peut-être par expliquer, l'amour de Dieu nous assure d'une chose : chaque épreuve nous aide à nous comprendre nous-mêmes. En nous comprenant, nous comprenons pourquoi notre Créateur a foi en la capacité de chacune de Ses créatures de soutenir l'une des leurs – dans le cas de maman, sa plus jeune fille. Plus qu'une responsabilité, c'est une opportunité de vivre en accord avec la foi de Dieu en nous.

Quand j'ai expliqué à maman que Dieu croyait en elle, elle s'est tue un moment. (Si vous connaissiez ma mère, vous auriez su qu'un tel silence ne pouvait être que temporaire. Le fruit n'est pas tombé loin de l'arbre.) Comme beaucoup de personnes pieuses, maman suppose qu'une « relation » avec le Divin est forcément caractérisée par une croyance en sens unique, de la créature au Créateur. Mais je lui ai rappelé le verset du Coran que j'aime le plus : « En vérité, Dieu ne change pas l'état d'un peuple tant que les individus qui le composent ne changent pas ce qui est en eux. » C'est un signe de réciprocité, une relation dans la sincérité, à deux (et pleine de) sens.

Peut-être, lui ai-je dit, Dieu aime-t-Il tellement Ses créatures qu'Il n'en a pas fait de simples sujets. Peut-être veut-Il que nous soyons également acteurs. Dans ce cas, une relation avec Dieu n'implique-t-elle pas une confiance mutuelle, la tienne en Lui aussi bien que La sienne en toi ? Utilise le malheur pour montrer que tu acceptes son invitation à grandir. Demande-toi tous les jours : « Que fais-je pour que mon Créateur puisse continuer à avoir foi en moi ? »

La question intrigue maman, à tel point que nous en

parlons à chacune de nos conversations téléphoniques. Je prendrai sa réponse mûrement réfléchie comme une petite victoire et j'aime et honore assez ma mère pour la croire capable d'en remporter d'autres. Étant donné ce qui est en jeu dans de telles victoires, nous ne pouvons que commencer à entrevoir leur signification.

Thé chai, façon Irshad

Cette recette permet de préparer cinq tasses de thé chai, ce qui est parfait pour deux personnes bavardes, parce qu'elles vont devoir négocier pour savoir qui aura droit à la dernière tasse. Le thé chai est une boisson qui autorise une certaine liberté dans les proportions et les ingrédients. Mais je garantis que le produit final sera succulent, quelle que soit la quantité que vous utiliserez. N'hésitez pas à varier les quantités de cannelle et de cardamome lorsque vous faites infuser, ou les proportions de sucre et de lait en servant. Assez rapidement, vous aurez pris vos marques et trouvé un bon équilibre dans votre théière. Pour le découvrir, vous aurez besoin de :
• Une casserole de taille moyenne
• 3 sachets de thé (orange pekoe ou le thé noir de votre choix ; vous pouvez aussi prendre du thé déthéiné)
• 1 ou 2 bâtons de cannelle
• Une poignée de graines de cardamome avec leur coque
• Du lait ou de la crème
• Du sucre
Remplissez la casserole aux trois quarts d'eau et mettez-y les graines de cardamome. Faites bouillir. Pendant ce temps, cassez un ou deux bâtons de cannelle en petits morceaux et plongez-les dans l'eau. Une fois que celle-ci bout, éteignez le feu et ajoutez les trois sachets de thé. Je les préfère perforés pour que les arômes se diffusent bien, mais vous pouvez aussi utiliser des sachets classiques.

Laissez infuser quelques minutes.

Vous voilà prêt à le servir avec du lait et du sucre. Si vous avez une intolérance au lactose, sautez l'étape du lait. Et si vous êtes comme moi, vous préférerez la crème au lait.

N'oubliez pas, vous allez d'abord tâtonner, donc ne vous inquiétez pas. Je vous encourage à regarder de nouvelles recettes sur Internet si vous voulez tester des ingrédients supplémentaires. Le « thé chai façon Irshad » ne pourrait bien être qu'un début.

Et si nous en discutions ?

INTRODUCTION

Pensez-vous qu'exprimer sa colère ou ses attentes est une bonne approche pour réformer les aspects malsains d'une communauté ? Certains diront que la colère est une réaction trop négative, d'autres qu'elle souligne l'urgence du problème. Dans votre communauté, quelle émotion serait la plus efficace pour venir à bout des pratiques corrompues ?

CHAPITRE 1 : *Certaines choses sont plus importantes que la peur*

– D'après Irshad, la plus grande peur des gens est le ridicule. Elle a donc pris le parti de répondre à la plupart des e-mails sarcastiques qu'elle reçoit. Son humour serait-il efficace si elle répondait à des gens indignés appartenant à *votre* communauté ?
– Et comment feriez-vous face à leurs moqueries ?

CHAPITRE 2 : *L'identité peut vous piéger, mais l'intégrité vous libérera*

– Irshad affirme que le véritable ennemi de la liberté est la pensée de masse. Qu'entend-elle par là ?
– Irshad, qui prône les vertus de l'individualité, insiste

281

sur la différence entre cette notion et celle d'individualisme. Quelle est cette différence ? Pourquoi cette distinction a-t-elle un rôle déterminant dans la préservation de l'intégrité de la création divine ?

– Relisez « Nous ne reculerons pas devant le combat ». Il s'agit d'un appel à la réforme envoyé à Irshad par un jeune musulman indien, Akbar Ladak. L'utilisation qu'il fait de l'expression biblique « À qui on aura donné beaucoup, il sera beaucoup demandé » plaît énormément à Irshad, car elle montre bien que l'intégrité de l'homme et non l'identité tribale le pousse à agir. Quel est pour vous l'élément marquant du manifeste d'Akbar ?

CHAPITRE 3 : *La culture n'est pas sacrée*

– Irshad cite plusieurs versets du Coran qui prônent la liberté individuelle. Qu'est-ce qui empêche autant de musulmans d'appliquer ces versets ?

– Pour paraphraser une question provocatrice tirée de ce chapitre : comment expliquer le fait que, si un Européen refuse que sa fille épouse un immigré, on parle de racisme, alors que si un immigré refuse que sa fille épouse un Européen, on parle de différence culturelle ? N'y a-t-il pas là deux poids deux mesures ? Qu'en pensez-vous ?

– Que veut dire Irshad lorsqu'elle incite ses compatriotes musulmans à devenir une contre-culture ?

CHAPITRE 4 : *À vous de définir votre honneur*

– Dans ce chapitre, Irshad décrit les mécanismes qui font que les hommes musulmans, sous couvert de l'honneur du groupe, se croient autorisés à s'en prendre aux femmes musulmanes ou aux citoyens occidentaux. Irshad compare la situation avec le combat que l'Amérique a mené contre l'esclavage et la ségrégation, et s'appuie pour cela sur des parallèles entre les deux situations. En quoi cette comparaison vous aide-t-elle à comprendre les enjeux de la mission d'Irshad ?

– Réfléchissez à ce que vous diriez aujourd'hui à un adepte de la ségrégation raciale. Pensez-vous être capable de tenir un discours semblable à un musulman qui affirme qu'il est déshonorant de serrer la main d'une femme ?

– Qu'est-ce qui vous inspire le plus dans les histoires des musulmans réformistes que glorifie Akbar ?

CHAPITRE 5 : *Les offenses sont le prix de la diversité*

– Irshad cite un jeune musulman : « On ne peut pas obtenir de réformes sans débat, et on ne peut pas faire de débat sans liberté d'expression. » Quelles sont les limites à la liberté d'expression dans votre communauté ?

– Irshad déclare que si quelque chose nous scandalise, on ne doit pas se contenter de réagir. Il nous faut analyser ce sentiment pour aller à la racine du problème. Comment réagiriez-vous à un dessin du Christ que vous jugeriez profondément injurieux ? Comment parviendriez-vous à faire la part des choses entre ce sentiment d'offense et la question soulevée par ce dessin ?

– Vous est-il déjà arrivé de souhaiter pouvoir limiter la liberté d'expression ? Qu'avez-vous finalement fait, et pourquoi ?

CHAPITRE 6 : *En des temps de crise morale, la modération est une excuse bidon*

– Un des modèles de Martin Luther King était Lillian Smith, une femme blanche de Géorgie qui critiquait ouvertement ses compatriotes libéraux parce qu'ils se préoccupaient davantage de passer pour modérés que de la lutte réelle contre la ségrégation. Quand avez-vous été témoin d'une telle attitude au sein de votre communauté : choisir la retenue au détriment d'un examen de conscience sérieux ?

– Irshad pense que nous butons sur la distinction entre musulmans extrémistes et musulmans modérés. Elle affirme que la distinction entre modérés et réformistes a plus de valeur. Êtes-vous d'accord ? Si oui, que faut-il faire pour que les gens prennent conscience de cette nuance ? Et quel rôle pourriez-vous jouer ?

– À la fin de ce chapitre, Irshad répond en vers à un assassin en puissance qui formulait en ces termes sa menace de mort : « Les roses sont rouges / Son sang l'est davantage / Dieu veut sa mort / Et nous la lui promettons. » Ce choix d'Irshad vous semble-t-il une tactique intelligente ? Auriez-vous le courage d'agir de la sorte ?

CHAPITRE 7 : *L'absence de sens est la vraie menace de mort*

Complétez les phrases suivantes :
– Ce que j'aime dans ma communauté est...
– Je ne suis pas d'accord avec ma communauté sur...
– Si je dis ce que je pense, le pire qui puisse arriver c'est...
– Si je dis ce que je pense, le mieux qui puisse arriver c'est...
– Dois-je dire ce que je pense ? J'ai décidé de...

L'adresse du site d'Irshad Manji (en anglais) : irshadmanji.com

Lectures recommandées

Voici les livres que j'ai cités directement. Vous trouverez bien plus de sources, à la fois académiques et journalistiques, dans les notes de bas de page figurant sur mon site Internet, irshadmanji.com.

Abdulhameed, Sultan, *The Quran and the Life of Excellence* (Denver, Outskirts Press, 2010).

Appiah, Kwame Anthony, *The Honor Code : How Moral Revolutions Happens* (New York, W.W. Norton, 2010).

Barzun, Jacques, *From Dawn to Decadence : 500 Years of Western Cultural Life, 1500 to the Present* (New York, HarperCollins, 2000).

Bondurant, Joan V., *Conquest of Violence : The Gandhian Philosophy of Conflict* (Berkeley, University of California Press, 1965).

Botton, Alain de, *Status Anxiety* (New York, Pantheon Books, 2004).

Branch, Taylor, *Parting the Waters : America in the King Years, 1954-63* (New York, Simon & Schuster, 1988).

Branch, Taylor, *At Canaan's Edge : America in the King Years, 1965-68* (New York, Simon & Schuster, 2006).

Chmiel, Mark, *Elie Wiesel and the Politics of Moral Leadership* (Philadelphie, Temple University Press, 2001).

Drakulić, Slavenka, *Café Europa : Life After Communism* (New York, W.W. Norton, 1997).

Easwaran, Eknath, *Nonviolent Soldier of Islam : Badshah Khan, a Man to Match His Mountains* (Tomales, Californie, Nilgiri Press, 1999).

El Fadl, Khaled Abou, *The Great Theft : Wrestling Islam from the Extremists* (New York, HarperSanFrancisco, 2005).

El Fadl, Khaled Abou *et al.*, *The Place of Tolerance in Islam* (Boston, Beacon Press, 2002).

Faulkner, Robert K., *The Case for Greatness : Honorable Ambition and its Critics* (New Haven, Yale University Press, 2007).

Fromm, Erich, *On Disobedience : Why Freedom Means Saying "No" to Power* (New York, Harper Perennial Modern Thought, 2010).

Gershman, Norman H., *Besa : Muslims Who Saved Jews in World War II* (Syracuse, New York, Syracuse University Press, 2008).

285

Greenberg, Kenneth S., *Honnor & Slavery* (Princeton, Princeton University Press, 1996).

Harris, Jennifer et Elwood Watson (éd.), *The Oprah Phenomenon* (Lexington, University of Kentucky, 2007).

Heath, Chip et Dan Heath, *Switch : How to Change Things When Change Is Hard* (New York, Broadway Books, 2010).

Herman, Arthur, *Gandhi & Churchill : The Epic Rivalry that Destroyed an Empire and Forged Our Age* (New York, Bantam Books, 2008).

Holmes, Richard, *The Age of Wonder : How the Romantic Generation Discovered the Beauty and Terror of Science* (Londres, Harper Press, 2008).

Hunt, Helen LaKelly, *Faith and Feminism : A Holy Alliance* (New York, Atria, 2004).

Husseini, Rana, *Murder in the Name of Honor : The True Story of One Woman's Heroic Fight against an Unbelievable Crime* (New York, Oneworld Publications, 2009).

Inabdar, Subhash C., *Muhammad and the Rise of Islam : The Creation of Group Identity* (Madison, Psychosocial Press, 2000).

Jamison, Kay Redfield, *Exuberance : The Passion for Life* (New York, Alfred A. Knopf, 2004).

Karahasan, Dževad (trad. Slobodan Drakulić), *Sarajevo, Exodus of a City* (New York, Kodansha International, 1994).

Kelsay, John, *Arguing the Just War in Islam* (Cambridge, Harvard University Press, 2007).

Kennedy, Randall, *Sellout : The Politics of Racial Betrayal* (New York, Pantheon Books, 2008).

Khorasani, Noushin Ahmadi, *Iranian Women's One Million Signatures : Campaign for Equality – The Inside Story* (Bethesda, Women's Learning Partnership, 2009).

King, Martin Luther, *Why We Can't Wait* (New York, Harper & Row, 1964) (*Révolution non violente*, Payot, 2006).

Klausen, Jytte, *The Cartoons that Shook the World* (New Haven, Yale University Press, 2009).

Krause, Sharon R., *Liberalism with Honor* (Cambridge, Harvard University Press, 2002).

Leider, Richard J., *The Power of Purpose : Creating Meaning in Your Life and Work* (San Francisco, Berrett-Koehler, 1997) (*La Puissance de l'intention*, Éditions de l'Homme, 1988).

Loveland, Anne C., *Lillian Smith : A Southerner Confronting the South* (Baton Rouge, Louisiana State University Press, 1986).

Mackay, Charles, *Memoirs of Extraordinary Popular Delusions and the Madness of Crowds* (New York, Farrar, Straus and Giroux, 1974 – réimpression de l'édition de 1852).

Maslow, Abraham H., *Religions, Values, and Peak-Experiences* (Columbus, Ohio State University Press, 1964) (*L'Accomplissement de soi*, Eyrolles, 2004).

286

Mawdudi, Sayyed Abul A'la, *Towards Understanding Islam* (Islamic Circle of North America, 1986).

Mernissi, Fatima, *Islam et démocratie* (Albin Michel, 2010).

Moïsi, Dominique, *The Geopolitics of Emotion : How Cultures of Fear, Humiliation and Hope are Re-Shaping the World* (New York, Doubleday, 2009) (*La Géopolitique de l'émotion*, Flammarion, 2008).

Neiman, Susan, *Moral Clarity : A Guide for Grown-Up Idealists* (Orlando, Harcourt, 2008).

Oren, Michael B., *Power, Faith and Fantasy : America in the Middle East, 1776 to the Present* (New York, W.W. Norton, 2007).

Packer, George (éd.), *The Fight Is for Democracy : Winning the War of Ideas in America and the World* (New York, HarperCollins, 2003).

Rushdie, Salman, *The Satanic Verses* (New York, Picador, 1988) (*Les Versets sataniques*, Christian Bourgois Éditeur, 1989).

Saeed, Abdullah et Hassan Saeed, *Freedom of Religion, Apostasy and Islam* (Hants, Royaume-Uni et Burlington, Vermont, Ashgate Publishing, 2004).

Schlesinger, Arthur M., *The Disuniting of America : Reflections on a Multicultural Society* (New York, W.W. Norton, 1998) (*L'Amérique balkanisée, Une société multiculturelle désunie*, Economica, 1999).

Smith, Lillian, *Killers of the Dream* (Garden City, Doubleday, 1963).

Smith, Lillian (Michelle Cliff, éd.), *The Winner Names the Age : A Collection of Writings* (New York, W.W. Norton, 1978).

Shweder, Richard *et al.* (éd.), *Engaging Cultural Differences : The Multicultural Challenge in Liberal Societies* (New York, Russell Sage Foundation, 2002).

Thalhammer, Kristina E. *et al.*, *Courageous Resistance : The Power of Ordinary People* (New York, Palgrave MacMillan, 2007).

Thoreau, Henry David, *Walden ; or, Life in the Woods* (Boston, Beacon Press, 1997 – réimpression de l'édition de 1854) (*Walden*, trad. Brice Matthieussent, Le mot et le reste, 2010).

Tripathi, Salil, *Offence : The Hindu Case* (Londres, Seagull Books, 2009).

Tutu, Desmond M. et Mpho Tutu (Douglas C. Abrams, éd.), *Made for Goodness : And Why This Makes All the Difference* (New York, HarperOne, 2010).

Wahba, Mourad et Mona Abousenna (éd.), *Averroës and the Enlightenment* (Amherst, New York, Prometheus Books, 1996).

Whitaker, Brian, *What's Really Wrong with the Middle East* (Londres, Saqi Books, 2009).

Wikan, Unni, *Generous Betrayal : Politics of Culture in the New Europe* (Chicago, University of Chicago Press, 2002).

Yuksel, Edip *et al.* (trad.), *Quran : A Reformist Translation* (auto-édité/Brainbrow Press, 2007).

INDEX

289

BOTTON, Alain de : 139.
BOUYERI, Mohammed : 226.
BOYLE, Danny : 197.
BRANCH, Taylor : 29, 221.
BUNYAN, John : 217.
Burqa : 145, 190.
BURUMA, Ian : 186.
BUSH, George W. : 104, 109, 129, 205, 207, 241-242.

CANTALAMESSA, Raniero : 111.
Campagne du million de signatures pour l'égalité des femmes iraniennes : 152, 229.
Caricatures danoises, affaire des : 170, 173-174, 176, 184, 199-200.
« Célébration de l'hérésie : une pensée critique pour la réforme islamique » (conférence) : 78.
Centre d'éducation islamique (Houston) : 201.
Centre islamique de Washington : 153.
Cisjordanie : 77, 179.
Chutzpah : 11, 13, 168.
Charia, loi de la : 129, 194.
Chemin de fer clandestin : 150.
Columbia, université : 211.
Combating Terrorism Center (West Point) : 223.
« Combattre la diffamation des religions » (résolution de l'OCI) : 108.
Commission islamique des droits de l'homme : 107-108.
Comité de réveil du peuple hindou : 197.
Conseil des droits de l'homme de l'ONU : 108.
Conseil musulman de Grande-Bretagne : 184.
Constitution américaine : 86.
Cooper Union (NYC) : 207.
COPERNIC : 82.
Cornell, université de : 257.

Council on American-Islamic Relations (CAIR) : 234-235.
Council on Black Internal Affairs : 48-49.
Courageous Resistance (Thalhammer et al.) : 54-55, 255.
CYRUS : 84.

DALAÏ-LAMA : 259-260.
DARBY, Joseph : 204-205.
Daring Book for Girls, The (Buchanan/Peskowitz) : 47.
Déclaration des droits de l'homme (AAA) : 105.
Déclaration universelle des droits de l'homme : 84.
Djihad islamique (organisation du) : 14.
DOUGLASS, Frederick : 83, 155, 166, 245.
DRAKULIĆ, Slavenka : 75.
Drew University : 167.
DU BOIS, W. E. B. : 83.

EASWARAN, Eknath : 158, 161, 163.
EINSTEIN, Albert : 258, 265.
EL FADL, Khaled Abou : 77, 237.
ELTAHAWY, Mona : 87, 223.
Émirats arabes unis : 25, 264.
Emory, université : 77, 255.
ENGLE, Karen : 106.
EVANS, Richard J. : 54.
Expressen (journal) : 143.

Faith and Feminism (Hunt) : 245.
Faith Without Fear (film) : 18, 95, 188, 226, 262, 270.
FAULKNER, Robert : 138.
FAYEZ, Trad : 125.
FINKIELKRAUT, Alain : 80.
Fondation islamique (Royaume-Uni) : 208.
Forces armées israéliennes : 44.
Fort Hood, fusillade de : 234.

TABLE

Composé par Nord Compo Multimédia
7, rue de Fives, 59650 Villeneuve-d'Ascq

Cet ouvrage a été imprimé en France
par CPI Bussière
à Saint-Amand-Montrond (Cher)
en mai 2012

Nᵒ d'Édition : 17202. — Nᵒ d'Impression : 121332/4.
Dépôt légal : mai 2012.